ロールズを読む

RAWLS

edited by Akira Inoue

井上彰 編

ナカニシヤ出版

ロールズを読む・序

井上　彰

ジョン・ロールズの主著『正義論』が公刊されたのは、半世紀近く前の一九七一年である。以来ロールズは、『正義論』以降の作品も含めて、主戦場である政治哲学・倫理学に限らず人文社会系の様々な学問領域で影響力をもつ哲学者である——このことに疑いをはさむ者はいないだろう。そのことを反映するかのごとく、英語圏ではすでにロールズに関する優れた論文集がいくつも世に問われており、ロールズ正義論をめぐる論争も学問領域の垣根を越えていまなお活発になされている。

なぜロールズ正義論がいまなお、政治哲学・倫理学においてのみならず、人文社会系の様々な学問領域で影響力をもち続けているのだろうか。その主たる理由は、ロールズ正義論がわれわれの社会で追求されるべき規範的指針を明らかにするものであることに求められよう。ロールズ正義論は、自由で平等なすべての人に利益をもたらす社会的協働のスキームとは何かを問う理論である。そのスキームを安定化させる正義構想の提示とそのための方法、そしてその構想を支える具体的な原理や法則の解明こそ、ロールズ正義論を貫く主題である。

もちろん、この主題は決して新しいものではなく、ロールズが依拠する社会契約論の系譜を辿ればわかるように、政治哲学・倫理学においては古典的な主題である。戦後、こうした古典的主題に取り組むことは、『正義論』

公刊以前にはほとんどなかった。つまり、ロールズはかつての政治哲学・倫理学における主題であった、正しい社会のあり方にかかわる問いに真正面から向き合ったのである。

ロールズ正義論が、様々な学問領域でいまなお影響力を保持するのは、そうした問いに向き合い、それへの実直な応答を試みたことと深く関係すると思われる。実際、社会を取り扱う経験科学の多くは、社会的協働がいかにして可能なのか、そしてその構成要素たる政治、経済、福祉が社会的協働にどのようにかかわっているのかを明らかにすることを根本課題としている。となれば、社会的協働の安定化に資する正義構想を提示しようとするロールズ正義論が、多くの経験科学にとって無視できない知見を提供しているのは明らかである。

たとえば、自己利益の合理的追求を目指す諸個人がいかにして社会秩序を構成しうるのかを問うホッブズ的秩序問題や、われわれが適理的に受容しうる公理を充たす民主的合意不可能性の問題に取り組むにあたって、ロールズ正義論の知見はその手助けにもなりうる。主として『正義論』第三部で展開された、正義の二原理を支える合理的選択の原理や道徳心理の法則（正義感覚）をめぐる議論は、そうした問題群に対峙するための糸口を提供してくれるものだと言えるだろう。

むろん、経験科学は普遍的な経験的命題の定立を目指すものであり、価値や規範にかかわる命題の定立（ないしそうした命題を総合的に位置づける理論の構築）を目指すものではない。しかし、ロールズ正義論の醍醐味は、経験科学の知見をふまえた正義論の構築にある。ロールズは合理的選択の原理を経済学（史）の知見をふまえて剔抉し、正義感覚については、その習得を可能にする道徳心理の法則を心理学から導き出した。そうした経験科学の成果をふまえることで人間本性の可能性と限界性が示され、いかなる正義構想であれば安定的コミットメントが可能かが明らかになる。ロールズの原初状態――無知のヴェールの背後で正義原理を合理的に選択するための初期状況――は、資源の穏やかな稀少性といった世界の客観的情況とともにそうした知見のみが知られている特殊な状態である。

ロールズが彫琢した方法として知られる反照的均衡は、そうした経験科学がもたらす知識に基づく熟慮を経た個別的判断と暫定的な初期状況において選定される倫理・道徳原理に基づく判断とを照応させて、適正な初期状況としての原初状態を確たるものにするための方法である。このように、経済学や心理学といった経験科学の成果が、ロールズ正義論の核心たる原初状態－無知のヴェールの構想を支えているのである(1)。

＊＊＊

本書は、ロールズ正義論にみられる規範理論と経験科学との接点を重視しつつ、ロールズが古典的主題と向き合うなかで、どのような思想を展開したのかについて明らかにするプロジェクトである。

本書は二部から成る。本書第Ⅰ部は、「ロールズ正義論の方法と射程」をテーマにした論考を収録する。第Ⅰ部では、ロールズ正義論がいかなる理論および方法を展開したものなのか、そしてその理論と方法に基づいていかなる構想を発展させたのかを問う。

第一章の盛山論文は、経験科学と規範理論との方法論的比較を通じて、ロールズの『正義論』が規範理論にもたらした変革の意義と限界に迫る論考である。盛山はロールズ『正義論』が、普遍的に妥当する規範的命題を導出する規範理論を提示するという意欲的な試みであった点を高く評価する。その一方で、ロールズの原初状態についての議論を、最も恵まれない者を優先すべきだとする人口に膾炙した直観的思考によって、その論証的難点を克服したかのように装ったものにすぎないと厳しく批判する。しかも、その直観的思考様式は、ロールズの影響を受けたセンのケイパビリティ・アプローチなどにも胚胎している。盛山によれば、規範理論の進展を志向するわれわれに求められるのは、規範理論が客観的にみて正しいものを提示しうると考えてしまうことへの反省と、そのことをふまえて規範理論の方法（論）を彫琢していくことである。

第二章の松元論文では、その規範理論の方法こそ、ロールズが博士論文以来、探求し続けたものであることが解き明かされる。松元によれば、ロールズが倫理学の方法として提示した反照的均衡の確立過程は、科学哲学との関係によってつまびらかにされる。博士論文では、論理実証主義の影響下で、適理的人間（松元の言い方では「道理的人間」）による合理的判断を基礎データとする帰納的方法に基づいて、客観的な規範的知識の定立を主唱していた。しかしその後ロールズは、ポスト実証主義の影響の下、基礎データによって裏付けられる単一の命題ではなく、複数の命題を結びつける理論の検証を重視する方法を提示するに至る。反照的均衡は、まさにそうした諸命題の背後にある価値判断や規範的原理、そして背景理論を整合的にとらえるための方法である。そしてその方法が、現代正義論に多大なる影響を与えていく。松元はその点に、（経験）科学と規範理論の方法論的親和性を看て取る。

第三章の宮本論文は、ロールズが『正義論』から第二の主著『政治的リベラリズム』（一九九三年）へと転回した内在的理由に注目する論考である。ロールズの転回は、コミュニタリアンによるリベラルな人格構想批判が引き金となったと解釈される傾向がある。宮本はそれに対し、『正義論』第三部における安定性の論証に基づく転回の方がより重要であると考える。第三部でロールズは、道徳心理の法則によって自然化された正義感覚に従うことが、秩序ある社会に暮らす人びとによって善いことにもなるという「正と善の一致」を主張する。その一致によって安定性が確保されるとする議論の前提が、善の構想が通約不可能な包括的教説として複数存在するという「適理的多元主義の事実」（宮本の言い方では「理に適った多元主義の事実」）によって崩れてしまった。ロールズが転回したのは、主としてこのためである。コミュニタリアンのロールズ批判は、せいぜいその転回の一部を説明するにすぎない。そのうえで宮本は、ロールズの安定性の論証の問題点にも迫る。

第四章の木山論文は、転回後のロールズの人権の構想を批判的に検討する論考である。ロールズは『諸人民の法』(一九九九年)で、人権を保障する主権国家をベースに理想的な国際社会を描いたうえで、諸人民の法を国際的正義の原理として位置づけた。そのうえでロールズは、人権を従来の人間性に基づく構想としてではなく、国家の主権を制約する政治的構想として提示した。それに対し木山は、主権国家が人権をよりよく実現するとは限らず、むしろNGOなどの非政府組織の監視によって実現するケースがあると指摘する。ロールズのさらなる主張、すなわち、国家の領域内で人権侵害がみられないことは、その国家が主権を制約されないための十分条件となる、という主張についても木山は批判的だ。なぜなら、諸人民の法で規定されるミニマムな人権の保障では解消されない権力の不均等を伴う不平等が存在するからだ。そうしたケースのなかには、主権が制約されるべきケースもある(アパルトヘイトはその代表例である)。そのことをふまえ木山は、国際社会において守られるべきミニマムな人権と、国内に適用される正義論で保障される権利との区別が、ロールズが想定する以上に護持しがたいことを明らかにする。

第五章の若松論文は、ロールズが『正義論』第三部で展開した人生計画概念を手がかりに、原初状態における合理的選択について再検討を施す論考である。若松は合理的選択の原理を、いかなる状況においても採用されうる一元的原理ではなく、多様な合理性を許容する多元的原理として再構成する。そのことをふまえて、人生計画という、多様な目的と欲求が伴いかつ将来的に不確定な計画の合理性を考えると、あらゆる目的の手段となる基本財が非道具的価値を有することがわかる。さらに、自分の善の構想(効用関数)さえ知らないという厚い無知のヴェールの状態は、不確定な将来性とかかわる人生計画の選択状況を再現するものであることが判明する。それゆえ、原初状態における合理的選択の原理としてマキシミン原理を位置づけることは、(ハーサニの批判に抗して)一定の理解は可能であると若松は結論づける。

第六章の小泉論文は、『正義論』の草稿をめぐるやりとりやロールズの卒論である宗教論を手がかりに、基本財のなかでも枢要な地位を占める自尊の特異性を明らかにする論考である。小泉によれば、ロールズが『正義論』の草稿へのコメントを受けて自尊を社会的基本財に組み入れたことで、社会的基本財の扱いに不統一感が出てしまった。実際、その正当化が図られるのは第三部に入ってからである。第三部でロールズは、基本財を説明する理論として善の希薄理論を導入し、自尊が合理的な人生計画を支えるうえで決定的な役割を果たすことを明らかにしようとした。小泉に言わせれば、自尊の決定的な重要性は、善が希薄な場合にも成立しうること、すなわち、人生の具体的な目的について知らなくてもよいとする『正義論』の議論構造にもあらわれている。その決定的な重要性は、ロールズの卒論で扱われる「絶望」することの罪と、従軍経験を経て絶望の淵より帰還したロールズが自覚せざるをえなかった唯一無二の生の経験に根ざしている、と小泉はみる。

第Ⅱ部では、「ロールズ正義論への様々なアプローチ」と題して、様々な人文社会系の学問領域におけるロールズ正義論の評価や、応用局面でのロールズ正義論の意義と限界に迫る論考を収録する。

第七章の田中論文は、ロールズ正義論がハートおよびドゥオーキンの法理学といかなる影響関係にあるのかについて明らかにしたうえで、『正義論』と『政治的リベラリズム』で展開された正義論が法の一般理論への示唆に富んだ議論であることを示す論考である。田中がまず注目するのは、ロールズがハートの法概念論から影響を受けて、正義の規範的構想をもカヴァーする広い意味での概念分析を精緻化させていった点である。次に、そのロールズの議論を権利基底的枠組みから評価し、法実践を支える手続きと政治道徳の原理を重視するドゥオーキンの構成主義的法理論について検討する。そのうえで田中は、ロールズの方法論とそれに沿って展開された後期ロールズの制度的正義論が、立憲的および司法的制度の特質に目を向けるものであった点に注目する。重要なのは、後期ロールズがそうした制度の一般的受容性を重視することで、法的領域における政治道徳的側面と事実的側面とを統合する一般理論を切り拓く道がみえてくることだ。それは、法実証主義をめぐる論争での各論者の見解の一面性を乗り越えるための道筋を示すものだと田中は結論づける。

第八章の齋藤論文は、後期ロールズによる正義の政治的構想が、多元化した社会にいかなる安定性をもたらすのかについて検討する論考である。齋藤がみるところ、ロールズの安定性への視座は、ホッブズやロック、ルソー、カントらから引き継いだ契約論に基づく理論的方法とともに、『政治的リベラリズム』では歴史的方法、すなわち、各包括的教説に基づく理由から支持される重なり合う合意を剔抉する手法との組み合わせによって傑出したものとなっている。重要なのは、一方でその理由群が多元的世界において同一のものでありえないことであり、他方でだからこそ公共的正当化理由の交換・検討が重要になってくるという側面である。しかし齋藤は、その公共的推論は立憲制の本質要素（齋藤の言い方では「憲法の本質事項」）を核とするリベラルな政治的正義の構想にとどまるとのロールズの診断は、政治的・経済的不平等が大きく取り残されてしまうことで生じうる不安定性への配慮に欠くと批判する。そのうえで齋藤は、ロールズが考える以上に、多元的教説を架橋する政治・経済・社会制度の強化が求められるのではないか、と問いかける。

第九章の加藤論文は、規範経済学におけるロールズ『正義論』の貢献について、規範経済学の歴史を辿りながら明らかにする論考である。規範経済学は、社会状態の望ましさを比較評価する原理を、受容可能な公理群とその一群の公理から証明される定理によって明らかにする学問領域である。そうした原理として影響力をもってきたのが、功利主義（厚生主義）である。ピグーの厚生経済学の諸定理からバーグソン゠サミュエルソンの社会厚生関数、そしてアローの不可能性定理に至るまで、規範経済学の諸定理は功利主義を擁護する理論枠組みと公理から成る。対照的にロールズの正義の二原理は、第一に自由や機会の平等が格差原理に優先される点、第二に効用ではなく基本財を指標とする点で非功利主義の原理である。それゆえ加藤は正義の二原理と、規範経済学の教科書で紹介されるロールズ型社会厚生関数（マキシミン型）は似て非なるものだと指摘する。そのうえで、ロールズの試みを規範経済学の枠組みに基づいて再構成すべく、基本財指標がもたらす情報的基礎とロールズ正義論を縮約する公理群によって導かれる正義原理が格差原理となることを証明する。そのことをふまえ加藤は、情報的基礎や公理の定式化において政治哲学が規範経済学に貢献しうること、そしてそのことをロールズが力強く示した点を評価する。

第十章の佐藤論文は、ロールズの功績（デザート）批判や原初状態のアイデアに影響を与えたとされるフランク・ナイトの議論を手がかりに、ロールズ正義論とアメリカ経済学史との関係について明らかにする論考である。一般的にはナイトは自由放任主義者とみなされているが、ナイトの一連の論考を丁寧に紐解くと、市場経済の倫理的基礎を重視する経済哲学者としての側面が浮かび上がる。そのことを象徴するのが、ナイトが「市場経済は生産の貢献度に応じた報酬を約束する」という主張を厳しく批判していたこと、そして何より不偏的な討議を通じての「合意のテスト」を重視していた点である。佐藤がコッカーらの研究を通じて注目するのは、ロールズがナイトを評価したのが、まさにこの二つの点についてであったことである。このことをふまえて、ロールズとアメリカ経済学の足跡とが哲学的に深いレベルでつながっているのではないかと佐藤はみる。

第十一章の額賀論文は、ロールズの方法論的研究が生命倫理学に与えた影響を歴史的に明らかにする論考である。額賀はまず、ロールズの初期の方法論で強調されている適理的人格基準（額賀の言い方では「道理人基準」）、すなわち規範的事実をめぐる帰納的推論を支える基準が『正義論』はもちろんのこと、『政治的リベラリズム』にも引き継がれているとする解釈を提示する。というのも、後期ロールズでは具体的な市民が適理性を道徳的能力として保持することで、熟慮ある判断と倫理的原理が整合しうるとする反照的均衡の考え方が示されているからである。この人格構想は、ロールズが影響を受けたアリストテレスやシジウィックの方法論には明示されてい

『ロールズを読む』正誤表

・83頁、後ろから3行目

（誤）紙幅はないころから、

↓

（正）紙幅はないことから、

・278頁、注（21）、2行目

（誤）反射的均衡の保守性を

↓

（正）反照的均衡の保守性を

ないものである。つまり、初期ロールズの方法論的着想が、反照的均衡という独自の方法に結実していると額賀はみるのだ。そのうえで、ビーチャムらが生命倫理学の四原則を正当化するにあたって、これまで決疑論と軌を一にしていた生命倫理学がより洗練された分析フレームを求めるなかで反照的均衡を導入した点に注目する。このことから、適理的人格基準から反照的均衡の方法への発展は、生命倫理学の進展に影響を与えたと額賀は結論づける。

第十二章の角崎論文は、ロールズが社会福祉の実践にいかなる影響を与え、そしていかなる貢献をなしうるのかについて検討する論考である。社会福祉学におけるロールズ正義論に対する評価は、アンビヴァレントなものである、すなわち、ロールズ正義論はソーシャルワークの活動指針を示しうるとする評価がある一方で、疾病や障碍の問題を先送りにして、労働による貢献を前提にするワークファーストの正義論であるとの批判がある。後者の批判に対し角崎は、生まれてから老いるまでの間に社会的協働への自律的参画を促す制度論、とくに各市民への資本レベルでの十分な保障を謳う財産所有制デモクラシー（角崎の言い方では「財産所有制民主主義」）の可能性を低く見積もっていると反論する。そしてロールズが先送りにした病気や障碍の問題については、社会的協働の参加者の道徳的能力を潜在的レベルで捉えるべきだとするウォンや、障碍者を相互尊重から成る社会の一員としてみなしうるとするハートレーの議論を参照しつつ、より包括的な財産所有制デモクラシーの可能性を示唆する。

第十三章の井上論文は、ロールズ正義論が企業の社会的責任（ＣＳＲ）に貢献しうる議論であることを、ロールズ正義論の三つの特徴、すなわち、制度的正義論、理想理論・非理想理論の規準、そして道徳的分業の理念に照らして明らかにする論考である。規範理論において、企業は公私区分のなかで「私」の領域に位置づけられてきた。その典型例が、ロールズ自身による企業の位置づけ——正義原理の直接の適用対象にならない「私企業」

としての位置づけ——である。それに対し井上は、ロールズ正義論にはそうした企業像と切り離しうる理論的特徴があるとみる。第一に今日の企業システムをみると、その特徴からして基本構造として位置づけられる。それゆえ、ロールズの制度的正義論の枠組みでは、企業は正義原理の直接の適用対象となりうる。第二に、ロールズ的な理想理論・非理想理論の規準では、市場の競争的均衡が成立していない情況であっても正義原理が機能しうる。第三に、ロールズの道徳的分業、すなわち、いかなる場合にも正義と人道的原理にそれぞれの役割を与える分業理念に照らすと、企業システムは格差原理の遵守はおろか、場合によっては人道支援をおこなうことも期待される。以上から井上は、ロールズ正義論が法令遵守以上の社会的責任を企業に見出すＣＳＲの構想として援用しうる議論であると結論づける。

＊　＊　＊

以上からもわかるように、ロールズ正義論と経験科学との接点を重視する本書は、経験科学との接点や経験科学からの評価という本書のモチーフにかかわる部分以外にも、これまでのロールズ正義論に関する議論にはない側面を多分に有している。第一に、ロールズ『正義論』第三部の議論に注目して、ロールズ正義論の特徴や変遷を明らかにする論考が複数収録されていること（第三・五・六章）。第二に、否定的に評価されることが多かった後期ロールズの政治的リベラリズムに光を当てる論考が複数収録されていること（第二・七・八章）。そして第三に、ロールズ正義論の応用局面に注目する論考が多いこと（第四・十一・十二・十三章）。このように本書の各論考は、これまであまり論じられてこなかったロールズ正義論の側面や論点をカヴァーするものとなっている。もちろん、本書の議論が目論見通りになっているかについては、読者諸賢に判断を委ねたい。

なお、本書では編著という性格もあり、以下の二点について断っておきたい。第一に、ロールズの作品の翻訳の引用・参照については、その可否も含めて各章の執筆者の判断に任せてある。その主たる理由として、『正義論』には翻訳が二種類あること、そしてそのいずれの翻訳も、一九九九年に公刊された英語改訂版（とほぼ同じテキスト）をベースにしたものであることがあげられる。(2) 第二に、先ほどの各章の紹介からも明らかなように、ロールズ正義論で提起される基本概念について、訳語の統一をあえて図らなかった。これは、論点や文脈によって異なる訳語を当てた方がよい場合があることをふまえての措置である。なお索引では、同一概念に異なる訳語が当てられている場合には、ある程度そのことがわかるようにしてある。

最後に、ナカニシヤ出版の酒井敏行さんにここに記してお礼を述べたい。本書の企画は、酒井敏行さんが私に声をかけてくれたことから始まった。酒井さんの卓越した企画力や編集力なくしては、本書は成立しなかった。酒井さんのような編集者が日本の学術出版業界を支えているのは、本当に心強いことだと思わずにはいられない。

注

（1）詳しくは、井上彰「ロールズ『正義論』における契約論的プロジェクト――その批判的再検討と今日的意義をめぐって」大瀧雅之・宇野重規・加藤晋（編）『社会科学における善と正義――ロールズ『正義論』を超えて』東京大学出版会、二〇一五年、第一章、および、井上彰「ロールズ――「正義とはいかなるものか」をめぐって」齋藤純一（編）『岩波講座　政治哲学五――理性の両義性』岩波書店、二〇一四年、第七章、を参照されたい。

（2）二種類の翻訳とは、矢島鈞次（監訳）『正義論』紀伊國屋書店、一九七九年、と、川本隆史・福間聡・神島裕子（訳）『正義論　改訂版』紀伊國屋書店、二〇一〇年、のことである。なお前者は、英語版の改訂版が公刊される前の翻訳で、一九七五年のドイツ語版を用意するにあたっての改訂原稿がベースとなっている。重要なのは、一九九九年の英語改訂版が、そのときの改訂をほぼ踏襲したものとなっていることである。それゆえ、前者と後者で対象となっているテキストはほぼ同一のものであるとみてよい。その英語改訂版（および二種類の翻訳）は、一九七一年に公刊されたオリジナルの版とは、いくつかの箇所で異同がある（修正・削除がなされている）。

ロールズを読む＊目次

ロールズを読む

第I部　ロールズ正義論の方法と射程

第一章　規範的社会理論はいかにして可能か

――ロールズ『正義論』の挑戦と挫折――

盛山和夫

1　経験科学と規範理論

（一）価値の問題

かつてマックス・ヴェーバーが、「経験科学は、なんぴとにも、なにをなすべきかを教えることはできず」、「価値の妥当を評価することは、信仰の問題」である（Weber 1904 邦訳三五―三七頁）と述べたことはよく知られている。その後、この「事実と価値」「事実命題と価値命題」「事実判断と価値判断」「経験科学と規範科学」という二分法は、社会学に限らず広く社会科学全般の諸分野において基本的に正しいものとして受け入れられてきた。近年、ジョン・ロジャーズ・サール（Searle 1995）やヒラリー・パトナム（Putnam 2002）のような哲学者からの異議申し立てはあるものの、社会科学のレベルで正面から批判の論陣を張った議論はまず見当たらない。

今日、社会に関する研究や学問の多くは、自らを「経験科学」だと考えている。つまり、探求の第一義的な目的は「経験的世界はどうなっているか」を経験的な証拠に基づいて解明することだ、という自己理解である。そしてこの自己理解のもとでは、「何が望ましいか」「何が規範的に正しいか」「世界はどうあるべきか」といった価値の問題は、探求の第一義的な課題からは分離され、できれば遠ざけられるべきだと考えられる。

このように経験科学から価値の問題を遠ざけるという姿勢は、経済学における「厚生」概念の取り扱いに見ることができる。もともと基数的効用関数を想定していたアルフレッド・マーシャルやアーサー・セシル・ピグーの厚生経済学では、全員の効用関数の和として社会全体としての厚生関数を考えることができた。それに対して、ライオネル・ロビンズ（Robbins 1932）などにより、効用の個人間比較不能性と効用関数の序数性とが主張され、そこから、全体社会の厚生を表す指標としてはパレート効率性という非常に緩やかな概念が用いられることになった。周知のようにパレート効率性の概念は、二つ以上の異なる社会状態の厚生上の望ましさを比較しようとする際、（1）それぞれの社会状態に対する諸個人の評価が「効用の大きさ」として存在すると前提し、（2）すべての個人において、社会状態Aにおける効用の大きさが社会状態Bにおける効用よりも小さいか等しいとき、社会状態Aは社会状態Bよりもパレート非効率であるとし、（3）他のどんな社会状態に対してもパレート非効率ではないことを「パレート効率」として定義するものである。

このパレート効率性の概念は、「社会状態に関する価値評価をもたらす」という点で、規範的である。実際、今日の経済学はこの概念に基づいて経済システムのあり方に関するさまざまな規範的な判断を導き出している。たとえば「市場システムによって効率的な資源配分が達成されるので、市場システムへの介入は避けられるべきだ」というような規範的な主張は、このパレート効率性概念に基づいている。しかしこの場合、規範的と言ってもある意味で非常に弱い。実際のところ、パレート効率的な社会状態は無数に存在しうる。任意の社会状態Aは、それとは異なるどんな実現可能な社会状態においても、Aのときよりも効用が低下する個人が必ず一人以上存在するならば、Aはパレート効率的なのである。そうした無数のパレート効率的な社会状態の間で、どれがより規範的に望ましいか、あるいは逆にどれが望ましくないかを語る論理は存在しないのである。

　このようにパレート効率性の概念が表している規範的判断はきわめて弱いのではあるが、同時にそれは「ほとんどの人が、その基準に沿って規範的判断を下すことに異論をもたないだろう」と想定できる基準である。（アマルティア・クマール・センの「リベラル・パラドックス」（Sen 1982）は「パレート原理」を批判しているが、そこで実際に批判されているのは、そもそもの「人びとの効用の大きさ分布を基盤にして規範的判断を導き出す」という「厚生主義」である。なお、これについては後で論じる）。つまり、ほとんどの人がそれに同意するだろうと想定できるような規範的判断である。規範的主張の基準として現代経済学がこのように弱い概念しか採用していないのは、それ以上の規範的判断に踏み込めば神々の闘争の領域に踏み込むことになり、それはできるだけ回避することが経験科学の本領だと考えるからである。

　なお、規範的な判断を含む、あるいは規範的な判断を定立することをめざす学問分野ないし議論については、規範科学、規範理論、道徳理論、道徳哲学、価値論、正義論、公共哲学、などさまざまにあるが、定まっていない。本章では、最も中立的と思われる「規範理論」という言葉を一般には用いるが、論じている学説の文脈によっては、他の言葉を用いることもあることを了解されたい。

(二)　ロールズ『正義論』の挑戦とアローの批判

　事実／価値の二分法が本当のところいったい何を意味していて、かつその根拠は何かといった点についてはさまざまな議論がある。根拠ではないけれども、二分法を支える最も大きな要因は、そもそも「どのようにしたらある規範的命題が〈正しい〉ことを導くことができるか」という「立証の論理」が分からないか存在しない、ということにある。その点、経験科学に関しては、一部に懐疑論者はいるものの、「経験的データによる反証可能性」（Popper 1934）という「科学的発見の論理」が存在している。文化科学から価値判断を排除することを論じたヴェーバーの主張にしても、基本的には「価値判断を導く正当な論理や方法が存在しない」という認識に基づいていると言えるだろう。

ヴェーバーと同じ頃、二十世紀の初めには有名なジョージ・エドワード・ムーア（Moore 1903）による功利主義に潜む「自然主義的誤謬」への批判があった。事実／価値の二分法はその頃から社会科学全般に受け入れられてきた基本的な原理であった。

この観点からすると、ジョン・ロールズの『正義論』は画期的というよりもある意味では「異端」の教説である。

実際、理論経済学の泰斗であるケネス・ジョセフ・アローは、自らの立場を「順序主義的功利主義 ordinalist-utilitarian」と称して、一九七三年という早い時期に、上に述べた主流派厚生経済学の観点から、『正義論』について好意的だが批判的な論評を加えている。いくつかの論点がある中で、アローは、「（1）いかにして満足の個人間比較は可能か？」という問題と、「（2）原初状態においてどのような知識が想定できるか？」という二つの認識論的問題を提起している（Arrow 1973, p.252）。

第一の問題はまさに今日の経済学が一般的に想定している規範理論の原則に関わっている。ロールズ理論にはさまざまな前提が存在するが、その一つに「基本財 primary goods」の概念がある。それは、「合理的な人間であれば誰でもが欲すると推定されるもの」（Rawls 1971 邦訳八六頁）だとされる。ロールズは、そのような財が存在し、識別可能だと想定するのである。「誰でもが欲する」だろうという推定は、少なくともこの部分における「効用の比較可能性」を前提にする。なぜなら、たとえば個人Aには当該の基本財が享受されていないときのAの効用は、Bが享受しているときのBの効用よりも「低い」と推定されているからである。この前提は、格差原理の成立にとって不可欠である。

効用の個人間比較不可能性の前提は、こうした基本財の存在を想定しない。どの財の保有や享受が個人にとって好ましいと感じられるかは個人間でバラバラである可能性を否定できない、と考えるのである。むろん「バラバラである」と断定しているのではない。そんな証拠は存在しない。ただ、「バラバラではないと想定しうる合理的な根拠はない」と見るのである。

アローの第二の論点は、ロールズが原初状態における仮想的な人びとの選好から、「最も恵まれない人に最大の利益を」という格差原理として定式化される正義の配分原理を導出する論理に関わっている。それは、原初状態において、人びとは何を知り何を知らないかという想定の問題である。ロールズは、たとえば人は自分の宗教が何であるかを知らないのだから、原初状態では宗教に関する寛容性が支持されるだろうと論じる。それに対してアローは、あるカトリックの信者が、原初状態においてすべての分別のある人びとが「カトリックが真なる宗教」であって「それこをが全人類の救済をもたらす」という知識を抱いていると想定される、と言ったとするとき、いったいどのようにしてその想定に反駁することができるだろうか、と疑問を投げかけている（Arrow 1973, p.255）。あるいはまた、「マルクス主義が真理だと知っていると思っている」とすれば、「原初状態において、私は他の状態〔マルクス主義以外のものが真理である状態〕を抑圧することを支持しただろう」とも述べている。

ここでのポイントはこういうことだ。ロールズが原初状態について想定している「そこでは人は自分の属性、文化や宗教が何であるかを知らない」という無知のヴェールによって「何がヴェールで掩われる」と想定できると考えるかは、人によって異なるだろう。つまり、無知のヴェールによって「知らない」とされる知識の内容と範囲とは決して一義的ではありえないということだ。

以上で分かるように、アローが提起している二つの論点はともに「実際の諸個人の〈異質性、多様性〉」の問題に関わっている。基本的に何らかの規範的命題というものは、「普遍的に妥当すべき命題」である。それは誰に対しても妥当しなければならない。それに対して、現実に存在する諸個人はさまざまな選好や価値を有している。そうした現実状況の下で、いかなる論理でもって「普遍的に妥当すべき規範的命題」を導き出すことができるだろうか。

2　ロールズ『正義論』の理路

(一)　原初状態という想定の戦略

経験的命題においてその「普遍的妥当性」の主張は、「論理の普遍性」と「経験的証拠（＝データ）の普遍性」とによっている。しかし、規範的命題の場合は、経験的証拠は使えないか、あるいはかりに使えたとしても、それだけでは足りない。論理の普遍性と経験的証拠の普遍性とだけから導くことができるのは、あくまで経験的命題に留まるのであって、決して規範的なことを意味する命題ではないのである。

そこで、さまざまな工夫がありうる。ロールズが採用したのは無知のヴェールの掛かった原初状態という想定であるが、これは一種の「普遍化された代表的個人による選好」をもって規範的な主張の根拠とみなすという戦略である。原初状態で想定されている諸個人は、ヴェールが掛けられている部分に関して同一（アイデンティカル）であり、かつその同一部分の中身は「社会階層的地位や宗教などの属性を知らない、つまりそうした側面におけるアイデンティティをもたない」ということである。そのことから、この個人の判断には「普遍性」があるという想定がなされるのである。

なお、ここで断っておかなければいけないが、正確に言うとロールズ『正義論』は実際には反省的均衡の論理で組み立てられており、原初状態とそこからの導出の論理は、反省的均衡を支える補助的な道具立てである（盛山二〇〇六）。しかし、ロールズ『正義論』に関するほとんどの議論が原初状態の論理に焦点を置いて展開されている。そのため、本章では、『正義論』があたかも原初状態の論理で成り立っているかのようにみなして以下の議論を展開することとする。

さて、「原初状態」というものあるいはその観念は、経験的世界と理念的世界との境界領域に両者にまたがる形で想定されたものだ。それは明らかに実際上は決して「経験的なもの」ではない。経験的世界には存在しないものであり、理念的に想定されたものでしかない。しかし、それと同時に、それは「理念的に想定された経験的世界」という性質をもっている。すなわち、「規範的な価値の面において正当性を有する経験的世界」と理念的に想定されているものなのである。したがって、そこにおいて想定される事態はそれ自体として「規範的な正当性」を帯びるという想定が成立するのである。

このような理路は、契約論的社会理論のいわば王道であるが、ロールズの場合は「無知のヴェール」という想定が、原初状態の規範的な正当性に大きな基礎を与えている。

「原初状態」という観念のこの両面性は、経験的なものから規範的な判断を導き出すという、通常は不可能な回路を可能にしている。少なくとも、そのような回路に人びと（読者）を誘っている。代表的個人であれ誰であれ、「ある状態を他の状態よりも選好している」という事態は基本的には「経験的」な事態である。通常であれば、その事実から「したがって、その状態が実現されることが「規範的」に望ましい」という帰結が導かれることはない（それを導くのは自然主義的誤謬だとのムーアの批判がある）。しかし、原初状態は「理念的に想定された経験的世界」であって、かつそこで想定されている個人が「普遍的個人」であるというところから、その個人の「選好」が「あるべき配分原理」を導くとされるのである。

もっとも、厳密にはこの論理的回路は本当は不完全である。依然としてそれはさまざまな証明されても確立されてもいない前提に依存している。まず、無知のヴェールを掛けられた代表的個人の選好が、ロールズが想定したように「最悪の事態を避ける」ことを最優先するか、それとも多くの功利主義的批判者たちが言うように「期待利得計算」で判断するかという問題がある。アプリオリにロールズの想定が正しいということにはならないし、そもそも架空の存在でしかない「代表的個人」がいかなる選好をもつかについて、確実な理論があるはずもない。

次に、代表的個人の選好が与えられたとき、その選好内容が現実の社会的世界に対するどのような規範的命題をどのように導くかも、さまざまに開かれている。ロールズの「最も恵まれない人に最大の利益を」という格差原理は、「代表的個人は最悪の事態を回避するという選好をもつ」ので、格差原理が実現している社会では代表的個人の利益が他の原理を採択した場合と比べて最も高い、という論拠によっている。

しかし、なぜ代表的個人の利益が最大となるような配分原理が規範的に正しいと言えるのだろうか。普遍化された代表的個人といえども、選好は選好にすぎない。つまり、当該個人の個人的な利益のみに関わっている。そこには「社会の利益 societal benefit」という観念はない。ましてや「社会的正義」の観念もない。たとえば、もしかしたら代表的個人が最も避けたいと考える境遇とは「自らの宗教的アイデンティティを脅かす人や言説や制度に対してはいかなる手段ででもそれを排除する権利が保証されていない状態」であるとしよう。これは、自分がどの宗教に属すかに関係なく想定しうる選好のひとつであり、もしも「宗教的アイデンティティの保持」という価値を重視する選好構造を有するならば起こりうる判断である。しかし、もしもこの代表的個人の選好を尊重した社会制度を実現すれば、そこでは「すべての個人がお互いに自らの宗教的アイデンティティの保持のためにあらゆる手段を尽くして闘う」社会状態が出現するだろう。それが「社会的に望ましいか」は大いに疑問である。

（二）ロールズの論理と読者の前提了解

これは次のことを意味している。すなわち、論理的に見た場合には、「無知のヴェールを掛けられた代表的個人といえども、その選好が何であれ、その選好に沿った社会制度の実現が社会的に望ましいものになるとは限らない」ということである。しかるに、多くの読者にとっては、「無知のヴェールを掛けられた代表的個人の選好に基づいてその利益となるような格差原理を規範的原理として採用する社会制度が望ましい」というロールズ『正義論』の（一般に流布されている）論理が、（完全にではないとしても）かなりの程度説得性をもつように見える。実はここには、ロールズ『正義論』を読むわれわれの側の要因が関わっている。すなわち、われわれ読者が前もって抱いている知識や了解の側に、ロールズ『正義論』の論理をもっともらしいものとして受け取る条件が備わっているのである。そうした前提了解には次の二つのものがある。

第一の前提了解は、「代表的個人の選好は現実世界のわれわれの価値基準に照らして道理的なものだ」という了解である。つまり、彼／彼女は「現実世界におけるふつうの個人が欲するようなことを欲しているのであって、われわれから見て異常で道理的ではないと思えるような選好はもたない」という前提である。同型の前提がロールズの「基本財」の想定に関しても存在している。基本財とは、ふつうの人びとであれば共通に欲するであろう財である。ロールズはそういう財が存在し、同定できると想定している。しかし、実際には、何が基本財であるかは示されることはない。示されたとしても、現実世界で社会的合意をえることはたやすくない。つまり、実は、われわれがロールズの著作における「基本財」の概念を用いた記述を読むとき、われわれはその「基本財」が具体的に何であるかを問うことなしに、ただ、われわれ一人一人が頭の中で想定する財（それが共通であるという保証はどこにもない）を参照しながら読んでいるのである。

「基本財」という概念はこのように、「実際には、現実の諸個人の間では選好が異なっているために存在しないかもしれないにもかかわらず、その〈共通性〉を確認することなく（われわれにおいて）想定できるために、あたかも存在しうるかのように想定されている」ものなのである。それと同じように、代表的個人の選好についても、われわれはそれがどのようなものかを本当は知る由もないのにもかかわらず、その設定の理念性の故に、あたかも道理的なものであるかのように想定されているのである。

第二の前提了解としてあるのは、われわれ読者は、それが導かれる論理の正当性とはまったく無関係に、結果として示されている格差原理の定式化を「正義というコンセプトを表現するものとして好ましい」とみなすという傾向である。すなわち、「前提と論理とが正しいから、結論としての格差原理が正しい」のではなく、たんに「諸前提とは無関係に、格差原理そのものが正義の原理として魅力的に感じられる」ということである。つまり、読者は、ロールズの論理とは関係なく「最も恵まれない者に最大の利益を」という原理を「望ましい」と感じているのである。

格差原理は「最も恵まれない者に最大の利益を」という定式化になっているが、これは多くの読者にとって、「最も恵まれない者から優先的に社会の支援を施していく」という原理と理解される。そして、それはきわめて道理的な原理のように見えるのである。実際、多くの現実の社会福祉の実践が古くからそうした原理に沿って営まれてきた。すなわち、病人、身障者、貧窮者、幼児や子ども、そうしたいわゆる「社会的弱者」へ支援の手を優先的にさしのべることは、古今東西を問わず、ロールズ以前から一般的かつ普遍的に採用されてきた福祉の原理なのである。格差原理はその常識的な考えときわめてよく合致している。

(三) ロールズ『正義論』魅力の構図

ロールズの正義論は功利主義批判を謳っているが、もともと功利主義理論には三つの柱がある。第一の柱は、

「存在するのは個人のみであり、実体としての社会は存在しない」という存在論的個人主義である。第二の柱は、「社会的望ましさという観念にとって基礎となりカウントすべきは、諸個人の快楽や幸福だけだ」という主張である。そして第三の柱が、「社会的望ましさは、諸個人の快楽や幸福の総計を最大化するという原理に従うべきだ」という主張である。

ロールズの正義論が主として批判したのは第三の、しばしば平均主義とか総計主義と呼ばれる主張である。もともとこの主張は、「平均」とか「総計」とかの操作に不可欠な「加算性」が疑われるようになってからは、どちらかと言えば忘れられていた主張である。先に述べたような理由から、経済学の主流においては総計主義的な考えによって社会の望ましい状態が議論されることはほとんどない。ロールズが注目されたのは、理論的なレベルで功利主義を批判した点ではなく、漠然と「人びとの〈全体の状況〉を基盤にして正義を考える」よりも、「最も恵まれない人の状況を基盤にして正義を考える」という方針が新鮮で優れた理路を示していると受け取られたからであろう。

ここで、格差原理のように「最も恵まれない境遇の人の状況の改善を最優先で考える」というタイプの規範的思考法を「最も恵まれない者を優先する考え方 the least-advantaged priority」、略してＬＡ優先主義と呼ぶことにしたい。ＬＡ優先主義は、われわれの日常生活においてしばしば採用される実践的な規範的思考である。難破しそうな船から真っ先に助け出すべきは「女性や子ども」である。さまざまな場面において「社会的弱者」への配慮と保護を優先して考えることは、社会の「優しさ」の度合いを表すものと考えられている。日本の介護保険制度では、要介護認定度の高い人ほどより多くの介護支援が受けられる。

このようにＬＡ優先主義は、日常的なわれわれに身についた規範的思考であり、それは内面化されている。なぜそれが正しいかは論じられることはない。それは「盗んではいけない」と同じような基礎的な規範を構成している。

このように考えると、ロールズの『正義論』が大きな関心を惹きつけたのは、ＬＡ優先主義に代表されるようなわれわれの「福祉感覚」に合致している内容をもった格差原理という原理を、「正義」の原理として、あたかも理論的にしっかりとした基盤において理路を尽くして導き出すことに成功したかのように受け取られたからだと考えられる。とくにその際、原初状態における仮想的な代表的個人の「選好」の構造に基づいて、現実社会における人びとへの「規範的な配分原理」の構造が導かれるというある種の論理的なマジックが大きく功を奏したことは間違いない。以上から、ロールズの『正義論』とは、結局のところ「われわれが日常的に受け入れていたあるいは受け入れる用意のあった規範的判断」を、原初状態という理論装置で〈理論的に〉導き出すことができるかのように見せかけることに成功した議論であった、と理解することができる。

3　ケイパビリティ論、現代リベラリズム、およびコミュニタリアニズムの理論構図

(一)　センのケイパビリティ論の理路

センのケイパビリティ論（Sen 1982）が、ロールズ理論を乗り越えようとする形で展開されていることはよく知られている。しかし、これまで多くの論者がさまざまにロールズ理論の論理構造を論じてきたのに比較すると、センの議論の論理構造はあまり分析された形跡がない。それは規範理論としてどのようなリーズニングを用いているのだろうか。

ケイパビリティ論は、センの記述では、功利主義とロールズの規範理論における次の三つの問題を乗り越えるものとして提出されている。その三つとは、（１）限界効用の高い人に優先的に配分すべきという考え、（２）総

効用最大化主義、そして（3）ロールズの基本財概念である。このうち、（1）と（2）には共通して「厚生主義 welfarism」（効用主義とも訳される）が関わっており、センの議論の一つの柱は厚生主義批判である。

厚生主義とは上に述べた功利主義の第二の柱で、センはそれを「社会の厚生は個人の効用水準の関数であり、したがってどの二つの社会状態をとっても、もっぱらそれぞれの状態における個人の効用を基礎としてのみ……あらゆる社会状態はランクづけられなければならない、という考え」と定義している（Sen 1982 邦訳一六九―一七〇頁）。厚生主義に対するセンの批判には、厚生主義に基づくと社会的選択関数に関してアローの不可能性定理のような困難が生じるといった理由も挙げられているが、基本的には、厚生主義に従うと身障者のような人に対する適切な処遇を理論化することができないことが理由である。

基本財の概念への批判においても、その根拠はやはり身障者への処遇問題である。形式的には、センの批判のロジックは、基本財の概念が「人々はそれぞれの健康状態、年齢、風土の状態、地域差、労働条件、気質、さらには（衣食の必要量に影響を及ぼすという点で）体格、の違いに伴って各人各様に変化するニーズをもっている」（Sen 1982 邦訳二五〇頁）ことを無視してしまう、という点に向けられている。したがって、基本財の概念だと、身障者のような人が特殊に有しているニーズや緊急度を考慮することができない。

センはこのように厚生主義と基本財概念とを批判し、そうした問題を乗り越えることのできる理論として「基本的なケイパビリティの平等」論を展開するのである。周知のように、ケイパビリティとは「人がある基本的な事柄をなしうるということ」と抽象的に概念化され、「身障者の例では、身体を動かして移動する能力」が挙げられ、さらに一般的に「栄養補給の必要量を摂取する能力、衣服を身にまとい雨風をしのぐための手段を入手する資力、さらに共同体の社会生活に参加する権能といった能力もここに含めることができる」とされている（Sen 1982 邦訳二五三頁）。

以上から分かるように、基本的なケイパビリティの平等論の基盤にあるのは厚生主義への批判であり、それは「規範理論は、人びとの効用や選好、別の言い方をすれば幸福や快楽、の増大だけを規範的判断の基準とするのであってはならない」という主張である。センが「効用」とは別に「重視すべし」と考えているのは「人々の個別のニーズ」であるが、その「ニーズ」の概念には、単に現実に個人が欲しているものを超えて、「本来であれば欲するであろうもの」という理念的なニュアンスが込められているのである。

センは、「道徳理論は、人びとのニーズへの応答性がなければならない」という判断を基盤にして議論を展開している。そうした応答性が重要であることを例証するために身障者のケースを持ち出している。

しかし、「では、なぜ道徳理論は人びとのニーズへの応答性を重視しなければならないか」については、センは必ずしも説明していない。彼の議論は、ロールズの原初状態のような壮大な理論装置は用いていないし、アプリオリに正しいと読者も認めるだろうと想定できる自明の原理を想定して、そこから論理的に規範的命題を導き出すという演繹的な方法も用いてはいない。ある意味では、彼の議論のしかたはきわめて「経験論的」である。すなわち、既存の道徳理論を、「その考えでは、身障者のような人への適切な配分を理論化するのには不十分ですよ」という形で批判しているのである。

ここで重要なことは、こうしたセンのケイパビリティ論の骨格をなしているのは、あるいはその説得性の骨格をなしているのは、「身障者のような人に対して、特別の支援を配慮することは道徳的に正しいことであり、逆に配慮しないことは不正義である」という判断である。そしてその判断は、基本的には「センの議論を好意的に読む読者たちが潜在的に共通に抱いている道徳的判断」にほかならない。この道徳的判断の正当性がセンの議論によって証明されたり説明されたりしている訳ではないのである。センは、この道徳的判断を共有するはずだと思われる読者に向けて、その想定された共通前提をてことして、既存理論を批判し、自分のアイディアを提示しているのである。

言うまでもなく、「身障者のような人の境遇を重視する」というのは、先に述べたＬＡ優先主義の一種である。ここでも、規範理論の根幹がわれわれの日常的規範意識を当てにして組み立てられていることを見て取ることができる。

(二) 現代リベラリズムの「善き生」とは

現代リベラリズム一般には、ロールズやセンよりも遙かに基礎づけ主義的に論理を組み立てようとする傾向がある。その代表が、ロナルド・マイルス・ドゥオーキン (Dworkin 1985) のように「各個人における善き生」に関する自律的な構想を最も高く優先し、その前提を基盤にして理論を組み立てていくものだ。しばしばこのリーズニングに「個人の善き生の構想に対する国家や社会の中立性」という原理が組み合わされるが、いずれにしても根幹にあるのは「個人の善き生の構想」である。これは個人の自由を最優先するタイプのリベラリズムの基本的な思考様式をなしており、そこでは、各個人のレベルでの善き生の構想は本来的にはなにものにも侵犯されえない不可侵のものとして設定されているのである。

ドゥオーキン的なリベラリズムの議論の組み立て方は、明示的にはそのようないかにも「自明に正しく思われる」基底的な規範的価値を前面に立て、そこから出発して全体的な規範的理論を構築するという戦略をとっているので、表面的にはロールズやセンの議論のしかたとは大きく異なっている。しかし、ある共通点がある。それは、ここでもまた、「各個人における善き生の構想は尊重されるべき」という基底をなす規範的主張については、その根拠を説明することなく、やはり「読者の共感」に委ねられていることである。

もちろん、ここには言葉のマジックもある。「善き生の構想」という言い方をすればいかにも尊重すべきものであるかのようなニュアンスが生じる。しかしほとんど同じことは、「勝手な生き方」とも表現しうる。英語だと、一方は“conception of good life”であるが、他方は“selfish way of life”である。「善き生」と書くとそれ自体が道徳的に「善」であるかのようなニュアンスをもち、単に人びとが実際に欲している人生（厚生主義）ではなくより理念的なものも含意しているかに見える。しかし、「勝手」と書くと「利己的」というニュアンスを帯びる。

さらに言えば、「各個人の善き生の構想を尊重する」という規範的原理は、一見正しそうだが、厳密に吟味すれば多くの困難にぶち当たる。なぜなら、きわめて当たり前のことだが、各人の生は互いに関連し、干渉し、影響し、利益や害を与え合っているからである。ある人の生の構想を尊重すれば、他の人のそれを損なうことがしばしばだ。そんなことは誰でも知っている。ただし、現代リベラリズムの議論はほとんどこの点に触れることがない。それは議論の焦点を「個人相互のレベルでのコンフリクト」の問題ではなく、個人に対する国家や社会の干渉の問題に置いているからである。

このように「善き生」という言葉を用いることで、現代リベラリズムもロールズやセンの場合と同じように、議論の最も重要なポイントにおいて、「読者に共有されている道徳的感性、規範意識」に訴えている。「善き生の尊重」が自明に正しいのではない。それはどうやっても確認できないことだ。そうではなく、それは多くの読者に「正しいと思われる」かもしれないということである。

規範理論では、経験科学のように「客観的なデータ」に依拠して理論の妥当性を導き出すということができない。データとは、個人（研究者や読者その他）を超えて存在するものであり、そうあるべきものだと想定されている。そうした「客観性の基盤となるもの」が規範理論には本来的に存在しない。暗黙のうちに「読者にも共有されていると想定される道徳的判断」への訴えかけがなされてしまうのは、それが「客観的なデータ」と同じ程度に議論の共通基盤を構成しうるからである。むろん、論理的にはありえないことなので、これはあくまで〈実際上の機能において〉のことであるが。

（三）コミュニタリアンの前提

コミュニタリアニズムはどのようなリーズニングを行っているのか。すべてを検討する紙幅はないので、まず、最も戦闘的なアミタイ・エチオーニの『新しい黄金律』（Etzioni 1996）を見てみよう。これを見ると、コミュニタリアン理論の中核にあるのは「コミュニティの中における個人の道徳的な生き方」の重視であるように思われる。それは次のような文面に表れている。すなわち、「われわれコミュニタリアンの世界観では、個人の人間としての尊厳を尊重するとともに、またその個人は社会的存在でもあり、社会の中でのみ生活できると考える。個人の自由の保持は市民社会の制度を意欲的に維持できるか否かにかかっている」（Etzioni 1996 邦訳四三一頁）。コミュニティや社会が重要だというロジックではなく、その中に生きる個人の生き方が重要だというのである。

似たようなリーズニングはフィリップ・セルズニック（Selznick 1992）の行論にも見られる。彼は、「Integrity〈自己誠実性〉と人格性」という徳を身につけたあるべき個人像を「Responsible Self」という言葉を使って言い表している。Responsible とは、他者およびコミュニティを想定した道徳性である。そして、相互の信頼、尊敬、和解、相互依存の理念と融合して定立される Communitarian Justice（コミュニタリアンの正義）を通じて、人びとの道徳的な responsibility が増進させられるような社会が望ましいと考えている（Selznick 1992, p.433）。

このように、エチオーニにしてもセルズニックにしても、まず「個人レベルでの道徳性」とはどう考えればいいかを論じ、そこで概念化され理念化された個人レベルの道徳性がよりよく発揮されるためには、社会はどうあるべきかという風に論理が進んでいくのである。コミュニタリアン的思考とは、「個人とは社会ないしコミュニティの中で他者とともに生きる存在だ」という観点から出発して、個人の道徳的生き方と社会が従うべき規範原理とを相互に関連させながらともに考察しようとするものである。この理路が、ロールズ、セン、ドゥオーキンたちのそれと大きく異なることは明白だ。

最も重要な違いは次の点にある。ロールズたちは基本的には、「存在するのは諸個人であって、社会は擬制だ」という功利主義の第一の柱を踏襲している。社会とは諸個人に奉仕すべき構成物である。ロールズたちは、「個人の選好や道徳性がどうであれ、それを前提として」、構成物である社会が従うべき規範的原理を打ち立てようとするのである。それに対してコミュニタリアンは「社会やコミュニティ」をよりリアルなものと想定し、その中で生きる「個人の道徳性」を理論の基軸に据える。つまり、「個人のよりよき道徳性」の観点から見た場合に、社会の諸制度はどうあるべきかを定立しようとするのがコミュニタリアンである。

この理論構成の戦略は、ある意味では「常識的」である。それはたぶん多くの「非専門家」「日常生活世界の人びと」にはかなり高いアピール力をもっている。しかし、純粋理論的には、「個人がいかなる善き生の構想をもつかに関係なく、社会の側が果たすべき道徳的要請がある」という考えから出発することと、「個人は社会の中で一定の道徳的存在であるべき」という前提要件から出発することと、どちらが正しいかを決定しうる基盤は存在しない。

4　規範理論の方法論へ

ロールズの『正義論』が、哲学、政治学、経済学などの通常の学問区分を超えて広範な領域にまたがる活発な規範理論の議論と探求を刺激し、その発展を生みだしたことは間違いない。それはある種の科学革命にも似た大変革をこの分野にもたらしたのである。しかしながら、ではその『正義論』はかつてニュートン力学が科学的探求の共通の理論基盤として受け入れられていったように、規範理論の探求の共通基盤となったかと言えば、そうではない。探求は促進されたが、百家争鳴、多様な学説がさまざまに提出され、しだいに議論の焦点も定かではなくなりつつあるように思われる。

ロールズの責任ではまったくないが、『正義論』によって解き放たれた議論の地平は結果としてはむしろ混迷に陥っているように見える。とくにロールズに刺激されて展開されていった先鋭化したリベラリズム理論は、かえってそれに対抗するコミュニタリアニズム理論の展開を活発化させたとも言えるだろう。今や、コミュニタリアンとリベラルとの対立は、単にアカデミズムの世界における学説の対立に留まってはいない。それは、アメリカの場合、政治的党派の対立と密接に結びつき、至るところで深刻な闘争を引き起こし、国民の分裂を招いている。その対立の激しさは、かつての日本やヨーロッパにおける社会主義と資本主義との間に存在した敵対的対立を彷彿させる。

はたして、こうした対立に決着をつけることができるような「規範理論の方法的基盤」は存在するだろうか。経験科学であれば、必ずしもいつも容易とは限らないが、原理的には「経験的な証拠」が最終的な決着をつけてくれるだろうという想定が存在する。少なくとも大多数の科学者はそう考えており、その意味で「普遍的な真理」への信頼が存在している。そこには、「学説の間の対立は、経験的な証拠に基づいた検証の積み重ねによって、いずれは決着をえ、共通のより正しい知識へと至ることができるはずだ」という「共通の方法了解」が存在するのである。

それに対して、規範理論の場合、そうした共通の方法了解は存在しない。

このような状況の中で、いったい規範理論には何ができるのだろうか。単に「神々の闘争」の中の一つの分派として埋もれていくのではなく、人びとが共同に正しいとして受け入れることのできる理論は、いったいどのようにして可能なのか。

今、本章にはそれに対する答えはない。ただし、言えると思われることがふたつある。

第一は、ロールズやセンの議論を分析した結果として明らかなように、一定の説得性をもち多くの共感や合意をうることのできる規範理論というものは、どこかで「人びとがすでに身につけていたり比較的賛同をえやすい規範感覚や規範意識あるいは規範的論理」に訴えかけているということである。これは、功利主義を代表として多くの規範理論が「人びとの幸福や快楽」を参照基準として設定していることとは対照的である。すなわち、功利主義的諸理論が「幸福や快楽」という「望まれているもの desired」を（ムーアの言う自然主義的誤謬を犯しながら）基準に組み立てようとしているのに対して、ロールズやセンのような規範理論はむしろ「人びとが望ましい desirable と見なしていること」が参照されているのである。

むろん、人びとの規範意識（これはふつう英語にはない概念だが）を参照基準にすることは、問題がないわけではない。なぜなら、それは単に「人びとが規範的に正しいと思ったものが、客観的に見ても規範的に正しい」という望ましくない論理の流れを正当化しかねないからである。しかし他方で、すでに何度も強調したように、何が「客観的に見て規範的に正しい」かを導出しうる理路というものも存在しない。

したがって、次のように考えた方がいい。すなわち、規範理論においては「客観的に正しい規範的判断あるいは規範的真理」などというものは存在しないという前提に立つべきであり、その上で、「人びとの日常的な規範意識」は規範理論を構築する上での重要な参考資料という意味をもちうる可能性を視野にいれるべきだろう、ということである。

第二に言えることは、まさにこのように規範理論の現状に関する分析やそのありうべき可能性についての議論の重要性が示すように、規範理論への探求は「方法への探求」を伴うべきであり、徹底的な「規範理論の方法論」に関する議論が必要だということである。方法についての議論とは、議論を通じて共同に受け入れることのできるものとその方法とを明確にし、それ自体を共同化するための議論である。考えてみれば、経験科学の場合でさえ「方法」に関する長い議論の歴史があるのである。二十世紀になっても、論理実証主義や現象学などの（挫折した）理論の試みがあり、つい最近まで（ほとんどの自然科学者たちとは無縁のところではあったが）「反科学論」が猖獗をきわめてさえいた。今日、経験科学の方法論は基本的には安定的な合意をえているが、必ずしもスムーズにそうなったわけではなく、数世紀にわたる学問的議論の積み重ねを経た上でのことなのである。

ロールズ『正義論』は夥しい多様な規範理論の展開に先鞭をつけたものの、必ずしも方法論の深化をもたらしたわけではなかった。規範理論の客観的可能性が疑わしくなっている今、改めてその方法の再検討が求められていると言えるだろう。

文献

Arrow, K. J.（1973）“Some Ordinalist-Utilitarian Notes on Rawls's Theory of Justice,” *The Journal of Philosophy*, 70（9）: 245–263.

Dworkin, R.（1985）*A Matter of Principle*, Harvard University Press.

Etzioni, A.（1996）*The New Golden Rule : Community and Morality in a Democratic Society*, Basic Books.（永安幸正監訳『新しい黄金律——「善き社会」を実現するためのコミュニタリアン宣言』麗澤大学出版会、二〇〇一年）

Moore, G. E.（1903）*Principia Ethica*.（深谷昭三訳、『倫理学原理』三和書房、一九七三年）

Popper, K. R.（1934→1959）*The Logic of Scientific Discovery*, Hutchinson.（大内義一・森博訳『科学的発見の論理』（上・

下）恒星社厚生閣、一九七一―七二年）

Putnam, H.（2002）*The Collapse of the Fact/Value Dichotomy and Other Essays*, Harvard University Press.（藤田晋吾・中村正利訳『事実／価値二分法の崩壊』法政大学出版局、二〇〇六年）

Rawls, J.（1971）*A Theory of Justice*, Harvard University Press.（川本隆史・福間聡・神島裕子訳『正義論（改訂版）』紀伊國屋書店、二〇一〇年）

Robbins, L.（1932）*An Essay on the Nature and Significance of Economic Science*, Macmillan.（辻六兵衛訳『経済学の本質と意義』東洋経済新報社、一九五七年）

Searle, J. R.（1995）*The Construction of Social Reality*, Simon & Schuster.

Selznick, P.（1992）*The Moral Commonwealth: Social Theory and the Problem of Community*, University of California Press.

Sen, A.（1982）*Choice, Welfare and Measurement*, Basil Blackwell.（大庭健・川本隆史訳『合理的な愚か者――経済学＝倫理学的探究』勁草書房、一九八九年）

Weber, M.（1904）*Die Objektivität sozialwissenschaftlicher und sozialpolitischer Erkenntnis*.（富永祐治・立野保男訳、折原浩補訳『社会科学と社会政策にかかわる認識の「客観性」』岩波書店、一九九八年）

盛山和夫（二〇〇六）『リベラリズムとは何か――ロールズと正義の論理』勁草書房。

第二章　ロールズと倫理学方法論

松元雅和

1　方法としての反照的均衡

ジョン・ロールズがその主著『正義論』（一九七一年）で一躍世に知らしめたのが、倫理学の方法としての「反照的均衡《リフレクティブ・エクイリブリウム》」なる造語である。反照的均衡は、倫理学――とりわけその規範部門――に適した方法として案出されたと考えられている。それゆえ通説では、ロールズが同書の公刊を通じて世に広めたこの方法が、倫理学・政治哲学における規範研究の復権に一役買ったというのだ。ロールズ自身が反照的均衡のアイデアの源泉として参照する著作も、アリストテレス『ニコマコス倫理学』およびヘンリー・シジウィック『倫理学の諸方法』である（Rawls 1971, p.51, n.26 邦訳七一頁、註二六）。

しかしながら、筆者は発展史的および内容的観点から、反照的均衡が、倫理学の伝統よりもむしろ、戦中・戦後の科学哲学からの強い影響下にあったと主張したい。こうした解釈は以前から一部に存在したものの（Delaney 1977）、ロールズの倫理学方法論における背景的事実として取り上げられることは比較的稀であった。興味深いことに、未公刊のアーカイブ資料を用いた近年の史的研究では、博士論文時代のロールズが論理実証主義の著作からかなりの影響を受け、その後ポスト実証主義の著作に軸足を移していったことが明らかになっている（本章第3・4節を参照）。

ロールズの倫理学方法論を科学哲学との関係で理解することは、その内容的観点からも適切である。後述するように、反照的均衡は従来、認識論上の観点から基礎づけ主義に当たるものか、それとも整合説に当たるものかという論争が生じてきた（本章第2節を参照）。私見では、反照的均衡の方法は基本的に整合説に当たるものであるが、その整合の中身については、彼の科学哲学の受容の仕方とともに変遷している。またその変遷は、『正義論』以降に明確化された「狭い」均衡と「広い」均衡の区別にも踏襲されていると考えられる（本章第5節を参照）。

ロールズの倫理学方法論を、以上のように科学哲学と近接していると見なすことは、ロールズ研究の一端に留まらない意義をも秘めている。一九七〇年代以降の英米圏の政治哲学者の多くは、規範的諸問題に接近するための一方途として、明示的・黙示的に反照的均衡の方法を採用してきた（松元 二〇一五、第一部）。ところで、ロールズの倫理学方法論が以上の意味で本質的に親科学的であるとしたらどうであろうか。科学＝実証研究 対 哲学＝規範研究といった研究分野間の対立軸をむやみに煽ることは、不毛であるどころか根本的に不正確である。むしろ、両方の研究分野は、その方法やアプローチに関して、互いの立場から多くを学べるのである。

本章の構成は以下のとおりである。はじめに、『正義論』時点における反照的均衡の方法の概要を確認し（第2節）、次にロールズ正義論の発展史に目を移して、博士論文等の未公刊資料も参考にしながら、『正義論』に至るアイデアの展開を確認する（第3・4節）。最後に、こうした展開を踏まえて、反照的均衡における「狭い」均衡と「広い」均衡の区別を再検討する（第5節）。本章の結論は、倫理学を科学の安直な模倣物とするものではないが、にもかかわらず両者が、世界の客観的知識を得るという共通の目標のもと、重要な点で類似していることを示唆するであろう。

2　反照的均衡とは何か

『正義論』におけるロールズの中心的主張は正義の二原理を実質的に擁護することであり、方法論に関する説明がそれほど多いわけではない（Rawls 1971, p.ix 邦訳xxii–iii頁）。とはいえ、倫理学方法論がロールズにとって二次的問題かといえば、そうではない。実際はまったく逆であり、倫理学方法論の探求は、彼にとって博士論文にまで遡る一大テーマである。博士論文の問題意識がどのような経緯を経て、現在知られる反照的均衡のかたちに着地するようになったかは次節以降で素描する。それに先立ち、本節では『正義論』時点における反照的均衡の方法の概要を確認しておこう。そのまとまった説明は同書第九節に見られる[1]。

（一）反照的均衡の三段階

そもそも、ロールズ正義論を含む正義論一般の課題は、何らかの意思決定を下したり、その善し悪しを評価したりするための規範的指針を与えることである。無論その指針は、ただの本人の主観的選好であってはならない。規範的指針が第三者に向けて説得的であるためには、ある価値判断を主張するだけでなく、それを支える理由を提示しなければならない。正義論の基本構成は、この理由→判断の関係を一般的規範原理として定式化・正当化することである。すなわちそれは、ひとつ以上の規範原理（大前提）を含み、その原理から価値判断（結論）を演繹的に導出する推論形式をとる。反照的均衡とは、この推論形式を組み立てるためのひとつの方法である。

反照的均衡は三段階に従って進められる（Scanlon 2003, pp.140–141）。第一に、価値に関する素朴な判断や確信を特定する。倫理学における価値判断は、科学一般における観察事実に当たるような世界内の基礎的データである。「その理論が推測する原理と照らし合わせうる事実の、有限だが明確な集合が存在している。この集合こそ、反照的均衡における私たちの熟考された判断にほかならない」（Rawls 1971, p.51 邦訳七〇―七一頁）。ロールズはこうした価値判断のことを「熟考された判断《コンシダード・ジャッジメント》」と呼ぶ。熟考された判断の性格づけについては、本章第4節第二項であらためて振り返りたい。

第二に、これらの価値判断を説明するであろう規範原理を定式化する。「ここでは、次のような一組の原理を定式化することが求められている。すなわち、〔……〕当該の諸原理を良心的かつ知性的に適用したならば、これらの判断を支持する理由をも挙げることができるような、そうした諸原理である」（Rawls 1971, p.46 邦訳六六頁）。ここでの目的は、個々の観察事実の規則的パターンから一般的な経験法則を抽出するように、個々の価値判断の規則的パターンから一般的な規範原理を抽出する作業である。理想的には、ロールズ自身もまた、反照的均衡の過程に倣い、基礎的データとしての価値判断を手がかりとして、何らかの一般的規範原理（ロールズの場合には正義の二原理）を定式化する。

第三に、定式化された規範原理から導かれる結論と、現在の価値判断を突き合わせる。反照的均衡が正当化の役割を果たすのはこの点である。両者が一致すれば問題ない。問題は、原理と判断のあいだに齟齬が見られた場合である。第一の選択肢は、判断に合わせて原理を修正することである。ロールズの直観主義批判に鑑みると（Rawls 1971, sec.7）、これは直観に対する過度の譲歩に映るかもしれない。とはいえ、「どのような正義の構想であっても、ある程度まで直観に依拠せざるをえないことは、疑いようがない」（Rawls 1971, p.41 邦訳五九頁）。定式化・正当化の段階の双方で、直観的な価値判断には規範原理と並ぶ一定の役割を果たすことが認められている。

しかし、規範原理と価値判断のあいだに齟齬が見られた場合、第二の選択肢として、原理に合わせて判断を修正することにより、均衡化をはかることもできる。価値判断はあくまでも「暫定的な定点」にすぎず、道徳的・非道徳的信念を含めたあらゆるレベルの背景理論との整合性の観点から修正される可能性を免れない。それゆえ、「道徳哲学はソクラテス的である。いったん熟考された判断を統制する原理が明らかにされれば、われわれは現在の熟考された判断を変更したいと思うかもしれない」(Rawls 1971, p.49)。科学一般とは異なり、倫理学は基礎的データである価値判断それ自体を修正するという批判的役割を担いうるのである。

(二) 基礎づけ主義か整合説か

以上概観したように、反照的均衡とは、判断→原理→判断……といったように、個別的知識と一般的知識のあいだを反射的に行き来する推論の過程および結果を指している。こうした過程を経るなかで、私たちの素朴な価値判断は次第に体系化された規範原理の一部となり、より安定的でより確信に満ちたものとなる。規範原理との合致は価値判断をより妥当なものとし、逆に価値判断との合致は規範原理をより妥当なものとする。そこでは、「最終的に私たちの原理と判断とが適合し合っているから〈均衡〉なのであり、どのような原理に判断を従わせたのか、および原理を導き出した前提が何かを知っているのだから〈反照的〉と名づけられる」(Rawls 1971, p.20 邦訳二九頁)。

こうしたロールズの方法に対しては、認識論上の観点から従来二つの解釈がなされてきた。第一に、それが(穏当な)基礎づけ主義であるとの解釈である(伊勢田 二〇一二、第一章：渡辺 二〇〇一、第一章第四節)。「基礎づけ主義」とは、ある信念が正当化される理由は、当該信念が(それ以上正当化を必要としないという意味で)それ自体基礎的であるからか、あるいは他の基礎的信念から論理的に導出されるからであると考える立場である

（Brink 1989, pp.101-103）。知識の正当化に際して、無限遡及を認めず、どこかの時点で正当化を支える究極的基盤を要請する。

第二に、それが整合説であるとの解釈である（Daniels 1996, pt.1；福間二〇〇七、第三章）。「整合説」とは、ある信念が正当化される理由は、当該信念が（事実的・規範的を問わず）他の信念の整合的体系の一部分を成しており、かつその事実が少なくとも部分的に当該信念を抱く根拠になるからであると考える立場である（Brink 1989, pp.103-104）。知識の正当化に際して、無限遡及を認め、知識全体の内的整合性を重視する。構造的に見れば、それ以上正当化を必要としない知識への訴え、正当化の「打ち止め」を認めるかどうかが、両者を判別する目安になる。

ロールズ自身は端々で、正当化が「整合性」や「相互支持」の問題であると言及しており、これは整合説的解釈を彷彿とさせる（Rawls 1971, pp.21, 579 邦訳三〇、七六二頁）。しかしながら、この解釈は同時に厄介な問題を引き込んでしまう。というのも、もし知識全体の内的整合性だけが正当化の必要十分条件なのだとすると、間違った判断と間違った原理がたまたま内的に整合する場合、それもまた正当化の証拠となってしまうからである。「彼らがたどり着いた「均衡」は、偏見から生み出された力の間での釣り合いにすぎないのかもしれず、どれほどの反照を費やしてもそれを道徳性の堅固な基礎とすることはできない」というわけだ（Hare 1981, p.12 邦訳二〇頁）。

逆に、ある種の価値判断を反照的均衡におけるほぼ不動の定点であると考えれば、基礎づけ主義的解釈の方が優勢になる。例えばロールズは、熟考された判断の一例として、宗教上の不寛容や人種差別が正義に反することに対する私たちの確信を取り上げている（Rawls 1971, p.19 邦訳二八頁）。少なくともロールズ本人が、こうした価値判断の修正可能性すらも真面目に捉えていたとは思われない(2)。要するに、均衡化に付される価値判断が、一方で客観的信頼性をもつことを強調すれば基礎づけ主義的になり、他方で修正可能性をもつことを強調すれば整合説的になるということだ。

私見では、どちらの解釈もロールズ自身の見解に与するものであり、一概に一方が正解であり、他方が誤りであると即断することはできない。というのも、『正義論』に至るまでのロールズの倫理学方法論の発展は決して一本道ではなく、見方によってこれら両者の要素が含まれているからである。結論を先取りすれば、反照的均衡は整合説の一種と見なせるが、その内実については一見した以上の複雑さがある。こうした事情を正確に知るためには、私たちは時計の針を『正義論』出版から二十年以上巻き戻さねばならない。

3　論理実証主義からの影響

ロールズ本人にとっては、反照的均衡として着地する方法は博士論文の段階から徐々に彫琢されてきたものであり、『正義論』はあくまでもその到達点である。ロールズの博士論文（一九五〇年）は倫理学方法論の論文であり、そこではすでに反照的均衡の原型が示されている。加えて、博士論文の短縮・改訂版と見なせる彼の処女論文「倫理上の決定手続の概要」（一九五一年）——以下「概要」論文と略記する——は、前節で概観した『正義論』第九節の下敷きになっているとも注記されている（Rawls 1971, p.46, n.24 邦訳六五頁、註二四）。そこで、反照的均衡の認識論上の特徴を探るうえでは、こうした初期の著作にヒントを求めるのが有益であろう[3]。

（一）博士論文までの道のり

一九三九年にプリンストン大学に入学し、一九四二年末に卒業論文で宗教学をテーマにしたロールズは、その後約三年間にわたる太平洋戦争の従軍経験を経て、専門分野を倫理学に移し、一九四六年より大学院生活を始めた。ちなみにこの従軍経験が、若き彼の宗教への関心を失わせ、倫理学の探求に向かわせたことは彼自身が回顧しているとおりである（Rawls 2009, pp.259–269）。おりしも当時の英米倫理学は、論理実証主義に基づく情緒主義が全盛を極めており、これと対決することが大学院時代のロールズの主要課題となったのだ。

論理実証主義とは、一九二〇年代のヨーロッパ大陸で始まった、人間的知識は思惟ではなく経験によって得られるとする科学主義を前面に掲げるウィーン学団の主義主張である。それによれば、命題は大別して、トートロジー（恒真命題）としての分析命題と経験的に検証可能な総合命題の二つがある。このように、命題の意味はその検証方法によって与えられる（意味の検証理論）。逆に言えば、これら二つのどちらにも含まれない命題は真でも偽でもなく、したがって有意味ではない。伝統的な形而上学のような問題設定は学問の世界から放逐されねばならない。

それでは、論理実証主義において価値にまつわる倫理学的問いはどのように扱われるのか。ひとつの方策は、価値命題を経験的に検証可能な実証科学の主題に翻訳すること、すなわち倫理学的問いを心理学・社会学的問いへと還元することである。しかし、どれだけ事実に訴えたところで解決されない価値の論争は残りうる。その場合、論理実証主義者の答えは、その価値判断は主観的選好の表明にすぎず、真偽を問えない、それゆえ無意味な命題だというものである。こうした主張は「情緒主義《エモーティヴィズム》」と呼ばれ、アルフレッド・J・エア『言語・真理・論理』（一九三六年）、チャールズ・L・スティーヴンソン『倫理と言語』（一九四四年）の著作によって知られていた。

こうした状況に抗すべく、博士課程のロールズは「科学としての倫理学」の構想を立ち上げる(4)（Reidy 2014, pp.12–18）。その手がかりは、倫理学を帰納論理と類比的に捉えるというアイデアであった（Rawls 1950, p.343 ;

1951, pp.177–178, 189–190 邦訳二五六、二七六―二七七頁）。帰納論理は、演繹的推論とは異なり、それ自体蓋然的知識に留まる帰納的推論において、ある仮説が限られた観察経験によりどの程度確からしくなるかを形式化する、論理学の一分野である。ジョン・スチュワート・ミルら十九世紀の帰納論に始まり、確率論を基礎として、ルドルフ・カルナップやハンス・ライヘンバッハら論理実証主義者の仕事に引き継がれていた。ロールズは当時発展しつつあった帰納論理を参照することで、倫理学においても客観的知識を確立しようとしたのだ。

　もちろん前提として、科学と倫理学は扱う対象が基本的に異なる。「科学的探究において私たちが関心をもつのは、出来事を（それが過去か未来かに応じて）説明または予測することであり、法則の存在を（それが確証済みであるか未知であるかに応じて）説明または予測することである。しかしながら、倫理的推論において私たちが関心をもつのは、格率あるいは原理を正当化することであり、それらは決定や行為の規範になるものと理解されている」（Rawls 1950, p.226）。ただし、これらの相違を差し置くと、どちらも帰納論理の諸基準に基づいて客観的知識の確立を目指すという点で、情緒主義者の考えとは裏腹に、倫理学は科学と同様の方法論的基盤をもちうるのだ。

　具体的に、科学者が用いる帰納的推論とは、はじめに個々の観察事実から一般的経験法則を導き出し、次にその経験法則をふたたび個々の観察事実に照らし合わせて検証する過程のことである。これを踏襲して、ロールズは、はじめに個々の価値判断から一般的規範原理を導き出し、次にその規範原理をふたたび個々の価値判断に照らし合わせて検証する過程を倫理学の課題とした。定式化の段階に当たる前半の過程は「解明《エクスプリケーション》」と呼ばれる。すなわち、「倫理理論とは、行為指針と意思決定のための正当化可能で効果的な諸原理を見出すために、常識的判断を解明しようとする試みである」（Rawls 1950, p.29；cf.1951, pp.184–186 邦訳二六六―二七一頁）。

　ロールズは解明に加えて、正当化の段階に当たる後半の過程も倫理学方法論の主要検討課題に据える。「ある原理が正当化可能であると証拠づけられるのは、それが集合的な正しさの感覚によって受容される場合である〔……〕この受容が原理の最終的なテストになる」（Rawls 1950, p.318 ; cf.1951, pp.186–190 邦訳二七一―二七七頁）。博士論文では、第一部において解明にまつわる方法論的検討が、第二部においてその実演が、第三部において正当化にまつわる方法論的検討がなされている。すなわち、博士論文の時点で、前節で確認した、特定・定式化・正当化からなる反照的均衡の諸段階は出揃っていたと言ってよい[5]。

（二）基礎的データの客観的信頼性

個別的価値判断との合致が一般的規範原理の正当性を支え、逆に一般的規範原理との合致が個別的価値判断の正当性を支えるという意味では、ロールズの方法は明らかに非基礎づけ主義的である。それは、ロールズが正当化の段階において、神であれ国家であれ自然本性であれ、何らかの最終的かつ不可謬的な権威に基づく「高位の実在への訴え」を退けていることからも見てとれる（Rawls 1950, pt.3 sec.9）。思えば、ロールズがこの時期に影響を受けていた論理実証主義周辺の科学哲学者も、オットー・ノイラート、カルナップ、ライヘンバッハ、カール・ポパーら、非基礎づけ主義的傾向の強いものである（Gališanka 2013, p.36）。

にもかかわらず、この時期のロールズの倫理学方法論には、基礎づけ主義的要素もまた色濃く残っている（Mäkinen and Kakkuri-Knuuttila 2013, pp.6–12）。当時ロールズが思い悩んでいたのは、情緒主義者が倫理学者に突きつける、どれだけ事実に訴えたところで解決されない価値の論争をどのように克服するかということであった。科学が参照する観察事実とは異なり、倫理学が参照する価値判断は、単なる主観的選好の表出にすぎないかもしれない。それゆえ、解明の対象として万人が合意しうる価値判断を特定することが、ロールズの倫理学方法論にとっての試金石だったのである。これは、論理実証主義者が素朴な基礎づけ主義的構想を排してからも、依然として直接経験世界と結びついたプロトコル文に特権的な認識論的地位を置き続けたことと類似している。

ロールズはこの問題に「道理性《リーズナブルネス》」をもって答える。後期に至るまで、著作の端々に登場するこの伝家の宝刀は、実に博士論文の時点ですでに抜かれていた。その象徴が、第一部第五節「道理的人間による合理的判断の重要性」に関する記述である。「その方法論的機能は決定的である。なぜなら、そうした判断は、倫理理論の構築と検証の双方にとっての基礎的データを見出すことを道理的に望みうるものとして、選択されたものであるから」（Rawls 1950, p.61）。基礎的データの客観的信頼性を担保するものとして、道理的人間は合理的判断を通じて互いに合意に至ることが想定されている。ここでの価値判断は、事前に「道理性」のフィルターでいわば濾過されているのである。

もちろん、規範原理との均衡化の過程で修正の余地を免れない点で、道理的人間による合理的判断でさえ、科学における観察事実に比類しうるような基礎と見なすことはできない（Rawls 1950, pp.91-95）。にもかかわらず、はじめに特定の段階で価値判断の中身を慎重に吟味・限定しておくことが、倫理学を帰納論理と類比するロールズには是非とも必要であった。というのも、「（道理的人間による合理的判断のような）客観的に確立されたデータへの訴えを欠いていること〔……〕以上に、道徳学者を悩ませてきた方法論的失敗はない」からである（Rawls 1950, p.78）。このように基礎的データの客観的信頼性を重視する立論は、「方法論的物理主義」と名づけられている。

ともあれ、博士論文のロールズが展開した倫理学方法論が、全体として科学哲学を範にしていることは一目瞭然である。恐らくこれは、ロールズが研究者生活を始めた一九三〇～四〇年代の英語圏の知的風土を体現している。当時は論理実証主義の興隆のもと、科学と倫理学のあいだに厳しい一線が設けられ、しかも倫理学の規範部門には形而上学と同様に似非学問のレッテルが貼られていた時代であった。こうした逆風のなかで、倫理学においても客観的知識を確立したいと思えばこそ、部分的にであれ科学に類似した部分を際立たせるというのが、当時ロールズにとって喫緊の課題であったのであろう。

4　ポスト実証主義からの影響

しかしながら、その後ロールズが倫理学を帰納論理との類比で捉えることは、顕著に減ってくる。それは科学哲学的に見れば、プロトコル文に特権的な認識論的地位を与える論理実証主義からの脱却を意味していた。とはいえ、ロールズが初期の「科学としての倫理学」の構想を全面的に放棄したというわけではない。むしろ彼は、科学哲学内部でその後一九五〇～六〇年代に見られる潮流の変化を受けて、自らの倫理学方法論そのものを変化させていったと見た方がよい。その成果が、反照的均衡のアイデアへと次第に結実していくのだ。

(一)　博士論文からの転進

なぜこうした転換が生じたのであろうか。三つの原因が考えられる。ひとつには、論理実証主義の聖典となった『論理哲学論考』（一九二一年）からの脱却を自らはかった後期ウィトゲンシュタインからの影響である（Bevir and Gališanka 2012, pp.710–719; Gališanka 2013, ch.4; 2016）。振り返れば、学部時代にロールズは、ルートヴィヒ・ウィトゲンシュタインの弟子ノーマン・マルコムに教えを受け、恐らくその際に『青本』も入手している。大学院時代に一年間滞在し、一九五三年に教員として赴任したコーネル大学は、当時マルコム、マックス・ブラックらを擁し、米国におけるウィトゲンシュタイン研究の結集地となっていた（Glock 2008, pp.382–385）。規則功利主義について取り扱った論文「二つのルール概念」（一九五五年）は、後期ウィトゲンシュタインの言語ゲーム論を下敷きにしたものだ。

次に、ネルソン・グッドマンの帰納論、とりわけ『事実・虚構・予言』（一九五五年）の刊行もロールズに影響を与えることになった。グッドマンは当時の帰納論理に対して、グルーのパラドクスという「帰納の新しい謎」を提示したことで知られる。ロールズは『正義論』第四節で反照的均衡の観念を導入する際、グッドマンの著作を参照している（Rawls 1971, p.20, n.7 邦訳二九頁、註七）。その著作には、のちの反照的均衡を予言するかのような、次のような議論がある。「この循環は良性のものである。要点は、規則と個別的推理の両者は、どちらも、互いに他と適合させられることによって正当化されるということである。……正当化の過程は、規則と受容された推理とを相互に一致させるという微妙な過程なのである」（Goodman 1983, p.64 邦訳一一〇頁）。

最後に大きかったのは、ウィラード・V・O・クワインからの影響であろう（Bevir and Gališanka 2012, pp.719-724 ; Gališanka 2013, ch.6 ; Taschetto 2015）。ロールズが「概要」論文を発表したのと同じ年、クワインは「経験主義の二つのドグマ」（一九五一年）を公刊し、分析的真理と総合的真理の区別、および有意味な言明を直接経験に翻訳する還元主義を掲げる論理実証主義を根本的に批判した。この記念碑的論文は、個々の命題の論理的・経験的検証可能性に注目する論理実証主義に代えて、理論全体の検証を目指すホーリズムの思想を打ち出した。ロールズは一九五九年に客員教授としてハーバード大学を訪れ、一九六二年に転籍して同大学哲学部でクワインの同僚になる。そのホーリズムの思想は、『正義論』で整合説的議論を展開する際にも参照されている[6]（Rawls 1971, p.579, n.33 邦訳七六三頁、註三四）。

（二）命題の検証から理論の検証へ

こうした科学哲学（者）との対話は、ロールズの倫理学方法論にも重大な変化をもたらした。前述のように、博士論文および「概要」論文のロールズは、基礎的データとして信頼に足る価値判断が、誰の、どのような判断であるかに関して、かなりの紙幅を費やして仔細に論じていた（Rawls 1950, pt.1 secs.3–4 ; 1951, pp.178–183 邦訳二五六―六六頁）。対照的に『正義論』では、この反照的均衡の特定の段階に拘泥しているそぶりはない。それどころかロールズは、特定される価値判断に関して、「本書のねらいに即するなら、読者と著者の見解だけが重視されることになる。そのほかの人びとの意見は、私たちの頭の中を明瞭にするためにのみ使われるに過ぎない」と半ば開き直っている（Rawls 1971, p.50 邦訳七〇頁）。

実際、博士論文では解明の素材としてその中身が慎重に吟味・限定されていた「道理的人間による合理的判断」は、『正義論』では「熟考された判断」――「私たちの道徳的能力が歪められることなく提示される見通しが最も高い場合の判断」（Rawls 1971, p.47 邦訳六七頁）――として簡潔に定義されるに留まっている。ロールズにとって、熟考された判断を下す道徳的能力は、正しい文法を操る言語的能力と類比されるほど、世間一般の人々にとってごく当然の能力である。あらゆる価値判断は単なる主観的選好の表出にすぎないかもしれないという情緒主義的懐疑論は、ここではすでに一蹴されている。

こうした力点の変化は何を表しているのか。実は、『正義論』におけるロールズの努力は、価値判断や規範原理といった個々の命題の真偽を検証することを越えて、理論全体の適切さを検証することに向けられている。理論の個々の部分に対して反対の事実を見つけることは確かに可能であろう。しかし、経済学者ポール・サミュエルソンの言葉にもあるように、「理論を倒すには理論が必要である。事実というものはせいぜい、理論家の皮膚を凹ますぐらいのことしかできない」（Samuelson 1966, p.1568 邦訳五五―五六頁）。それゆえ理論の検証は、理論の個々の部分ではなく、その全体に対して向けられなければならない。

基礎的データとしての価値判断の客観的信頼性に固執しないことは、反照的均衡を相対的に整合説的解釈の方に傾ける（本章第2節第二項を参照）。これは、間違った判断と間違った原理がたまたま内的に整合しても正当化されたことにはならないという例の批判を呼び覚ますかもしれない。しかし、理論の検証を主要課題とするロールズにとって、こうした批判はもはや脅威ではない。「大切なのは、理論がどれくらいの頻度でどれほど誤っているかを見出すことである。あらゆる理論はおそらく所どころで間違っている。すでに提案された諸見解のどれが全体として最も近似しているのか、こう問うことがつねに実際の問題となる」（Rawls 1971, p.52 邦訳七二頁）。

ロールズは『正義論』終盤で、六百頁にわたる自分の試みを以下のように総括している。

〈公正としての正義〉はじゅうぶんに満足できる理論ではないとはいえ、私たちの道徳哲学において傑出した地位を久しく占め続けている功利主義の見解に取って代わるべき理論を提供するものと考える。〔……〕目的論的な理論への批判は、断片的になされるだけなら決して実を結ぶことはない。明瞭さと体系性という同じ効能を有しながらも、私たちの道徳的感受性に関してより明敏な解釈をもたらす、もうひとつの種類の見解を構成することを試みなければならない。（Rawls 1971, pp.586–587 邦訳七七二―七七三頁）

まとめよう。反照的均衡は、ロールズがかつての帰納論理との類比に代えて提唱した倫理学の一方法である。それは認識論的には整合説の一種であり、価値判断と規範原理の合致を含め、知識全体がもっとも統一的に把握されるような理論の構築を目指すものである。その目標にとって、理論の個々の部分がそれ自体で決定的であるわけではない。問題は、「功利主義と肩を並べるだけの明快さと体系性という効能を兼備し、同時に功利主義に向けられるような疑いをも和らげる建設的な代替理論」を提出することである（Rawls 1971, p.52 邦訳七三頁）。この課題が、文字どおり「正義の理論」と題するこの書物の要諦にある。

5　方法としての『正義論』

以上見たように、ロールズが方法論を彫琢していった背景には、少なくとも二つの影響関係が見て取れる。すなわち、博士論文時代における論理実証主義からの影響であり、『正義論』に至るまでにおけるポスト実証主義からの影響である。こうした変遷を経て、ロールズは倫理学を帰納論理と類比することを止め、代わりに反照的均衡という造語を用いるようになったのだ。しかし見方を変えれば、方法論に関するかぎり、博士課程の段階で掲げられた「科学としての倫理学」の残滓は、依然として『正義論』のそこかしこに感じることができる。

（一）狭い均衡と広い均衡

以上の変遷を辿るとき、「狭い」反照的均衡と「広い」反照的均衡の区別がより明確になる。この区別は『正義論』の時点では暗示されつつも明示されていなかったのだが（Rawls 1971, pp.49-50 邦訳六八―六九頁）、ノーマン・ダニエルズによる詳細な解説によって広く知られるようになった。ただし、ロールズとダニエルズのあいだには、「広い」の意味をめぐって若干のズレが生じている（伊勢田 二〇一二、第一章第二節）。この区別が方法論的に論じられる際にも、ダニエルズが対象となることが多い。そこで以下では、ロールズよりもダニエルズに依拠しながらその特徴を確認してみよう。

ダニエルズによれば、『正義論』は全体として、価値判断と規範原理に加えて、背景理論という第三の要素もまた、均衡化の構成要素としている。「背景理論《バックグラウンド・セオリーズ》」は、それ自体事実的要素も価値的要素も含んでいるが、ともあれ狭い反照的均衡において均衡化に付される価値判断とは独立の認知的地位から、規範原理（正義の二原理）の正当性を保証する（独立性制約）。具体的に、ダニエルズはその諸要素として、「人格の理論」「手続き的正義の理論」「一般的社会理論」「（秩序だった社会の理想を含む）社会における道徳の役割に関する理論」の四つを挙げている（Daniels 1996, pp.23, 50, 138）。これらの構成要素は、『正義論』第二～三部を中心に同書全体にわたって登場する。

背景理論は、基礎づけ主義とは異なるかたちで理論全体の客観的信頼性に寄与する。一方で狭い反照的均衡は、規範原理を価値判断との均衡化に付すが、他方で広い反照的均衡は、規範原理を価値判断を含むより広い社会的・自然的事実との均衡化に付す。均衡化の対象として、狭い反照的均衡の際に念頭に置いていたものよりも幅広い一般的事実を含めることで、その結果をより客観性の高いものにすることができる。判断→原理→判断……という均衡化の二項モデルは、背景理論も含めたネットワーク型の多項モデルへとかたちを変えたのである。

すると、本章第2節第一項で概観した、『正義論』第九節を中心とする反照的均衡の理解にも一定の修正が必要であろう。というのも、ダニエルズが名づけるところの背景理論の導入および適用は、同書全体にわたって登場するからである。その広範な理論的射程は、第九節で言及された価値判断と規範原理の合致というイメージをはるかに超えている。あえて言えば、同書第九節で（事実確認的に）示されているのが狭い反照的均衡であり、同書全体で（行為遂行的に）示されているのが広い反照的均衡である。「概要」論文が第九節の下敷きになっていることを考え併せれば、「狭い」「広い」の区別は、博士論文で構想された方法から『正義論』に結実する方法までのロールズの変遷を反映していると捉えられよう。

（二）反照的均衡の実践

あらためて振り返ると、『正義論』は全体として、広い反照的均衡によって正義の二原理を含む「正義の理論」

を構築・検証していると見なせる。第一部「理論」では、はじめに第一章「公正としての正義」において著書の問題意識と議論構成が示され、次に第二章「正義の諸原理」において正義の構想として正義の二原理が定式化され（第一一節）、第二原理の複数の解釈が順番に吟味される（第一二節）。正義の二原理は数度の改変を経て第四六節で最終形が提示されるが、その大枠が第一一節というかなり早い段階ですでに予備的に示されていることに注意しよう。

次いで第三章「原初状態」では、以上のように定式化された規範原理を演繹的に正当化するための論証（道徳幾何学）が展開される。すなわち、正義の情況、無知のヴェール、当事者の合理性その他、その結論が直観と整合するように調整された原初状態において、効用原理を含む複数の選択候補のなかから正義の二原理が実際に選択される過程を記述する。無論、先立つ第二章において、すでに正義の二原理は仮説的に定式化されているのだから、この結果ははじめからロールズにとって予期されている。ただし、それが当事者の選択結果としても理解できることは、正義の二原理が正当であることのさらなる証拠となる。

さらに、こうして正当化された正義の「二原理はどれほどうまく私たちの熟考された判断と合致・適合するものか」を確かめるべく（Rawls 1971, p.192 邦訳二六一頁）、第二部「諸制度」では、規範原理を政治制度として現実化し、その含意を探る議論が展開される。最後に第三部「諸目的」では、正義の二原理が私たちの生の目的と矛盾するどころか調和することが、発達心理学などの知見も交えながら詳らかにされる。以上の多岐にわたる検討を経て、最終的に、「正当化とは多くの考慮事項の間での相互支持、すなわち全体がまとまってひとつの整合的な見解に収まるという問題にほかならない」（Rawls 1971, p.579 邦訳七六二頁）というロールズの企図が完遂されるのだ。

若干驚くべきことだが、近年の史的研究が示すところでは、少なくとも博士論文までのロールズは、ある種の功利主義を支持していた[7]（Gališanka 2013, pp.43–45 ; Reidy 2014, pp.16, 22, 26–28）。それゆえ、この「私たちの道徳哲学において傑出した地位を久しく占め続けている」理論に対抗することは、若き日の自分自身と対峙することであったのかもしれない。ロールズは功利主義の代替理論の構築に、カント哲学、社会契約説に始まり、経済学、合理的選択理論、道徳心理学、はては民主主義論や憲法論、市民的不服従論などの知見も惜しみなく盛り込み、博士論文以来二十余年の歳月と六百頁を費やした[8]。反照的均衡の方法は、実にこの間のロールズ自身の知的格闘をも表現しているのである。

(三) ロールズから何を汲み取るか

本章ではここまで、倫理学方法論と科学哲学の近接性に注目しながら、ロールズの反照的均衡の方法を素描してきた。倫理学は事実（である）とは区別される価値（べき）に関する客観的知識の探求に関心をもつ。とはいえ、倫理学における客観的知識の探求は、科学におけるそれと構造的には類似している。そうであるからこそ、ロールズは博士論文から終始一貫して、科学哲学を受容し、その変化から影響を受け、自らの倫理学方法論へと反映させていったのだ。ロールズ自身の発展史を振り返ると、その方法論的栄養分は、相当の部分が戦中・戦後の科学哲学のなかにあることが分かる。

「正義の理論」を提出するというロールズの企図が、現代正義論に与えた影響はきわめて多大である。『正義論』出版以降、その直接的・間接的対話のなかで、リバタリアニズム、コミュニタリアニズム、国際正義論、卓越主義、分析的マルクス主義、フェミニズム、多文化主義、ナショナリズム、市民的共和主義等々の規範理論が次々と誕生・発展してきた。同書出版以前に「体系的な理論として優勢を誇ってきたのが何らかの形態での功利主義であった」（Rawls 1971, p.vii 邦訳 xx頁）ことを振り返るならば、この現状には隔世の感がある。こうした規範理論の活況の一因として、反照的均衡を中心とするロールズの独創的な方法論的アイデアが一役買っていたことには疑問の余地がない。

倫理学は通常、自然・社会科学とは異なる人文学に位置づけられる。しかし両者の営みをまったく隔絶するほど別個の存在であると捉える必要はない。結局のところ、その対象は違えども、方法を使いこなすのは同じ人間だからである。方法は、それを使うものにとって使いやすいようにアレンジされる。例えばそれは、世界の認識能力や認識方法といった人間固有の条件に左右されるであろう。自然世界と道徳世界を同時に生き、その仕組みを理解したいと思う私たちにとって、科学と倫理学はともに使いやすい道具を提供しうるのである。これが、私たちがロールズの足跡から学びうる方法論的示唆である。

注

（1）　正確に言えば、反照的均衡についての説明は第四節にもある。厄介な問題は、両方の説明が必ずしも同一とは言えないことである（Mikhail 2011, ch.7. 4. 2）。

（2）　ちなみにロールズは、戦後間もない一九四六年の時点ですでに、適切な人間による適切な価値判断を成功裏に解明するような規範原理は、黒人にも公民権を付与すべきだという結論を導くはずだと確信していたらしい（Reidy 2014, pp.17–18）。これは、女性参政権運動家であった母親と弁護士の父親をもつロールズの生い立ちとも関係しているかもしれない（川本 一九九七、三四―三五頁）。

（3）　初期ロールズに関する有益な邦語研究としては、池田（2011）および堀（2007、第一部）を参照。

（4）　科学と倫理学を類比的に捉えるロールズの着想は、カート・J・デュカスの著作に由来しているようだ（Bevir and Gališanka 2012, pp.704–710 ; Gališanka 2013, pp.40–43）。実際、ロールズの博士課程時代の未公刊論文「倫理理論の性質と機能に関する一考察」（一九四六年）は、デュカスの先行研究（Ducasse 1940）の題名に倣っていると考えられる。

（5）　倫理学的に見れば、一般的規範原理と個別的価値判断の合致を目指すロールズの試みは、功利主義と直観主義に対する批判に根差しつつ、両者を調停するものであった。一方の功利主義は、一元論的であるがゆえに、一般的規範原理の案出の点では優れているが、個別的価値判断との合致の点では劣っている。他方の直観主義は、多元論的であるがゆえに、個別的価値判断との合致の点では優れているが、一般的規範原理の案出の点では劣っている（Rawls 1950, pt.1 sec.2)。『正義論』第五節とは異なり、ここでロールズが、その実質的主張として功利主義を批判しているわけではないことに注意されたい。

（6）なお、同じ箇所でロールズはモートン・ホワイトの名前にも言及しているが、これらの米国プラグマティストからの影響を裏づける研究として、Botti（2014）を参照。

（7）文献上で見るかぎり、功利主義の擁護から批判への転身は「二つのルール概念」（一九五五年）と「公正としての正義」（一九五八年）のあいだで生じている。

（8）それゆえ、『正義論』の方法として反照的均衡と社会契約説を並列するのはややミスリーディングである（Lyons 1975 ; Snare 1975)。むしろ、後者は（「広い」意味での）前者の一部として提示されていると見なした方がよい。

引用・参考文献

Bevir, M. and A. Gališanka（2012）“John Rawls in Historical Context,” *History of Political Thought* 33 : 701–725.

Botti, D.（2014）“John Rawls, Peirce's Notion of Truth and White's Holistic Pragmatism : Notes on a Recent Finding among Rawls's Unpublished Papers and Personal Library,” *History of Political Thought* 35 : 345–377.

Brink, D. O.（1989）*Moral Realism and the Foundations of Ethics*, Cambridge University Press.

Daniels, N.（1996）*Justice and Justification : Reflective Equilibrium in Theory and Practice*, Cambridge University Press.

Delaney, C. F.（1977）“Rawls on Method,” *Canadian Journal of Philosophy* 3 : 153–161.

Ducasse, C. J.（1940）“The Nature and Function of Theory in Ethics,” *Ethics* 51 : 22–37.

Gališanka, A.（2013）*John Rawls : The Path to A Theory of Justice*, Ph. D dissertation submitted to the University of Califor-

nia, Berkeley.
Gališanka, A.（2016）“Wittgenstein and Mid-20th Century Political Philosophy：Naturalist Paths from Facts to Values,” M. Bevir and A. Gališanka（eds.）, *Wittgenstein and Normative Inquiry*, Brill.
Glock, H.-J.（2008）“The Influence of Wittgenstein on American Philosophy,” Ch. Misak（ed.）, *The Oxford Handbook of American Philosophy*, Oxford University Press.
Goodman, N.（［1955］1983）*Fact, Fiction, and Forecast*, 4th ed., Harvard University Press.（雨宮民雄訳『事実・虚構・予言』勁草書房、一九八七年）
Hare, R. M.（1981）*Moral Thinking：Its Levels, Method, and Point*, Clarendon Press.（内井惣七・山内友三郎監訳『道徳的に考えること――レベル・方法・要点』勁草書房、一九九四年）
Lyons, D.（1975）“The Nature and Soundness of the Contract and Coherence Arguments,” N. Daniels（ed.）, *Reading Rawls*, Basic Books.
Mäkinen, J. and M.-L. Kakkuri-Knuuttila（2013）“The Defence of Utilitarianism in Early Rawls：A Study of Methodological Development,” *Utilitas* 25：1-31.
Mikhail, J.（2011）*Elements of Moral Cognition：Rawls' Linguistic Analogy and the Cognitive Science of Moral and Legal Judgment*, Cambridge University Press.
Rawls, J.（1950）*A Study in the Grounds of Ethical Knowledge：Considered with Reference to Judgments on the Moral Worth of Character*, Ph. D dissertation submitted to Princeton University.
Rawls, J.（1951）“Outline of a Decision Procedure for Ethics,” *Philosophical Review* 60：177-197.（「倫理上の決定手続の概要」田中成明編訳『公正としての正義』木鐸社、一九七九年）
Rawls, J.（1971）*A Theory of Justice*, Belknap Press of Harvard University Press.（川本隆史・福間聡・神島裕子訳『正義論

改訂版』紀伊國屋書店、二〇一〇年）

Rawls, J.（[1942] 2009）*A Brief Inquiry into the Meaning of Sin and Faith*, T. Nagel（ed.）, Harvard University Press.

Reidy, D. A.（2014）"From Philosophical Theology to Democratic Theory : Early Postcards from an Intellectual Journey," J. Mandle and D. A. Reidy（ed.）, *A Companion to Rawls*, Wiley Blackwell.

Samuelson, P. A.（1966）*The Collected Scientific Papers of Paul A. Samuelson*, vol.2, J. E. Stiglitz（ed.）MIT Press.（篠原三代平・佐藤隆三編『サミュエルソン経済学体系10　社会科学としての経済学』勁草書房、一九九七年）

Scanlon, T.（2003）"Rawls on Justification," S. Freeman（ed.）, *The Cambridge Companion to Rawls*, Cambridge University Press.

Snare, F.（1975）"John Rawls and the Methods of Ethics," *Philosophy and Phenomenological Research* 36 : 100–112.

Taschetto, D.（2015）"Justification and Justice : Rawls, Quine and Ethics as Science," *Principia* 19 : 147–169.

池田誠（二〇一一）「『正義論』以前のロールズ――ロールズの博士論文『倫理的知識の基盤の研究』（1950）を読む」『研究論集』第一一号、一七―三六頁。

伊勢田哲治（二〇一二）『倫理学的に考える――倫理学の可能性をさぐる十の論考』勁草書房。

川本隆史（一九九七）『ロールズ――正義の原理』講談社。

福間聡（二〇〇七）『ロールズのカント的構成主義――理由の倫理学』勁草書房。

堀巌雄（二〇〇七）『ロールズ　誤解された政治哲学――公共の理性をめざして』春風社。

松元雅和（二〇一五）『応用政治哲学――方法論の探究』風行社。

渡辺幹雄（二〇〇一）『ロールズ正義論再説――その問題と変遷の各論的考察』春秋社。

第三章　安定性から読み解くロールズの転回問題

宮本雅也

1　ロールズにおける転回という問題

ジョン・ロールズは、一九二一年二月二一日に、メリーランド州ボルティモアに生まれた[1]。ロールズが高等教育を受けていた時期は第二次世界大戦と重なっており、一九四三年からは三年間戦争に参加している。東南アジアで激しい戦闘も経験しており、こうした体験が本章で検討する安定性問題をロールズが重視している背景になっている可能性もある（cf. Rawls 2005, pp.lix–lx）[2]。一九七一年に出版された第一の主著『正義論』は、大きな論争を巻き起こし様々な立場からの批判を受けた。一九九三年には、第二の主著『政治的リベラリズム』が出版された。ロールズは、『政治的リベラリズム』の改訂を目指して執筆活動を続けていたが（cf. Rawls 2005, pp.438–439）、二〇〇二年十一月にこれを書き終えることなく死去した。

ロールズの業績を全体的に評価しようとする際に最大のポイントになるのが、二つの主著、つまり『正義論』と『政治的リベラリズム』との間の変化である。この変化は、ロールズがリベラリズムの擁護の仕方を、（部分的に）包括的な教説としての擁護から、「政治的なもの」の領域に限定された政治的構想としての擁護に変化させた点から、「政治的なものへの転回」（the political turn）とも呼ばれる。この政治的なものへの転回の問題（以下たんに転回問題）をどのように評価するのかが業績評価のポイントとなる。

それでは、ロールズ自身は、転回問題に関してどのように述べているだろうか。『政治的リベラリズム』序論には次のような記述が見られる。

> ここでの諸講義の目標と内容は、『正義論』の目標と内容から大きな変化を示していると思われるかもしれない。〔……〕そうした〔二つの著作の間の〕違いを理解するためには、それらの違いが公正としての正義に内在する深刻な問題を解決しようとすることから、言い換えれば、『正義論』第三部における安定性の説明がその見解〔公正としての正義〕の全体と整合しないという事実から生じていると理解しなければならない。私が信じるところでは、すべての違いはそのような不整合を取り除いたことの結果である。〔……〕／説明しよう。私の念頭にある深刻な問題とは、『正義論』に見られるような秩序だった社会の非現実的な観念に関わっている。（Rawls 2005, pp.xv–xvi,〔　〕内と強調は引用者）

ロールズは、転回を必要とするほどの「深刻な問題」として、『正義論』における安定性の説明によって「不整合」が生じたことを挙げている。そのような深刻な問題とは何だろうか。『正義論』における秩序だった社会はいかなる意味で「非現実的」なのか。転回問題の評価のためには、これらの点をロールズ理論内在的に説明する必要がある。つまり、転回を起こしたロールズ自身の意図・動機を明確化する必要がある。

このように、転回問題を評価するためには、『正義論』における安定性の論証を理解する必要がある。しかしながら、安定性の論証は十分に注目されてこなかった。従来、転回問題についての代表的な理解はリベラル・コミュニタリアン論争的理解であった。この理解は、マイケル・サンデルの負荷なき自己批判から強く影響を受けている。[(3)] サンデルによれば、『正義論』のロールズは、あらゆる目的に先行して存在する主体（負荷なき自己）という哲学的に論争的な人格の構想を採っていた（Sandel 1998, pp.47–65 邦訳五二—七三頁）。こうした人格の構想の問題をめぐるコミュニタリアンからの批判を受けて、ロールズが転回したという理解がなされる。こうした理解がリベラル・コミュニタリアン論争的理解である。[(4)] このような理解は、転回問題における安定性の重要性の内在的な理解を妨げてきたと思われる。

ただし、転回問題の内在的理解の手がかりもある。それは、サミュエル・フリーマン、ポール・ワイスマン、ジェラルド・ガウスに見られる、安定性の問題に注目する最近の研究動向である（Freeman 2003; Freeman 2007 b; Weithman 2010; Gaus 2013）。本章では、こうした研究動向に沿った理解を提示することで、転回が必要になるロールズ理論に内在する理由を明確化する。これによって、ロールズの転回問題に対してより正確な評価を下すことができるようになる。また、こうした作業は、ロールズ主義の正義の理論をどのような方向に進めていくべきかを考えるためにも役立つであろう。第4節でもう少し説明するが、ロールズの理論は、彼が死去した時点においても未完成であったと理解できる。そのため、未完成のロールズ主義の理論を先に進めるためにも、転回問題を正確に理解しておくことが重要であると考えられる。

2　『正義論』第三部における安定性の論証

前節では、政治的なものへの転回をロールズ理論内在的に理解するには、安定性の点から考えなければならないと指摘した。本節では、『正義論』第三部における安定性の論証の内容を見ていく[5]。次節でその論証のどこに問題があったのかを明確化する。

まず、『正義論』全体における安定性問題の位置づけを確認しておこう。『正義論』は三部からなる著作である。内容面から見れば、公正としての正義を支持する論証の全体は二段階に分かれる（Rawls 1971/1999, pp.144, 530–531/124, 465 邦訳一九四、六九六頁）。第一に、『正義論』の第一部と第二部においては、原初状態を用いた公正としての正義の擁護の論証が展開される。第一部では、功利主義に対する公正としての正義の優位性が論じられる。続く第二部では、公正としての正義が、われわれが適切な制度構想とみなすものと合致するかどうかが考察される。第二に、第三部で安定性の問題が扱われる。つまり、公正としての正義に基づく秩序だった社会が安定性を有することを示す論証が展開される。先に引用したロールズの言明からもわかるように、転回において問題になる部分は、第二の安定性の論証である。

そこで、ここから安定性の論証を見ていく。正義の構想あるいはその構想に基づく社会が安定性を備えているとはどういうことか。ある正義の構想が安定的であるのは、その構想によって生み出される正義感覚[6]が十分に強力なものである場合である（Rawls 1971/1999, p.454/398 邦訳五九六頁）。ルール違反の発生時には、正義にかなった制度編成を回復させるような「安定化の諸力」（stabilizing forces）が存在する必要がある（Rawls 1971/1999, p.6/6 邦訳九頁）。

これらの点から、以下のように理解できる。秩序だった社会においても、社会環境の変化や人びとの動機のあり方によっては、正義にかなった状態から不正義への逸脱が生じることは避けられない。そうした不正義への逸脱傾向を凌駕するだけの強さをもった正義感覚が存在する場合、また、そうした正義感覚を支える十分に強固な「安定化の諸力」が存在する場合に、当該の正義構想は安定性を備えている。したがって、公正としての正義の秩序だった社会に、不正義への決定的な逸脱を生じさせないだけの安定化の諸力が存在すると示すことが、安定性の論証であると理解できる。

誤解を避けるために、一点だけ注意しておきたい。ロールズが考えているのは、どんな状態でも社会の秩序が安定的に保たれればよいということではない。偶然的な勢力均衡や誰かが権力を独占することによる秩序の安定性を示したいのではない。後期の用語を使えば、秩序だった社会における安定性は、「正しい理由による安定性」(stability for the right reasons)(Rawls 2005, p.390)でなければならない[7]。つまり、安定化の諸力自体が適切な種類のものでなければならない。たんなる外的なサンクションではなく、人びとの動機の構造の内に、不正義への誘惑に打ち勝つだけの力が内在化されているという点が示される必要がある。

それでは、安定性の論証の中身を検討していく。ロールズが『正義論』第三部で展開する安定性の論証は、二つの部分に分かれる(Rawls 1971/1999, p.453/397 邦訳五九四頁)。第一に、『正義論』第八章では、道徳心理学(moral psychology)の議論が提示される。第二に、『正義論』第九章、特に第八六節では、一致(congruence)の論証が展開される。これらを順に見ていくが、本章の結論を先に述べると、ロールズに転回を促す深刻な問題は第二段階の一致の論証に見出される[8]。

まず、道徳心理学の議論では、人間心理の事実として相互性(互恵性)(reciprocity)が想定される。相互性とは、「同種のものには同種のもので応答する傾向性」(Rawls 1971/1999, p.494/433 邦訳六四八頁)を意味している。この相互性の作動によって、秩序だった社会で成長する市民たちが、自然的感情から道徳感情としての正義感覚を発達させることが説明される。ロールズによれば、秩序だった社会における人びとが正義感覚を習得する過程には、三つの発達の段階がある。第一に、権威の道徳の段階である。ここでは、親が子どもを愛することで、子どもも親に対して愛の感情をもつことになる(Rawls 1971/1999, sec.70)。第二に、連合体の道徳の段階である。

ここでは、第一の権威の道徳の段階で愛を習得した人びとが家族よりも大きい連合体（アソシエーション）に参加していく。これによって、仲間から友情と信頼を向けられ、仲間に対して友情と信頼で応じるようになる（Rawls 1971/1999, sec.71）。第三に、原理の道徳の段階である。この段階に到って、連合体への愛着がより広い正義にかなった社会全体に拡大し、人びとは正義感覚を獲得することになる。正義感覚を身につけた人びとは、他者の正義にかなった行為に対して自身も正義にかなった行為で応じることになる（Rawls 1971/1999, sec.72）。

道徳心理学の議論を確認したので、一致の論証の内容の検討に入ろう。一致の論証においては、獲得された正義感覚に従うことが、秩序だった社会に暮らす市民各人にとって善となるという点が論証される（Rawls 1971/1999, pp.398–399/350 邦訳五二二頁）。つまり、正義（正義感覚の保有）が希薄理論（thin theory）の意味で理解された善と一致するという点が示される。

善の希薄理論とは何だろうか。ガウスの表現を借りれば、希薄理論が示すのは「善き生の有する一般的な構造的および実質的な非道徳的諸特徴」（Gaus 2013, p.239）である。どういうことか説明しておこう。善の希薄理論は、実際は、安定性の論証で初めて用いられるのではなく、既に原初状態による公正としての正義の擁護の論証で活用されている。原初状態の当事者たちは、自身の取り分・利害関心の合理的最大化を目指して行為する。しかし、無知のヴェールをかけられるため、そのままでは何の取り分を最大化すればよいのかがわからない。そのため、原初状態の推論を作動させるために基本財（primary goods）の観念が必要とされる。この基本財の観念を与えるために、正義原理の決定に先立って、一定の善の理論を提示する必要がある。この目的のために提示されるのが善の希薄理論なのである（Rawls 1971/1999, pp.395–397, 433–434/347–349, 380–381 邦訳五一八―五二〇、五六九―五七〇頁）。希薄理論は、いかなる善の構想・人生計画であっても、それが合理的であるならば必ず有しているはずの共通の特徴を示す。また、希薄理論の善は非道徳的である。なぜなら、希薄理論は、正義原理が特定される前に提示される理論であるため、善の中でも正義や道徳的正しさを引き合いに出して説明してはいけない部分だからである[9]。

一致の論証は、原初状態から導かれる正義原理に従うことが、こうした希薄理論の意味で理解された各人の善にもなることを示すものである。『正義論』の説明においては、この正義と善の一致によって、秩序だった社会の安定性が確保される[10]（Rawls 1971/1999, pp.398–399/350 邦訳五二二頁）。

それでは、一致の論証の内容を見ていこう。一致の論証は、『正義論』第八六節で第三部におけるそれまでの議論をまとめる形で提示される。この一致の論証は四つの下位の論証からなる。それぞれの下位論証は、希薄理論によって定式化される各人の善の共通の特徴を利用している。四つの下位論証によって、正義（正義感覚の保有）が希薄理論で理解される善と一致するという点が示される。これら四つの下位論証は、順に、心理的コストによる論証、友情による論証、共同体の善による論証、カント的解釈による論証と呼びうる。順番により詳しく説明していく。

第一に、心理的コストによる論証とは以下のようなものである。秩序だった社会においては、道徳心理学の議論で示されたように、全員が正義感覚を保持している。そのため、他者は皆正義にかなったふるまいをする。その際、自分だけがフリーライダーとしてふるまう場合、他者にフリーライドしていることを気づかせないようにしなければならない。そうであるとすれば、自身が信じていない道徳的見解にコミットしているふりをしながら欺瞞的にふるまうことになり、フリーライダーには心理的なコストが生じる。他者が正義にかなった行為をする秩序だった社会では、現実社会よりもこうしたコストがより大きい。それゆえ、最初から公正な行動をとることで、この心理的なコストを避けることが善となる（Rawls 1971/1999, p.570/499 邦訳七四九―七五〇頁）。

第二に、友情による論証を見る。善の希薄理論の観点からすると、愛や友情を善とみなすことはすべての人の共通の特徴とされる（cf. Weithman 2010, pp.109–112）。それゆえ、すべての人は、少なくとも家族や友人などを正義にかなった仕方で処遇したいという欲求を有する。しかし、この際、「私たちは、一般的に言って、自らの不公正によって被害を受ける相手を選択することはできない」（Rawls 1971/1999, p.571/500 邦訳七五〇頁）。秩序だった社会のような複雑で大規模な社会では、自らの行為の帰結を予測することが困難である。それゆえ、自らの不正な行為によって家族や友人に害を加えてしまう可能性が否定できない。したがって、家族や友人たちを正義にかなった仕方で処遇したいのであれば、不正にふるまうことを避けなければならない。こうすることによってのみ、愛や友情という善を享受することができる。

第三に、共同体の善による論証を検討する。[11] まず、この論証はアリストテレス的原理（the Aristotelian Principle）とその随伴効果（companion effect）および人間の社会的本性を利用する。これらの特徴は、善の希薄理論の観点から、すべての人に共通の特徴とされる。

それぞれの特徴の意味を見ていく。アリストテレス的原理とは次のような人間の動機づけのあり方を示す原理である。すなわち、人間は、一般に自身の能力の行使を楽しむ。そして、この楽しみは、そうした能力がより高次で複雑になればなるほど、大きくなる（Rawls 1971/1999, p.426/374 邦訳五六〇頁）。この原理が正しいならば、人間にとって単純な活動よりも複雑な活動をする方が大きな楽しみを得られる。しかし、複雑な活動は、複雑であるがゆえに、一人の人が数多く追求することはできない。そのため、人間は複雑な活動の内で特定のものを選択する必要がある。そして、その場合、他の選択をすれば自身がなしえた活動の多くができないことになる。

ここから、人間の社会的本性とアリストテレス的原理の随伴効果につながる。人間の社会的本性とは、「私たちの潜在性や性向は、どのような人であれ、一人の人生の中で表現しうるものをはるかに超えているという事実」（Rawls 1971/1999, p.571/500 邦訳七五一頁）を意味する。アリストテレス的原理によって特定の活動を選択することで、各人は自らが楽しみを見いだしうる活動の多くを追求できなくなる。そのため、そうした追求できなくなった諸活動を他者に任せる必要がある。ここに、随伴効果が加わる。随伴効果とは次のような効果である。「よく訓練された才能を他者が行使するのを目撃するとき、こうした才能の発揮は、私たちに楽しみをもたらす（Rawls 1971/1999, pp.428/375–376 邦訳五六二頁）。こうした効果によって、他者が複雑な活動を追求することは、その他者だけの善ではなく、それを目撃する人自身にとっても善いことであると感じられる（Rawls 1971/1999, pp.571–572/500–501 邦訳七五二頁）。

共同体の善による論証の完成には、公正としての正義の秩序だった社会が「複数の社会連合からなる社会連合」[12]（a social union of social unions）（Rawls 1971/1999, p.527/462 邦訳六九一―六九二頁）であるという点が加わる必要がある。公正としての正義の秩序だった社会においては、正義の二原理の実現によって、多様な社会連合による多様な善の構想の追求が可能となる。そのため、他者の複雑な活動を目撃する機会が増加し、それによって、随伴効果によって生まれる善も増大することになる。したがって、正義感覚に従い秩序だった社会を維持することは、すべての個人にとって善になるのである（Rawls 1971/1999, p.571–572/500–501 邦訳七五一―七五二頁）。

第四の論証はカント的解釈による論証である。ロールズは自由かつ平等な合理的存在としての人格を前提に置く[13]。この人格の構想によれば、各人は自由かつ平等なものとしての本性を有することになる。かつ、人びとはそうした本性を表現したいという欲求を有する。このとき、原初状態はそうした本性を純粋に表現することになる。それゆえ、原初状態から導出される正義原理に従って行為すれば、各人の有する本性を表現したいという欲求を充足することになり、それにより善を得ることができる（Rawls 1971/1999, pp.252–253, 572/222, 501 邦訳三四〇、七五二頁）。原初状態から導出された原理に従う場合、各人が自己の本性だけから生じるルールに従うことになり、外側から課されるルールにたんに従っているわけではない。その意味で、原初状態から導出される正義原理に従うことで、自律（autonomy）の価値・理想を実現していると言いうる。よって、原初状態は、カント的な自律の構想に対する手続き的解釈とみなされうる（Rawls 1971/1999, p.256/226 邦訳三四五頁）。このように、自律の価値を重視するカント的人格の構想を前提にすると、原初状態から導かれた原理に従うことは、各人の本性の表現として善になる。

これら四つの下位論証によって、正義感覚の保有と希薄理論の意味で理解される各人の善とが一致することが示される。『正義論』では、こうした一致の論証によって、秩序だった社会の安定性が説明される。一致の論証が正しいとすれば、希薄理論によってすべての人に共通の善の部分が存在することになり、その善を社会が実現するために、正義感覚に従って行為するように各人が動機づけられる。それによって、秩序だった社会の安定性が達成される。

希薄理論による善の説明は、正しい理由による安定性をもたらすことを確認しておこう。この場合、社会によるすべての人の善の実現が安定化をもたらす力を作り出す。それゆえ、各人の動機の内に適切な安定化の諸力が含まれることになる。四つの下位論証における善は、善であるがゆえに内面化されており、外的なサンクションなどには依存しない。それゆえ、適切な種類の諸力になっているとみなすことができる。したがって、正しい理由による安定性が論証されたことになる。

3　『正義論』の問題点と『政治的リベラリズム』への転回

本節では、まず、後期ロールズにおいて、前節で見た『正義論』における安定性の論証の何が問題になるのかを明らかにする。本章の第1節で引用した『政治的リベラリズム』序論でロールズが述べていた「不整合」とは何を意味しているだろうか。前節の安定性の論証は何と整合しないのか。そうした点を明らかにした上で、『政治的リベラリズム』における変更された安定性の説明を簡単に確認する。

（一）理にかなった多元主義の事実の重視による不整合の発生

本項では、「理にかなった多元主義の事実」（the fact of reasonable pluralism）を重視することによって、ロールズは『正義論』第三部における一致の論証が適切ではないと考えるに到ったという点を明らかにする。

一致の論証の問題点を理解するために、一点だけ基本的な点を確認しておく。ロールズ理論では、第一原理によって各人に基本的諸自由が平等に与えられる。しかも、この平等な基本的諸自由の原理は、他の原理に辞書式に優先する（Rawls 1971/1999, pp.302–303/266 邦訳四〇二―四〇三頁）。つまり、ロールズの理論において、基本的諸自由の平等は最も重要な位置にある。

しかし、この自由権の重要性が一致の論証との間で問題を生じさせることになる。問題が生じるのは、後期ロールズにおいて、理にかなった多元主義の事実と判断の負荷が加わるからである。説明していこう。

まず、理にかなった多元主義の事実から見る。理にかなった多元主義の事実は、リベラルな社会においては、理にかなった包括的教説が不可避的に複数存在するという事実を意味する。ここで重要なのは、理にかなった多元主義の事実は、適切な社会条件の下で自由を行使することの当然の帰結であるという点である（Rawls 2005, p. xvi）。つまり、ロールズによれば、第一原理によって命じられる立憲主義による自由権の保障が存在する正義にかなった条件下では、包括的教説は、不可避的に複数存在する。

なぜ自由権が保障される条件下では包括的教説の複数性が不可避なのか。その原因が「判断の負荷」（the burdens of judgment）である。判断の負荷とは、理にかなった人びとであっても一つの真なる包括的教説に合意するのを不可能にするような諸要因のことである。例えば、証拠の衝突やその評価の難しさ、考慮事項の重みづけの違い、概念の曖昧さなどが挙げられる（Rawls 2005, pp.55–57）。そして、包括的教説は、それが理にかなったものであるためには、この判断の負荷を認めなければならない（Rawls 2005, p.54）。

くわえて、注目すべきなのは、各人の善に対する理解は当人の支持する包括的教説から大きく影響を受けるという点である。ある教説ないし構想が包括的であるのは、人生において価値あるものの構想や徳の理想などを含んでいる場合である（Rawls 2005, pp.13, 175）。人びとの善に対する理解は、人生の価値・意味あるいは徳の理想などによって規定されると考えられる。それゆえ、包括的教説は各人の善に対する理解に大きく影響を与える。したがって、判断の負荷によって、自由な理性行使が許される条件下で不可避的に複数の包括的教説が存在するとすれば、各人の善の理解も大きく異なることは避けられない。

これらの点から考えると、前節で見た一致の論証が問題になる。一致の論証は、部分的にとはいえ、各人の善の内容に踏み込んでしまっている。前述のように、一致の論証は、善の希薄理論によってすべての人の善に共通の特徴を定式化することで、そのような善の特徴から、正義感覚を保有することが各人にとっての善にもなるという論証であった。しかし、理にかなった多元主義の事実が不可避であるという前提からすると、このように各人の善の内容に踏み込む論証の構造自体が不適切になる。

ここからロールズの言っている不整合が何であるかが明らかになる。その不整合とは、各人の善の理解に踏み込んでしまう一致の論証の構造と、自由権の保障の下では不可避になる理にかなった多元主義の事実を尊重することとの間に存在する不整合なのである。

こうした不整合によって、公正としての正義の秩序だった社会が備えているべき安定性を示すことができなくなったとロールズは考えたのである。より詳しく言えば、以下のようになる。『正義論』第三部においては、善の希薄理論を通じて、秩序だった社会の維持にコミットすること（正義感覚を保有すること）が各人にとっても善となると論じることで、秩序だった社会の安定性が論証されていた。しかし、自由権の保障が理にかなった多元主義の事実の不可避性につながることによって、各人の善の内容に部分的に踏み込む一致の論証が維持できなくなる。こうした理由によって、ロールズは、善と正義の一致による秩序だった社会の安定性の確保を、非現実的であるとして、放棄することとなった。

（二）『政治的リベラリズム』における安定性の新たな説明

前項では、『正義論』第三部における一致の論証が理にかなった多元主義の事実の不可避性との間で不整合を生じさせるという点を見てきた。それゆえ、『正義論』における安定性の論証は成功していないことになる。したがって、『政治的リベラリズム』においては、不整合を回避する新たな安定性の説明を提示する必要がある。そのためにロールズが導入するのが「重合的コンセンサス」（the overlapping consensus）などの後期の理論に特徴的な観念なのである。

それでは、『政治的リベラリズム』における新たな安定性の説明を確認していこう。新たな安定性の説明は、各市民が有する公共的観点と非公共的観点とが両立する可能性を示す議論である。すなわち、包括的諸教説（非公共的観点）から、それぞれに異なる理由によって、正義の政治的構想（公共的観点）が是認されるという点が示される。

ロールズによれば、市民たちのアイデンティティには二つの側面が存在する。つまり、公共的側面と非公共的側面である（Rawls 2005, p.30）。また、「市民たちは、自分たちの道徳的アイデンティティのこれら二つの側面を調停し和解させせなければならない」（Rawls 2005, p.31）。これらアイデンティティの二つの側面には二つの観点が対応する。市民たちは、公共的観点と非公共的観点の二つの観点をもつ。そして、重合的コンセンサスによる論証は、公共的観点と非公共的観点との一致を示すことになる（Freeman 2007b, p.192）。

公共的観点は、「自立的見解」（freestanding view）として提示される正義の政治的構想に関わる観点である。政治的構想の提示はいかなる包括的教説も前提にしない仕方でなされる（Rawls 2005, p.12）。前述のように、判断の負荷によって、リベラルな社会では理にかなった包括的教説が複数存在することは避けられない。それゆえ、特定の包括的教説から正義の政治的構想を導出してはならない。特定の包括的教説から導かれた政治的構想では、それ以外の包括的教説からの支持を得られないからである。そのため、そうした政治的構想を構成する際には、民主的社会の公共的文化に潜在する基礎的諸観念（fundamental ideas）が用いられる。正義の政治的構想の特徴は、「その内容が、民主的社会の公共的な政治文化に潜在しているとみなされる特定の基礎的諸観念の点から表現されるという点にある」（Rawls 2005, p.13）。

『政治的リベラリズム』第一講義では、基礎的諸観念から正義の二原理が導かれる議論が示される。特に重要な基礎的観念は「世代を越えて長期にわたり継続する公正な協働のシステムとしての社会」（Rawls 2005, p.15）という観念である。これに対応して、もう一つの基礎的観念として人格の政治的構想が置かれる。つまり、秩序だった社会の市民たちは二つの道徳的な力（正義感覚の能力と善の構想の能力）を有する自由かつ平等な人格とみなされる（Rawls 2005, pp.18–19）。これらの社会と人格の構想を反映する形で「表象の装置」（Rawls 2005, p.24）としての原初状態が設定される。こうして設定された原初状態の観点から、正義の政治的構想として公正としての正義が支持されることになる。以上が公共的観点に関する議論である。

前述のように、『政治的リベラリズム』における安定性は公共的観点と非公共的観点との調和によって確保される。そうであるとすれば、自立的見解としての政治的構想が、非公共的観点（包括的教説に基づく観点）と何らかの仕方で関係している必要がある。それでは、自立的見解としての政治的構想と各人の非公共的観点との関係はどのようなものか。

正義の政治的構想は、非公共的観点からは各々の包括的教説ごとに異なる理由によって支持される。ロールズは次のように述べる。「政治的なものの領域に関わる諸価値が、市民たちの包括的教説における他の諸価値とどのように関係すると考えるのかは――良心の自由の一部として――市民たちが別個に決定するのに任される」(Rawls 2005, p.140)。このように、それぞれの包括的教説の観点から、各市民が異なる理由によって正義の政治的構想に支持を与えることになる。また、政治的構想と衝突する際には、理にかなった包括的教説は、理にかなったものであるがゆえに、政治的価値の優先を認める(Rawls 2005, p.218)。包括的教説から政治的構想を支持する理由が存在するとすれば、非公共的観点が公共的観点と矛盾なく両立できていることになる。

このようにして達成されるのが重合的コンセンサスなのである。そして、『政治的リベラリズム』においては、政治的構想に対する重合的コンセンサスが成立することによって、秩序だった社会の安定性が確保されることになる。つまり、政治的構想に対する包括的教説のコンセンサスによって社会の統一性が確保される(Rawls 2005, p.134)。

ロールズは、重合的コンセンサスが可能であることを論証するために、以下のようなモデルケースを描き出す。このモデルケースでは、理にかなった宗教的教説、古典的功利主義、カント的なリベラルな包括的教説が存在している。これらの教説が、それぞれに異なる理由から正義の政治的構想を支持する。理にかなった宗教的教説の場合、自由なる信仰の考えから寛容の原理および自由権の保障を含む政治的構想を支持することになる。古典的功利主義の場合、社会制度に関する知識の限界などを認めることで、効用原理の要請と最善の仕方で近似するものとして、正義の政治的構想を是認することになる。カント的教説の場合、自律の理想から政治的構想を演繹的に導出することになる。前期ロールズがカント的教説の一種を提示していたと理解すれば、前節で見た一致の論証も政治的構想の支持につながる。つまり、『正義論』の安定性の議論は、政治的構想を支える一つの観点に基づくものとして位置づけなおされる（Rawls 2005, pp.145–146, 169–170）。

ここで注意するべきなのは、このような重合的コンセンサスは、たんなる妥協として成立しているのではないという点である。それは偶然的な勢力均衡や外的サンクションに依存するものではない。そうではなく、各市民に内面化された力によるものである。というのも、重合的コンセンサスは、各包括的教説によって与えられる理由の総体に依拠しているからである（Rawls 2005, pp.170–171）。

このとき、重合的コンセンサスによる安定性は正しい理由による安定性になっている。前節のはじめで見たが、正しい理由による安定性が成立するためには、安定化の力が適切なものである必要がある。安定化の力が適切なものであるというのは、そうした力が内面化されていることを意味する。包括的教説が与える理由は、そのような内面化された力を生じさせる。重合的コンセンサスが成立している場合、人生観を規定するほど各人にとって重要な包括的教説が、各人に政治的構想を支持する理由を与える。それゆえ、内面化された力によって安定性が確保されている。

以上、『政治的リベラリズム』における安定性の論証を検討してきた。この新たな論証と『正義論』第三部における論証との違いを見ておこう。『正義論』における安定性の論証では、包括的教説と政治的構想の区別が存在せず、希薄理論で理解されるすべての人に共通の善と正義とが一致するという点が示されていた。これは、公正としての正義の構想に善の共通の特徴から支持が生じるという形で、同一の理由による正義の構想に対する支持を論証していると言いうる。しかし、ロールズは、こうした各人の善の理解に踏み込む論証はリベラルな社会における理にかなった多元主義の事実と整合しないという認識に到った。そのため、後期ロールズの安定性の論証は、善の内容に踏み込むことで正義構想を支持する同一の理由がすべての人にあることを示すという論証の構造を採っていない[14]。そうではなく、後期ロールズは、各包括的教説がそれぞれに異なる理由によって正義の政治的構想を支持することが可能であるという点を示そうとしている。このように、教説ごとに異なる理由で政治的構想が支持されうることを示すのが新たな安定性の説明なのである。

4　内在的理解に基づくロールズ評価に向けて

以上、本章では、『正義論』から『政治的リベラリズム』への安定性の説明の変更（＝転回）がなぜ必要とされたのかを明らかにした。また、『政治的リベラリズム』における新たな安定性の説明の内容も確認してきた。

ここで見てきた安定性の論証に注目する観点から見る場合、第1節で見たリベラル・コミュニタリアン論争的理解は、不十分なものということになるだろう。サンデルは、ロールズの人格の構想が負荷なき自己という哲学的に論争的な構想になっていると批判した。この問題を第2節で見た一致の論証の内容から考えてみよう。サンデルが批判している人格の構想は、第四の下位論証（カント的解釈による論証）に含まれている道徳的人格の構想にあたると理解することができる。サンデルの言う負荷なき自己は、あらゆる目的に先行して存在し、いかなるコミットメントにも縛られずに純粋な選択をする主体という構想である。この構想は、善の構想や正義の原理を自律的に決定することができる道徳的人格の構想に対応している。しかし、第2節で見た一致の論証においては、他にも三つの下位論証が存在している。それらの他の三つの論証も含めて、希薄理論によって各人の善の構想の共通特徴を規定し、そうした善と正義との一致を論証するという構造自体が問題であった[15]。カント的な人格の包括的構想の問題は、一致の論証の問題の一部にすぎない。それゆえ、リベラル・コミュニタリアン論争的理解は、間違っているとまでは言えないが、不十分な理解であったことになるだろう。

このように『正義論』のロールズ理論に内在する問題が一致の論証の構造にあるという点を明らかにしたことで、ロールズの安定性の問題の扱い方に対して採りうる態度・評価が明確化される。少なくとも以下に説明する三つの可能性[16]がありうるが、いずれの場合も問題が残ることになる。

第一に、第3節二項で見たロールズの立場が成功しているとみなすことである。つまり、特定の一つの正義の政治的構想に対する重合的コンセンサスが成立することによって、秩序だった社会の安定性が確保できるということである。

この第一の態度の問題は、理にかなった多元主義の事実の下でも、特定の正義の構想に対する収斂が可能であると考える根拠が不明であるという点にある。理にかなった包括的教説は、理にかなったものであるために、基礎的諸観念から導かれた政治的構想には支持を与えるとしよう。そうであるとしても、公共的文化に潜在する基礎的諸観念から導かれる正義の政治的構想が一つだけとは限らない。基礎的諸観念から導かれうる政治的構想が複数存在するかもしれない。多元主義の事実が理にかなったものであるとするだけでは、特定の一つの正義の政治的構想に収斂が起きるのか、それとも、一定範囲の正義の構想にしか収斂できないのかは決まらないであろう。一つの構想に収斂するという考えは、ロールズが置く論争的な追加的想定に依存していると考えられる。理にかなった多元主義の事実の下では、善に関しては部分的に共有された理解でさえ不可能であるのに対して、特定の一つの正義構想に対する収斂は目指しうるとする説得力ある根拠が明らかではない（cf. Mulhall and Swift 1996, pp.234-236 邦訳二八九―二九一頁）。

第二に、理にかなった正義の構想は一つには収斂せず、一定範囲に定めることしかできないと認めるという態度がありうる。これは、理にかなった多元主義の事実をより深刻に捉えることで、最晩年にロールズが示唆した方向性であろう。最晩年に書いた『政治的リベラリズム』のペーパーバック版序論では、「一群の（a family of）理にかなった正義の政治的構想」（Rawls 2005, p.li）という表現を使っており、理にかなった政治的構想を公正としての正義だけに限定しない姿勢が強調される。また、そこでのロールズによれば、判断の負荷によって、理にかなった市民たちは、異なるリベラルな政治的諸構想が存在すると認めるように導かれる（Rawls 2005, p.xlvii）。最晩年のロールズが示唆したように、複数の理にかなった正義の政治的構想の並存を認める立場がありうる（cf. Gaus 2013, pp.247–248）。

この第二の態度の問題は、正義の構想が複数存在しているにもかかわらず、どうして社会が安定していると言えるのかが不明であるという点にある。この場合、少なくとも一定の場面では、正義からの指令が複数存在することになり、どの指令に従えばよいかわからなくなってしまうであろう。それでも、社会が安定すると言うことができるのだろうか。もともと重合的コンセンサスによる安定性の説明は、公正としての正義という特定の政治的構想への収斂が見られる場合を前提にしていた。そのため、理にかなった正義の政治的構想が複数存在する場合の安定性の説明が新たに必要になるものと思われる。あるいは、一つの正義構想の場合と同じ説明で問題ないのであれば、その論拠を明確化する必要がある。このように理にかなった政治的構想の複数性の下における安定性の論証が提示されていないという点に、第1節でロールズ理論が未だ完成していないと述べた根拠がある。

第三に、ロールズ自身の考えでは否定されるだろうが、『正義論』の安定性の論証に戻るという態度がありうる。すなわち、ロールズの転回は性急だったのであり、善の希薄理論による一致の論証にコミットし続けるべきだったという考えである。各人の善に共通する特徴を規定し、そうした善と正義とが一致するという論証の構造を維持し続けるのである。

この第三の態度の問題は、ロールズ自身と同様に、理にかなった多元主義の事実の問題に直面するという点にある。そのため、多元主義の事実の下でも、共有可能な善の内容が存在するというロールズ自身には見られない追加の論拠が必要になるだろう。例えば、経験的研究を参照するなどして、人間の善に関する説明の妥当性を確保するといった手段が考えられる。この場合、経験的研究による妥当性の確保が可能な善の説明が、ロールズの考えていた希薄理論とは異なってくる場合もありうる。その場合は、希薄理論の内容を変更して異なる一致の論証を作り出す必要が生じるだろう。

以上、ロールズの安定性の扱い方に対して採りうる三つの態度を検討してきた。いずれの態度を採るにしても、答えるべき問題が残るように思われる。それぞれに残るそうした問題を回避するためには、理論のさらなる進展が必要になるだろう。

*本稿は日本学術振興会科研費特別研究員奨励費（15J07003）による研究成果の一部である。

注

（1）ロールズの人物像に関してより詳しくは、川本（二〇〇五）；Pogge（2007, ch.1）を参照。川本隆史とフリーマンはロールズの年表も作成している（川本 二〇〇五、二七四―二八一頁：Freeman 2007a, pp.xix–xxi）。

（2）『政治的リベラリズム』は、一九九三年に初版が、一九九六年にペーパーバック版が、二〇〇五年に拡張版が出版されている。本章では、二〇〇五年の拡張版を参照している。

（3）例えば、スティーヴン・ムルホールとアダム・スウィフトは、リベラル・コミュニタリアン論争の五つのアジェンダの一つに人格の構想の問題を挙げている（Mulhall and Swift 1996, pp.10–13 邦訳一一―一六頁）。

（4）リベラル・コミュニタリアン論争的理解に近いものとして、井上達夫の著作やムルホールとスウィフトの著作が挙げられるだろう（井上 一九九九、一七―二〇、一一七―一二一頁：Mulhall and Swift 1996, chs.6, 7）。たしかに、これらの著者は、ロールズの転回における安定性問題を無視しているわけではない（井上 一九九九、一一九―一二一頁：Mulhall and Swift 1996, pp.168, 184-188 邦訳二〇六―二〇七、二二六―二三一頁）。しかし、サンデルのロールズ批判からの影響が強いからだろうか、『正義論』第三部の詳しい検討は行っておらず、それゆえ、転回に関するロールズの内在的な動機や理由を明らかにしていない。

（5）なお、『正義論』第三部を詳しく検討する文献として井上（二〇一五）を参照。

（6）正義感覚とは「正義原理を適用し正義原理から行為したい、正義の観点から行為したいという実効的な欲求」（Rawls 1971/1999, p.567/497 邦訳七四五頁）を意味する。

（7）後期の用語であっても、前期のロールズも「正しい理由による安定性」を論証しようとしているという点は、ロールズ自身が述べている（Rawls 2005, p.xxxvii, n.5）。また、ノーマン・ダニエルズによれば、広い反照的均衡の中で、実現可能性条件としての安定性問題への関心が前期と後期で一貫して保たれている（Daniels 1996, p.150）。

（8）ただし、ガウスの見方では、第一段階の道徳心理学の議論にも問題がある（Gaus 2013, pp.241-242）。紙幅の限界から本章とは異なるガウスの見方を詳しく検討することはしない。

（9）希薄理論は善の完全理論（full theory）とは区別される。完全理論の場合、善が正義の内容を参照して説明される（Rawls 1971/1999, p.398/349 邦訳五二一頁）。

（10）なお、ガウスはこうした『正義論』の戦略を「二重共有戦略」（double shared strategy）と呼んでいる。すなわち、「共有」される正義構想を支持する理由が善の「共有」要素によって是認されるということである（Gaus 2015, p.123）。

（11）社会連合を説明する『正義論』第七九節の冒頭で、「共同体の善」という表現が出てくる（Rawls 1971/1999, p.520/456 邦訳六八二頁）。

（12）「社会連合」の特徴は、最終目的の共有とそれ自体で価値づけられる共通の活動である（Rawls 1971/1999, p.525/460 邦訳六八七頁）。秩序だった社会は、正義にかなった社会の成功裏の運営が共有された最終目的とみなされ、これらの正義にかなった制度形態がそれ自体で善であるとみなされるため、一種の社会連合なのである（Rawls 1971/1999, p.527/462 邦訳六九一頁）。

（13）「自由かつ平等な合理的存在」は、『正義論』第四〇節の公正としての正義のカント的解釈の議論で頻出する表現である。この第四〇節の議論を受けて、第八六節の一致の論証が展開されている。

（14）誤解を避けるために述べておけば、後期ロールズが善の観念をまったく使用しないというわけではない。実際、『政治的リベラリズム』第五講義では善に関する議論が展開されている。しかし、そこで用いられる善の諸観念は「政治的観念」、つまり、正義の理にかなった政治的構想に属するものに限定されている（Rawls 2005, p.176）。その点で、『正義論』における善の議論とは異なっている。この問題にはより詳しい検討が必要だと思われるが、本章では紙幅の限界でこれ以上は議論しない。

（15）特に第二の論証における友情の善や第三の論証における共同体の善は、コミュニタリアンが好ましいと考える善であると思われる。それにもかかわらず、ロールズはそれらの善に依拠する論証も放棄している。この点もロールズがコミュニタリアンに応答しようとして転回を起こしたのではないことを示している。

（16）なお、いずれの可能性もロールズ主義の外側に出るものではない。ロールズ主義の外側に出る場合、そもそも正義にかなった社会の安定性を問題にしないこともできる。

参考文献

Daniels, N.（1996）*Justice and Justification: Reflective Equilibrium In Theory and Practice*, Cambridge University Press.

Freeman, S.（2003）“Congruence and the Good of Justice,” S. Freeman（ed.）, *The Cambridge Companion to Rawls*, Cambridge University Press.

Freeman, S.（2007a）*Rawls*, Routledge.

Freeman, S.（2007b）*Justice and Social Contract: Essays on Rawlsian Political Philosophy*, Oxford University Press.

Gaus, G.（2013）“The Turn to a Political Liberalism,” J. Mandel and D. A. Reidy（eds.）, *A Companion to Rawls*, Wiley Blackwell.

Gaus, G.（2015）“Public Reason Liberalism,” S. Wall（ed.）, *The Cambridge Companion to Liberalism*, Cambridge University Press.

Mulhall, S. and A. Swift（1996）*Liberals and Communitarians*, 2nd ed., Blackwell Publishing.（谷澤正嗣・飯島昇藏訳者代

表『リベラル・コミュニタリアン論争』勁草書房、二〇〇七年）

Pogge, T. (2007) M. Kosch (trans.), *John Rawls : His Life and Theory of Justice*, Oxford University Press.

Rawls, J. (1971/rev.1999) *A Theory of Justice*, Harvard University Press.（川本隆史・福間聡・神島裕子訳『正義論　改訂版』紀伊國屋書店、二〇一〇年）

Rawls, J. (2005) *Political Liberalism*, expanded ed., Columbia University Press.

Sandel, M. (1998) *Liberalism and the Limits of Justice*, 2nd ed., Cambridge University Press.（菊池理夫訳『リベラリズムと正義の限界［原著第二版］』勁草書房、二〇〇九年）

Weithman, P. (2010) *Why Political Liberalism : On John Rawls's Political Turn*, Oxford University Press.

井上彰（二〇一五）「ロールズ『正義論』における契約論的プロジェクト――その批判的再検討と今日的意義をめぐって」大瀧雅之・宇野重規・加藤晋編『社会科学における善と正義――ロールズ『正義論』を超えて』東京大学出版会。

井上達夫（一九九九）『他者への自由――公共性の哲学としてのリベラリズム』〈現代自由学芸叢書〉創文社。

川本隆史（二〇〇五）『ロールズ――正義の原理』〈現代思想の冒険者たち select〉講談社。

第四章　ロールズと人権

木山幸輔

1　ロールズにおける人権、人権の哲学におけるロールズ

ジョン・ロールズにおける人権の地位は特殊である。二〇〇〇年代初頭に至るまで邦語圏において、ロールズの『正義論』の構想、特に正義の第一原理を示す構想は、人権の哲学的正当化を行うものである、と評価されてきた（例えば若松　一九八七、四五頁：施　二〇〇四、六六頁）。そのような理解――人権とされる諸権利の哲学的基礎を提示するものとしてロールズの『正義論』を措定する理解――が、ロールズの思想を真摯に受け止めるものであったことに疑いはない。しかし、ロールズ自身は、『正義論』および『政治的リベラリズム』の中では、人権という言葉を自らの語彙として用いることを慎重に避けていることにも注意が払われなければならない。ロールズが人権という言葉を用いるのは、もっぱら一九九〇年代以降に展開した自身のグローバル（国際）正義構想――諸人民の法の構想――においてである。そこにおいて人権は、国内的に保障されるべき立憲的権利のような諸権利とは区別された国際的関心の対象となる特殊な諸権利として描かれ、人権の権利リストは世界人権宣言等

の国際人権文書と比して「超ミニマリズム」的なリストと評されることにもなった[1]（Nickel 2007, pp.98–103）。

他方、人権の哲学におけるロールズの地位も特殊である。近年多くの論者が指摘するように、ロールズの諸人民の法の構想は、人権が政治的領域――今日の国際的な舞台――で果たす機能を同定した上で、それを評価するものとして人権を正当化するという、人権の政治的構想の端緒として位置づけられ、後続する同様の構想――特にチャールズ・ベイツやジョセフ・ラズによるもの（Beitz 2009, Raz 2010, 2010→2015）――の隆盛の重要な契機となった（Brock 2014, p.350 ; Woods 2014, p.73）。この隆盛が注目されるのは、それまで人権の哲学において主流であった人権の人間性的な構想、つまり、その共通して持つ人間性故に諸個人は人権を持つとする構想に代わって影響力を持ちつつあると解されているからである（木山 二〇一四）。

以上のようにロールズの人権の構想は、ロールズの議論において、あるいは人権の哲学において特殊な地位を占めている。本章では、こうしたロールズの人権構想が擁護されうるものなのか否かを明らかにしてみたい。そのために以下では、ロールズの人権の機能観、およびそれを擁護するために正当化すべきことを明らかにし、その後、彼における正当化が擁護できるものであるかを吟味していこう。

2　人権の機能観についてロールズは何を擁護しなければならないのか

ロールズにおいて、人権の概念は国際的な舞台で独自の機能を果たすものとされる。そこで、まず吟味されるべきなのは、人権の機能に関する彼の認識である。彼は、現行世界においてどのように人権が用いられているかを観察し、観察された機能を前提とする議論を展開している。より具体的に言えば、ロールズは第二次大戦後、主権と人権の結びつきに変化が生じたとし、自身の構想する諸人民の法においてもそのような変化を反映する形で、人権は主権制約（干渉の正当化）としての機能を果たすとしている（cf. Rawls 1993, p.70 邦訳八七頁：Rawls 1999, p.27 邦訳三六頁）。

人権は、適理的な諸人民の法において特別な役割を演じるある特定の種類の諸権利である。つまり、人権は戦争およびその遂行に関する正当化理由を制約し、そしてその体制の内的自律を制限する。（Rawls 1999, p.79 邦訳一一五頁）

ラズは、このような言明からロールズが人権と主権制約を密接に結びつけていると解して大筋それに従い（Raz 2010, p.328, 2010→2015, p.227, n.7）、他方で批判者達もロールズをそのように理解し批判してきた（e.g. Nickel 2006, p.264）。彼らが解するロールズにおける人権の機能観は以下のようなものである。

（a）　人権は主権制約（干渉の正当化）の機能を果たす。

さて、多くの論者が、（a）の適切性に対し疑義を投げかけてきた。広くなされたのは以下のような（主張内容としては適切な）指摘である。第一に、人権は干渉以外の目的——例えば説得（jawboning）——のために広く用いられている（Nickel 2006；Griffin 2008, pp.24-25, 2010, p.342）。例えば、アムネスティのようなＮＧＯが日本において死刑が存続していることを人権の言語で批判するとき、そこで企図されているのは日本の主権制約ではなくあくまでも説得することであろう。第二に、干渉の際に用いられる人権のリストは、干渉以外の国際的な人権の言語実践で用いられる人権のリストに比して極めて限定されたものでしかない。干渉の根拠として人権が用いられたルワンダ・ジェノサイド時のようなケースでも、干渉の理由とされた権利のリストは他の人権言語実践で用いられる人権の内容と比して、極めて限定されたものであった（Schaber 2012, pp.62-63 ; cf. 最上 二〇〇一、一八三頁）。以上から（a）は人権の機能を不当に縮減して描いていると批判されるのだ。

このような批判は、ロールズが認める人権の機能が（a）であるなら、それが現行の人権実践と比して「狭すぎる」ことを示すものである。そして批判者達は、人権理論に現行世界における人権実践に指針を与えることが求められているとすれば、干渉を正当化する機能にとどまらずに用いられる人権の言説を包含するように人権を理論化するべきだと論じる（e. g. Nickel 2006, 2007, Tasioulas 2009）。さて、ここで問題となるのは、ロールズが、「より広く」成立している現行の人権実践の中で主権制約に焦点を絞る説得的な理由がありうるか、ということである。実際ロールズは、主権制約を超えて人権実践が成立していることを認識していた中で、それでも彼の理論的企図のうちでは主権制約として人権の機能を捉えることに固執していたように思われる。

> 人権の役割は、最も明白には政府の内的主権の適切な定義と制限を提供する努力の一部としての後者の変容〔国家の内的主権への権利に対する制限〕と結びついている。この点で、私は人権とその限界を解釈する多くの困難は傍に置き、人権の一般的意味と傾向性は十分明白なものとして扱うことにする。（Rawls 1999, p.27 邦訳三六頁）

とすれば、問われるべきは、少なくとも現在においてより広く成立している人権言語実践のうちで主権制約に注視することが規範的に擁護可能であるのか否か、である。

（b）人権は主権制約（干渉の正当化）の機能を果たすものとして描かれるべきである。

ロールズが、広く成立している人権実践のうち、主権制約に注視することを理論的に要求しているとみるなら、我々はロールズの人権の機能に関する主張を（b）のようにまとめることができる。（b）を採るときにまず前提となるのは、人権によって制約されるべき主権を持つ国家の存在である。

しかし、それは、以下のような「主権国家（人民）システムの重荷」とでも呼ぶべき問題を彼の議論が背負いこまなければならない、という理論的コストをもたらすことになる。すなわち、主権国家システムが大きく変容した場合に、人権が果たす機能を見失ってしまうというコストである。これは、主権国家システムをラディカルに再編する形で国際秩序が変化した場合、諸人民からなる国際社会に適用される諸原理を描くというロールズの諸人民の法における基本的モチーフが問われざるをえないという指摘がなされたように（Buchanan 2000, p.700）、ロールズが人権の機能として干渉の正当化を位置づけることで同じ問題を背負いこまざるをえないことを意味している。例えば、悲惨な核戦争の生起によって主権国家システムが実質的に機能しなくなった場合、あるいは、大国による他国の強制的な併合によって主権国家システムが組み替えられていく場合を想起しよう（Tasioulas 2009, p.946 ; Barry & Southwood 2011, pp.377–378）。このとき、人権は主権制約という機能を果たすものとして描かれるべきだ、という主張に拘泥するならば、人権の言語が機能を果たす場所はなくなってしまう。

このような批判にロールズが応答するためには、その理論的コストを払ってでも、（c）各国（人民）において人権が保障される主権国家システム（諸人民の社会）をもとに国際社会を描写するべきだと論じつつ、（d）人権違背が主権による干渉の阻止機能を覆斥する機能を持つべきことを示さねばならない。

（c）　各国（人民）で人権が保障される主権国家（人民）システムをもとに国際社会を描くべきである。

なぜロールズは諸人民からなる社会を基礎として国際社会を描いたのだろうか。ロールズ自身は、集合体としての人民から議論を始める理由について以下のように述べている。

このように議論を進める……理由は、諸政府に組織された集合体としての諸人民は現在、何かしらの形で世界中に存在するように思われるからである。歴史的に言えば、諸人民の法のために提案される全ての諸原理と諸基準は、それらが実現可能（feasible）であるためには諸人民とその諸政府の熟慮された反省的公共的意見（the considered and reflective public opinion）に照らして受容可能だと証明されねばならない。(3)（Rawls 1993, p.50 邦訳六一―六二頁）

このように熟慮された反省的公共的意見に基づく受容可能性によって集合体としての人民からの出発を擁護する議論は、例えばライフ・ウェナーによって展開されている。ウェナーは、ロールズが、現行世界に生きる人々によって受容可能な諸観念の源泉として「グローバルな公共的政治文化」に注目していると考える。そしてそれは、グローバル社会の諸制度が国家を自由で平等な存在であると認識しているように「国際的関係」により構成されており――人権諸文書もあくまで諸国家によって批准されるものであるように――、だからこそロールズは人民をもとに諸人民からなる社会の構想を描いたとする（Wenar 2006, p.102）。

しかし、少なくとも今日何らかの国家が人権諸文書において示された諸個人の権原や自由のような理念から離脱することが困難であるほど人権の言語が世界の多くの人々に根付き、さらにすでに見たように人権実践において国家のみならずＮＧＯ等が大きな役割を果たしていることが示唆するように、グローバルな公共的政治文化の理解から、即座に集合体としての人民をもとに、そこでの人権の保障を想定した構想を示すことが肯定されるとは考え難い（cf. Brock 2009, pp.37–38）。

だから、（c）の主張を擁護するには、公共的政治文化とは独立なものとして、人権を保障する人民のあり方をもとに国際社会を構想すべき理由をロールズは示す必要がある。

そのような理由として想定しうるのが、人権を実効的に保障する権力を人民が有する、というものである（cf. Nagel 2005, pp.126–129）。これは人権――特に社会的経済財の分配を要請する生存への権利――は、強制力に裏書きされた法の下で対応する関係的責務が割り当てられた時にのみ存在しえ、このような権利と責務の関係を保証しうる強制力は、主権の下でのみ可能となるがゆえに、人権保障のために「適理的な諸人民の法の光のもとで再定式化された主権」を持つ人民が必要である、とするものである（Rawls 1999, pp.26–27 邦訳三六頁）。つまり、人権の実現可能性のために主権を持つ人民が必要となると解するのだ。

しかし、人権に関する実現可能性の考慮は常に主権を持つ人民を要請するわけではなく、それ以外の回路の方が有効であることさえある。例えばロールズの述べる権利リストに関連する義務についても、それを法化するよりもＮＧＯなどによる監視によって実効化する方が有効でありうるし（Sen 2004, pp.326–328）、さらに主権国家よりＥＵのような国家を超える政治的共同体の制度によって諸権利がより有効に保障される状況が現実に現れているとも捉えられる（Walker 2013, pp.53–54）。だとすれば、人民の主権と人権の権利義務関係の割当には不可避的結びつきはないことになる。

だから我々は、主権による実現可能性とは異なる形で、人権を人民のうちで実現することへの何らかの想定がロールズによって付与されていたと捉えるべきだろう。これについては人権の正当化の際に改めて考察することとし、（d）の検討に移ろう。

（d）人権違背は主権による干渉の阻止機能を覆斥する機能を持つべきである。

ロールズがこう主張するとき、彼が述べる人権違背とは、諸個人の権利状況というよりは大規模人権違背のことを意味すると善意に基づいて考えるのが穏当であろう（cf. Waldron 2013, pp.11–12）。例えば、日本で筆者があなたを拷問したからといって、それが日本に対する軍事・経済制裁のような主権制約と結びつくとは考え難い。実際ロールズは「蔓延する（epidemic）」人権違背、人権の「恒常的に（regularly）」続く違背、といった表現を用いている[4]（e. g. Rawls 1999, pp.38, 68 邦訳五〇、九八頁）。

それでは（d）の擁護可能性について検討していこう。ロールズは（d）についての二つの解釈を提示している。（d–1）は、人権による主権の覆斥を、干渉を許容するものだと解釈する。

（d–1）許容解釈——人権違背は主権を覆斥し、干渉が許容（permit）されるべきである。

さて、ここで確認されなければならないのは、許容解釈において、人権違背は干渉が許容されるのに常に十分な理由とはならない、ということである（cf. Waldron 2013, pp.8–9）。すなわち、人権違背に関し干渉しないことが誤り（wrong）であるわけではなく、大規模な人権違背があっても干渉が許容されるべきでない場合もありうる。例えば、干渉が被干渉地域の政治的安定性を大幅に掘り崩す場合、あるいは干渉が被干渉地域内部での永続する敵意を招き、干渉がより深刻な（問題となる人権の違背を含む）害悪を永続させると予測されるような場合を想起しよう。これらの場合に干渉がなされるべきでないとすれば、そのことが示すのは、大規模な人権違背であっても、それは干渉を正当化する理由として十分ではない、ということである。

実際、ロールズはこのことを認め、人権違背は常に干渉をもたらすのではなく干渉を正当化しうると主張するのみだ、と考えている節がある。彼は以下のように書いている。

人権を違背する無法国家は糾弾されるべきであり、深刻なケースには強制的制裁あるいは干渉を受けることもありうる。(Rawls 1999, p.81 邦訳一一六頁)

そこで、ロールズが採用する許容解釈（d–1）についての適切な解釈は以下のようになる。

（d'–1）（人権違背は常に干渉に至るわけではないが）人権違背があるとき、主権の効力は制約されうるとみなされるべきである。

さて、ここで注目しなければならないのは、ロールズは（d）の解釈として、許容解釈（d'–1）を主張すると同時に、もう一つ別個の解釈を提示していることである。彼はこう述べる。

その〔人権の〕達成は、他の諸人民による正当化されかつ強制的な干渉――例えば外交的・経済的制裁、あるいは深刻なケースでは軍事力による干渉――を排除するのに十分（sufficient）である。(Rawls 1999, p.80 邦訳一一六頁)

すなわち、彼は許容解釈（d'-1）と両立しうるものとして、人権違背がないことにより主権の効力が確保されるべきである、という以下の（d-2）を承認しているのである。

（d-2）十分条件解釈――人権の達成は主権を制約されない十分条件としてみなされるべきである。

ここで見逃してはならないのは、許容解釈（d'-1）は常に十分条件解釈を導くわけではない、ということである。ロールズが言うところの人権違背がない場合を考えてみよう。このとき、許容解釈（d'-1）から論理的可能性として現出するのは、人権違背の不在から、主権の効力が制約されえないとみなされるべき場合もあれば、制約されうるとみなされるべき場合もある、ということである[5]。

しかし、ロールズが十分条件解釈を提示するとき、彼の主張は人権違背がないにもかかわらず主権の効力が制約されうるとみなされるべき場合が成立する可能性を無視し、人権違背が存在しないことにより主権の効力が制約されえないとみなされるべき（確保されるべき）だ、というものとなってしまう。つまり、ここで否定されているのは、人権違背がないにもかかわらず、主権の効力が確保されないという、人権の達成が主権が制約されないための十分条件とはならない可能性である。しかし、それは適切だろうか。つまり、人権違背がなくても、主権が制約されうるとみなされるべき状況は存在しえないのだろうか。

このような状況は存在しうる。例えばジェイムス・グリフィンに倣い、ロールズが提示するすべての人権を違背しているわけではない社会を考えてみよう。この社会では一定の経済的繁栄にもかかわらず、少数の旧植民地エリートが多数者グループを生存レヴェルぎりぎり――それはロールズが提示する生存への権利のような人権リストを充たすレヴェルではある――にとどめている。加えて、エリートと多数者グループの諮問的制度はあるも

『ロールズを読む』正誤表

・83頁、後ろから3行目

（誤）紙幅はないころから、

↓

（正）紙幅はないことから、

・278頁、注（21）、2行目

（誤）反射的均衡の保守性を

↓

（正）反照的均衡の保守性を

のの、この状況に変化はない。これを（ロールズが言うところの人権違背でなくても）不正であると考えるなら——分配的正義の違背としてでも植民地時代の危害を償わず永続させているという意味での匡正的正義違背（Pogge 2008, pp.209–210）としてでも——、アパルトヘイト下の南アフリカに対し国際社会が行ったように、主権制約（外交的・経済的制裁）が正当化されるだろう（Griffin 2008, pp.143–144）。

このような、ロールズが言うところの人権違背には還元されない道徳的に重要な考慮に照らして干渉が正当化される可能性は、ロールズが十分条件解釈を採る際に排除した、人権違背がないにもかかわらず主権の効力が停止されうるとみなされるべき場合があることを示唆する。では、ロールズはなぜ十分条件解釈を提示したのだろうか。その理由は、上述の可能性を封じ込めて十分条件解釈を採ることを正当化するに足るものだろうか。これらの問いへの答えは、ロールズにおける特殊な人権の正当化の理路の検討によって与えられるだろう。以下では、ロールズにおける人権の正当化の理路を確認し、それが支持されうるものかについて検討したい。

3　人権の正当化

（一）社会的協働の必要条件としての人権

人権の正当化の理路はロールズの議論において明晰には示されていない、としばしば指摘されるように（Costa 2005, p.50 ; Reidy 2012, p.34）、その正当化の理路はいくつかの解釈に開かれている。しかし本章にそれらを紹介し棄却されるべき解釈を明らかにする紙幅はないころから[6]、近年ロールズの人権の正当化の解釈として注目を浴びている以下の理路に検討の対象を絞りたい。すなわち、人権はあらゆる人民における社会的協働の条件として不可欠なものであり、それ故にグローバルな普遍性を持つ、とする解釈である（Freeman 2007, pp.435–459 ;

Flynn 2011, pp.248–251)。この解釈は、ロールズが「〔自身の議論において〕人権と呼ばれるに至ったものは、あらゆる社会的協働のシステムの必要条件として認識される。人権が恒常的に違背されるのであれば、そこにあるのは力の支配（command by force）、奴隷のシステム、あらゆる種類の協働の不在である」（Rawls 1999, p.68 邦訳九八頁）と述べていることに注目する。つまり、ある社会が人権を充たさない場合、社会的協働の欠如あるいは力の支配に陥っていると論じることで、その普遍性を担保しようとしている、と解するのである。ロールズは特にこの理路を「良識ある階層制の諸人民」の描写において強調している（Rawls 1999, p.65 邦訳九三―九四頁）。この人民は、対外的に攻撃的ではなく、対内的には（ⅰ）人権を保障し、（ⅱ）真正の義務・責務を構成員に割り当て、（ⅲ）公務員が正義の共通善的観念への信念を持ち、それらの要請として良識ある諮問階層制――人々の利益がその属する集団を介して代表され諮問される手続き――を有しており、人権原理を含む諸人民の法の諸原理を充たすことができるとされる（Rawls 1999, Part II 邦訳第二部）。

そのような社会で成立するとされる社会的協働について明らかにしよう。『諸人民の法』における社会的協働の説明は全く十分なものではないが、「リベラルな諸人民」における協働と「良識ある階層制の諸人民」における協働は幾分異なるものを指すことは確認できる。例えば、リベラルな人民における社会的協働は、協働の公正な条項の観念と相互便益を達成するものとして描かれるが、ロールズが社会的協働が成立しているとした「良識ある階層制の人民」が、「リベラルな人民」と同じくらい適理的で正義に適っているわけではないと位置づけられたように（Rawls 1999, p.83 邦訳一二〇頁）、彼が人権の正当化の文脈で注目する社会的協働とは、公正な条項により統制される平等な市民の協働と区別される「ミニマルな協働」（Flynn 2011, p.251）の成立のことだと思われる（cf. Rawls 1999, p.77 邦訳一一一―一一二頁）。

では、奴隷制・力の支配から、ミニマルな協働の成立を区別するものは何だろうか。ロールズの答えは、集合体としての人民における諸集団内で協働する構成員に、人民の法システムが単なる命令ではなく共通善的正義構想に従って真正の義務・責務を課していること、である。彼はこう述べる。

〔良識ある階層制の〕人民の構成員は、応責的（responsible）で社会生活において役割を果たすことができるのと同時に、良識があり（decent）合理的だとも見られるので、彼（女）達はこれらの〔真正の〕道徳的義務と責務を、彼（女）達の正義の共通善的観念と調和するものだと認識し、彼（女）達の義務と責務を力によって課された単なる命令だとは見なさない。彼（女）達は道徳的学習の能力を有し、彼（女）達の社会において理解される正と悪の違いを知っている。奴隷制経済と違い、彼（女）達の法システムは、政治的また社会的協働の良識ある枠組を具体化しているのだ。（Rawls 1999, p.66 邦訳九四―九五頁）

では、なぜ共通善的正義構想に従って人民の法システムが真正の義務と責務を課すときにミニマルな協働が成立するとされ、人権はその必要条件とみなされるのか。

我々はその答えを、ロールズによる「良識ある階層制の人民」についての描写における、フィリップ・ソーパーの議論への依拠――ロールズは先の「良識ある階層制の人民」の成立のための対内的基準（b）（c）および諮問階層制の説明においてソーパーの議論に多く負っている（Rawls 1999, pp.64-67 邦訳九三―九六頁）――の中に見出すことができる。ソーパーの議論では、法システムの成立は奴隷制におけるような力の支配と区別される。力の支配がなされるレジームを法システムとして認めてしまうなら、統治者と意見を異にする諸市民は、「なぜ法を尊重すべきなのか」という問いへの答えを得られず、力によってのみ遵守がなされることになる（Soper 1984, pp.39-40）。ソーパーは、これを防ぐために、法は（意見を異にする者を含む）市民すべてに向けた正当化を必要とすると主張する（Soper 1984, pp.53-54）。そして彼は、二つの条件——統治者に宛てたものと被治者に宛てたもの——が充たされているときに被治者が法に従う責務が生まれ、法システムが成立するとする。第一の条件は、公務員が、法的命令が道徳的に正当化されているという信念、つまり課されるルールが全員の諸利益（interests）に適う形での「共通善」への貢献を目的とするという真摯な信念を持つこと（Soper 1984, p.55, cf. ch.2）。第二の条件は、市民たちが法の企図を、自然状態よりも望ましいものとして承認していることである。そして、これら法を法足らしめるのに必要かつ十分な二条件はその含意として、以下のような「ミニマルな諸権利」（Soper 1984, p.143）を成立させるという。まず、公務員による、自身の命令が共通善へ貢献するという真摯な信念の条件は、自身が課す強制的秩序についての自らの規範的正当化に対する異論に応答しなければならないことを含意し、そうした異論を持つ諸個人の「対話（discourse）への権利」として保障しなければならない（Soper 1984, p.134）。次に、法システムは、自身が法の不在としての自然状態よりも望ましいと被治者に承認されないならば法システムとしてみなされなくなるが故に、自然権、つまり「法の権原を失うというコストによってのみ侵害されたり無視されたりする可能性がある国家に対する諸権利」（Soper 1984, p.132）の保障が必要となる。

我々は、ロールズの諮問階層制の構想において、ソーパーの言う自然権・対話への権利への依拠を見出すことができる。つまりロールズは、奴隷制・力の支配と区別される法システム——ロールズが政治的また社会的協働の良識ある枠組と述べるもの——は、ソーパーの言う自然権・対話への権利が保障されていない限り存在することができない、と想定していると言える。

（二）ロールズのソーパーの議論への依拠をめぐって

では、このようなソーパーの議論へのロールズによる依拠は擁護されるものだろうか。本章はロールズがソーパーの議論に依拠していることが、（c）および（d-2）を擁護困難なものにすると考える。

まず、ロールズによるソーパーの自然権の国際的舞台への拡張が問題となる。ソーパーにおいて、自然権の要求の宛先が国であるのは、彼の考察が国内における法システムの成立要件に限られているからであり、だからあくまでも国家が必ず保障すべきものとして自然権が描かれる。しかし、この議論が国際的に拡長されるとき、人権（自然権）は国家の法システムの成立の条件である、という主張にとどまらず、人権は国家（人民）の法システムにおいて達成されるべきものである、という主張として捉えられてしまう。ここで論証されていないのは、国家における人権保障の必然性である。そしてこのときに排除されるのは、人権の内容の、国家以外のものによる有効な回路――国際組織やNGOによるもの――を通じた、人々に実効的に享受される回路である。これが意味するのは、人権の内容と国家との不可避的結びつきを想定することは難しく、ロールズにおける（c）の論証は成功していない、あるいは少なくとも不完全である、ということにほかならない。

次に、国家（人民）の法システムにおいて保障されるべき諸権利という構想を採用したとしても、その権利の内容の決め方の適切性が問われる。これは特に「法が全く無いよりも望ましい法システムを持つこと」（Soper 1984, p.80）の被治者にとっての望ましさから自然権――ロールズにおいては人権――を導くことの適切性を問うことによって明らかとなる。この自然権の存在に関する論証において、ソーパーは法に従う責務と、親に従う子供の責務との間のアナロジーを用いている。ソーパーは、親に従う責務は、家族の価値・親の保護者としての価値が、「親の不在」と比較されることで子供自身によって認められること、さらに親が家族全体の諸利益のために動くことで子供の諸利益に適う形で行為しているという真摯な信念を持つことから生起するとし、それらが子供による親に従う責務の道徳的尊重の合理的な基礎として十分だとする（Soper 1984, p.79）。ソーパーは、これと同様に、法システムが被治者にとって「法の不在」よりも価値があり、法システムを担う者が共通善に従って正しく統治しているという真摯な信念を持つことによって、法に従う責務が正当化される——ひいては法システムが存在することになる——と言う（Soper 1984, pp.79–80）。

しかし、子供が、親がいないより親がいる方がよい、と認識することが、その家族において子供にとって不可欠なものがすべて充たされていることを意味しないのと同様、ある統治者の諸命令の存在が法の不在よりもよい、ということは他の不可欠な道徳的に重要な事項が充たされていることを意味しない。以下のような子供について考えてみよう。彼はしばしば親に暴力を振るわれるが、彼自身は親に依存する以外に生きて行く術を見出しえない。さらに、親の暴力は体罰による躾が子供のためになるという彼女の真摯な信念によってなされている。しかし、このような場合、少なくとも我々は、子供の持つ親の価値の認識・親の持つ信念の真摯性とは独立に、このような事態を子供にとって不可欠な何か——例えば彼のその後の人生に必要な存在論的安心——が損なわれていると考えるだろう。同様に、自然権の場合においても、被治者にとって法の不在よりも法の存在が価値があると認められており、統治者も共通善に従い正しく統治していると信じているとしても、法の不在よりも望ましいとみなされるレヴェルの権利より高い基準の道徳的に重要な事項が充たされてしかるべきであることが推測される。だから、「法が全く無いよりも望ましい法システムを持つこと」を基準として、道徳的に重要な権利内容を切り詰めることは適切ではない。

そして、この権利内容の決め方をめぐる問題が、ロールズによって不適切に国際的舞台において保障されるべきものとしてそれらの権利が——しかもその達成が主権制約を免れる十分条件として——描かれることと組み合わさるとき、「充たされるべき道徳的に重要な権利が充たされていない」にもかかわらず外部からその実現に向けた方途を採ることが妨げられることとなる。これに対し、そのような道徳的に重要な権利は、統治者の共通善への諮問階層制——ソーパーにおける法システム内で保障されるべき対話への権利——を通じ、国内的に——国際的にではなく――達成されるものとしてロールズが描いていることを強調したとしても、問題は解決されない。

ここで、ジョン・M・フィッシャーに倣って、再びアパルトヘイト下のような社会を考えてみよう（Fischer 1985, pp.446–452）。すでにみたように諮問階層制ないし対話への権利は、公務員による、自身の命令が共通善に貢献するという真摯な信念の帰結として現れる。そしてこの社会では、統治者はアパルトヘイトが誰にとっても――黒人（とされる）集団を含む――利益になると真摯に信じている。しかし、黒人集団はソーパーの言う自然権の内容（あるいはロールズの言う人権内容）が保障されていながらも、それ以上の権利――例えば生存への権利を超えた品位ある生活や政治参加への平等な権利――を、対話への権利（あるいはロールズにおける諮問階層制における諮問）を通じて要求しているが、依然として白人の統治者は自身の隔離政策が自身の考える共通善に従って正当化される形で黒人共同体をも利していると真摯に信じており、その信念は対話（諮問）を通じても変容する見込みはない。この際明らかになるのは、法システムを統制する統治者が従う共通善的正義構想の想定する黒人集団構成員の利益と、その黒人集団構成員の理解する自身の利益が異なる中で、後者の前者への従属が強いられる可能性である（Fischer 1985, p.452）。そして、仮に我々が、自らの利益について声高に訴えている者の声の方が、他者によるその利益の規定よりも尤もらしい、ということを一般的事実として承認するのであれば、この状況に対して力による支配とは区別される法システムが存在し、かつ、人権（自然権）も保障されていることの社会では、黒人集団構成員の訴えではなく統治者の想定する利益のみを排除的に承認することとなる。この帰結に陥りたくないのであれば、黒人集団構成員の利益――例えばより多くの権利内容――を反映する実効的回路を求める、あるいは、黒人集団構成員と統治者の関係の再構築――例えば階層的諮問でなく民主的制度を通じた利益の解釈とそれに基づく施策――のために、外部からの努力がなされてしかるべきである。だから、それらの努力を主権の名のもとに排除する（d–2）は擁護されるべきでないことになる。

さて、我々は、以上の諸問階層制つきアパルトヘイトの仮想事例を用いた考察において、黒人集団が国内で用いた自身の利益を求める言語と、国際的に配慮される利益の言語を、連続的なものとして描いてきた。ところで、現実世界における言語実践においては、そのような利益の言語は、人権という言葉でなされてきた――実際南アフリカにおいて人権の言語は国際的舞台のみならず南アフリカの政治制度の国内的変革を目指すという二重の用いられ方をしたように。これは、国内的に保障されるべき権利（例えば立憲的権利）と国際的に機能を果たす人権というロールズの区別の適切性そのものが問われることを意味するだろう（cf. Griffin 2010, Waldron 2013）。

4　結論

まとめよう。まずロールズの議論における（c）は擁護できない。人権と国家の間に不可避的結びつきはなく、人権に関して国家はあくまでも道具主義的に捉えられ、人権は他の有効な回路も交えて保障されるべきものとなる。次に、ロールズの議論における（d-2）は擁護できず、ロールズが挙げる人権リストの保障は主権制約を受けないための十分条件とはならない。第三に、国際的舞台におけるミニマルな権利と国内的に保障される権利という区別の想定が維持できるかは疑わしい。このことは、ロールズにおける政治的構想の基本的発想そのものに疑義を突きつけることになる。

さて、以上の問題があるロールズの議論とは対照的に、国家を人権の観点からは道具主義的に構想し、説得から干渉に至るまで人権実践を導く人権の観念を提示しえ、国内的権利と国際的権利の厳格な峻別も必要としないのが、人権の人間性的構想（e. g. Griffin 2008）である。どうやら我々は、そちらに希望を見出すべきであるようだ。

＊本稿の一部は、二〇一四年度政治思想学会研究会報告原稿「グローバル世界と人権理論：干渉、諸人民の法、自然法アプローチ」の2-3節をもとにしている。同報告の司会を頂いた飯田文雄先生を始め質問・コメントを賜った多くの方々に感謝する。
＊本稿の執筆過程で、オックスフォード・ウエヒロ・セントクロス・ヴィジティング・スカラシップおよび東京大学博士課程研究遂行協力制度（「人権の哲学を基礎とした開発の倫理学へ向けて」）の支援を得た。両制度からの支援と、本稿の内容を含む英語論文執筆時に幾度もコメントを賜ったロジャー・クリスプ先生に感謝する。

注

（1）ロールズによって自由権（奴隷制や隷属からの自由、良心の平等ではない自由への権利）、大量殺害やジェノサイドを受けないエスニック集団の権利、私的所有権、生存（subsistence）への権利が挙げられている（Rawls 2006, pp.65, 78-9 邦訳九四、一一三―一一五、二八二頁）。なお、ロールズにおける人権リストをできる限り多くの権利を包含するものとして解釈しようとする試み（Reidy 2006, pp.170-4, Brock 2014, pp.354-5）においても、人権のリストの短さ――例えば表現の自由の排除――は認められている（Reidy 2006, pp.179-80 ; Brock 2014, p.356）。

（2）ロールズにおいて、干渉（intervention）の用語法は必ずしも一貫してない。例えば、外交・経済制裁（sanction）も含まれるように記述されることもあれば（Rawls 1999, p.80 邦訳一一六頁）、制裁と区別される軍事的なものとして干渉が記述されることもある（Rawls 1999, pp.36, 81, 93-94, 94n.6 邦訳四九、一一六、二九四頁）。本章はロールズの干渉をめぐる用語法には深入りせず、両者の共通する性質（主権制約）にのみ焦点を当てる。

（3）なお、同じ箇所で、ロールズは自身の議論形成における経路依存的な理由――国内社会における正義から国際社会への正義という理路――を挙げている。この国内から国外へ、という理路の孕む問題の分析として、上原・河野（二〇一三）を参照。

（4）これは、ロールズが人権についての「制度的構想」（Pogge 2008, pp.175-183）を採用していることを意味し、人権の「ある人民における達成・違背」を識別する量的・質的閾値を設定せざるをえないことを意味する。筆者は人権の制度的構想を採るべきでないと考えるが――その論証は別稿を要する――、本章ではロールズに従い大規模違背を指して人権違背という言葉を用いる。

（5）A（人権違背がある）からB（主権の効力を制約しうるとみなされるべきである）が導かれるとき、not A（人権違背がない）から論理的に導出可能なのは、B（主権の効力を制約しうるとみなされるべきである）あるいはnot B（主権の効力は制約しうるとみなされるべきでない）である。以下の推論と同型である。Ａ（花子は日本国パスポートを持つ）からＢ（花子は人間である）が導かれるとき、not Ａ（花子は日本国パスポートを持たない）から推論されるのは、Ｂ（花子は人間である）あるいは not Ｂ（花子は人間でない（例えば柴犬））である。

（6）詳論は別稿を要するが、ロールズの人権の正当化の解釈としてしばしばなされたのは、（ⅰ）彼の人権原理が「良識ある階層制の諸人民」の合意を得るために人権リストを縮減しつつ正当化されている（e. g. Nickel 2006, p.264；井上 二〇一二、一四〇頁）、（ⅱ）人民の根本的利益が人権を違背する社会に脅かされるためにそのような社会を寛容しない原理が選ばれる（e. g. Beitz 2000, p.685）というものである。しかし、（ⅰ）は「良識ある階層制の諸人民」からの受容に対し論理的に先行する「リベラルな諸人民」の間での第一の国際的原初状態の中で人権原理が採択されるという事実と矛盾するとともに（Reidy 2006, p.178；Freeman 2006, p.36 n.14）、「諸人民の社会」の構成員資格を持つ（無法国家と区別される）「良識ある階層制の諸人民」であるかを決める閾値（の一つ）が人権であるにもかかわらず、その人権が何かに関して「良識ある階層制の諸人民」の合意により決められるという循環に陥ってしまう。他方、この失敗を「リベラルな諸人民」間の原初状態における諸人民の代表の根本的利益に注視する（ⅱ）は避けうるが、集合体として存立する社会は、内部で人権違背が永続しつつも「リベラルな諸人民」との関係においてなんら脅威にならない形で維持される可能性があることから（Costa 2005, pp.55–56）、リベラルな諸人民間の原初状態で人権原理を採択する理由は見当たらないことになる。

参考文献

Barry, C. & N. Southwood（2011）“What is Special about Human Right ?” *Ethics & International Affairs* 25（3）: 369–383.

Beitz, C.（2000）“Rawls's Law of Peoples,” *Ethics* 110（4）: 669–695.

Beitz, C.（2009）*The Idea of Human Rights*, Oxford University Press.

Buchanan, A.（2000）“Rawls's Law of Peoples : Rules for a Vanished Westphalian World,” *Ethics* 110（4）: 697–721.

Brock, G.（2009）*Global Justice : A Cosmopolitan Account*, Oxford University Press.

Brock, G.（2014）“Human Rights”, J. Mandle and D. A. Reidy（eds.）, *A Companion to Rawls*, Wiley Blackwell.

Costa, V. M.（2005）“Human Rights and the Global Original Position Argument in The Law of Peoples,” *Journal of Social*

Philosophy 36 (1): 49–61.

Flynn, J. (2011) "Two Models of Human Rights: Extending the Rawls-Habermas Debate," J. G. Finlayson and F. Freyenhagen (eds.), *Habermas and Rawls: Disputing the Political*, Routledge.

Freeman, S. (2006) "The Law of Peoples, Social Cooperation, Human Rights, and Distributive Justice," *Social Philosophy and Policy* 23 (01): 29–68.

Freeman, S. (2007) *Rawls*, Routledge.

Fischer, J. M. (1985) "Obligation and Mutual Respect," *The Yale Law Journal* 95 (2): 437–453.

Griffin, J. (2008) *On Human Rights*, Oxford University Press.

Griffin, J. (2010) "Human Rights and the Autonomy of International Law," S. Besson and J. Tasioulas (eds.), *The Philosophy of International Law*, Oxford University Press.

Nagel, T. (2005) "The Problem of Global Justice," *Philosophy and Public Affairs* 33 (2): 113–147.

Nickel, J. (2006) "Are Human Rights Mainly Implemented by Intervention?" R. Martin and D. A. Reidy (eds.), *Rawls's Law of Peoples: A Realistic Utopia?* Blackwell Publishing.

Nickel, J. (2007) *Making Sense of Human Rights*, 2nd ed., Blackwell Publishing.

Pogge, T. (2008) *World Poverty and Human Rights: Cosmopolitan Responsibilities and Reforms*, 2nd ed., Polity.

Rawls, J. (1993) "The Law of Peoples," S. Shute and S. Hurley (eds.), *On Human Rights: Oxford Amnesty Lectures 1993*, Basic Books.（中島吉弘・松田あゆみ訳「万民の法」『人権について』みすず書房、一九九八年）

Rawls, J. (1999) *The Law of Peoples with "The Idea of Public Reason Revisited"*, Harvard University Press.（中山竜一訳『万民の法』岩波書店、二〇〇六年）

Raz, J. (2010) "Human Rights without Foundations," S. Besson and J. Tasioulas (eds.), *The Philosophy of International*

Law, Oxford University Press.

Raz, J.（2010→2015）"Human Rights in the Emerging World Order," R. S. Cruft, M. Liao, and M. Renzo（eds.）, *Philosophical Foundations of Human Rights*, Oxford University Press.

Reidy, D.（2006）"Political Authority and Human Rights," R. Martin and D. A. Reidy（eds.）, *Rawls's Law of Peoples：A Realistic Utopia?* Blackwell Publishing.

Reidy, D.（2012）"Philosophy and Human Rights：Contemporary Perspectives," C. Corradetti（ed.）, *Philosophical Dimensions of Human Rights：Some Contemporary Views*, Springer.

Schaber, P.（2012）"Human Rights without Foundations?" G. Ernst and J.-C. Heilinger（eds.）, *The Philosophy of Human Rights：Contemporary Controversies*, De Gruyter.

Sen, A.（2004）"Elements of a Theory of Human Rights," *Philosophy and Public Affairs* 32（4）：315–356.

Soper, P.（1984）*A Theory of Law*, Harvard University Press.

Tasioulas, J.（2009）"Are Human Rights Essentially Triggers for Intervention?" *Philosophy Compass*, 4（6）：938–950.

Walker, N.（2013）"Universal and Particularism in Human Rights," C. Holder and D. Reidy（eds.）, *Human Rights：The Hard Questions*, Cambridge University Press.

Waldron, J.（2013）"Human Rights：A Critique of the Raz/Rawls Approach," *New York University Public Law and Legal Theory Working Papers*, Paper 405：1–21.

Wenar, L.（2006）"Why Rawls is Not a Cosmopolitan Egalitarian," R. Martin and D. A. Reidy（eds.）, *Rawls's Law of Peoples：A Realistic Utopia?* Blackwell Publishing.

Woods, K.（2014）*Human Rights*, Palgrave Macmilan.

井上達夫（二〇一二）『世界正義論』〈筑摩選書〉筑摩書房。

上原賢司・河野勝（二〇一三）「事実の取捨選択と規範理論――ロールズ正義論における〈国内／国外〉区分の理想化問題」河野勝編『新しい政治経済学の胎動？――社会科学の知の再編へ』勁草書房。

木山幸輔（二〇一四）「グローバル世界における人権の導出――自然法アプローチと尊厳構想へ向かって」政治思想学会編『政治思想研究』第一四号、二〇一―二三三頁。

施光恒（二〇〇四）「人権――グローバル化の進展のなかで」有賀誠・伊藤恭彦・松井暁　編『現代規範理論入門――ポストリベラリズムの新展開』ナカニシヤ出版。

最上敏樹（二〇〇一）『人道的介入――正義の武力行使はあるか』岩波新書。

若松良樹（一九八七）「人権の基礎付けとしての主体性についての一考察（一）」『法学論叢』一二一巻六号、二二―四七頁。

第五章　ロールズと人生計画
――法哲学の視点から――

若松良樹

1　『正義論』は合理的か？

（一）合理的選択理論としての正義論

ジョン・ロールズは『正義論』のねらいを説明する文脈において、「正義論は合理的選択理論の一部である」（Rawls 1971, p.16 邦訳二四頁）と特徴づけている。この一文は、『正義論』の魅力を伝えるものとして注目に値するものの、その後のロールズにとってつまずきの石でもあった。確かに、正義原理を原初状態の当事者による合理的選択の結果として提示するなど、『正義論』には合理的選択理論を思い起こさせる仕掛けや用語が散りばめられている。しかしながら、仔細に眺めてみると、『正義論』には標準的な合理的選択理論から逸脱しているように見える箇所も少なくない。この逸脱に注目するならば、ロールズの理論は非合理だと否定的に評価されても仕方がない側面がある。

この点を批判する代表的な存在がジョン・ハーサニ（Harsanyi 1982）である。ハーサニによれば、原初状態における当事者の選択は、合理的選択理論の公準に従っていないという意味において非合理である。そして、原初状態の当事者は、合理的に選択しようとするならば、ロールズの擁護する正義の二原理ではなく、ロールズが批判してやまない期待効用最大化原理を採択するであろう、というのである。

(二) 問題の設定

ハーサニらによる批判を受けて、ロールズは合理的選択理論からの撤退という戦略をとった。この撤退によって、確かに、ハーサニからの批判をかわすことはできるかもしれないが、その代償も少なくない。というのも、この撤退は、ロールズの理論全体のアイデンティティー・クライシスをもたらしかねない危険なものだからである。『正義論』から、原初状態の当事者による合理的な選択の結果として正義原理を提示するという契約論的な構想を取り去ってしまうならば、『正義論』の構造自体が瓦解してしまうのではなかろうか。実際、ロールズはその後、自らの理論のねらいを説得的な仕方で説明できなくなってしまったように思われる。そこで、本章においては、あえてロールズが忌避した「合理性」という観点から『正義論』に接近してみたい。

確かに、合理的選択理論の前提としている合理性に照らし合わせるならば、ハーサニの批判に説得力があることを否定できず、まさにそれ故に、ロールズは合理的選択理論から撤退したという事情も無視できない。しかし、合理性が合理的選択理論のみの専売特許であるわけではないという点にも留意すべきである。したがって、合理的選択理論における合理性の観念とは別の合理性観念からロールズの理論に光を当てることは、十分に生産的でありうるだろう。そこで、本章においては、ロールズの「人生計画（plan of life）」という概念を手がかりに、断片化され場当たり的に見えるかもしれない『正義論』の合理的選択理論からの逸脱を統一的に理解するための一つの視座を獲得することを目指したい。

(三) 一元主義と多元主義

この問題に接近する際に重要なのは、合理性という観念がすべての選択問題において同一の意味をもつのか、それとも選択問題に応じて合理性の観念は異なりうるのか、という点である。前者の立場を「一元主義」、後者の立場を「多元主義」と呼ぶことにする。合理的選択理論は一元主義の代表的な存在である。合理的選択理論は、数少ない公理から、多様な人間現象のすべてを説明しようという野心を抱いており、この野心の故に、明示的であるか黙示的であるかは別にして、公理の数が増えることを嫌い、たった一つの合理性の基準がすべての選択問題に妥当すると想定する傾向がある。

一元主義的な合理的選択理論を否定する際には、二つの立場が可能であり、明確に区分されるべきである。合理的選択理論を否定する第一の立場は、合理的選択理論とは別の合理性の基準が、すべての選択問題において遵守されるべき唯一の基準である、と主張する一元主義的な立場である。

第二の立場は、選択問題の性質に応じて、合理的選択のあり方は変わりうる、と主張する多元主義的な立場である。この立場は、合理的選択理論が推奨する合理性の基準が、一定の選択問題において説得力を有することを否定する必要はない。むしろ、多元主義は、合理的選択理論における合理性が説得力をもたない選択問題がいくつか存在することを主張しているものとして理解されるべきである。

(四) ハーサニの解釈

ロールズも合理的選択理論に対する批判者の一人として数え上げることができるだろうが、問題は、前述した二つのタイプの否定のうち、どちらのタイプであるのか、という点に存する。このうち、ハーサニなど合理的選択理論を高く評価する人たちは、ロールズの理論も合理的選択理論と同様に、一元主義的な性格をもつものとして理解してきたように思われる。

ハーサニ（Harsanyi 1976, p.40）は、一元主義的な理解に立った上で、ロールズが期待効用最大化原理に対する代替案として提示するマキシミン原理が全域的な妥当性をもたないことを指摘する。マキシミン原理に従うならば、少しでも危険を伴うような行為は何もできないことになり、道を渡ることもできなくなる。したがって、マキシミン原理を真に受けて、生活していこうとするならば、引きこもりになるのは必定だというのである。

ハーサニのマキシミン原理に対する批判は、ロールズが期待効用最大化原理の全域的な否定を行っているという第一の解釈を想定する限り、説得力があるものだろう。しかし、ロールズ自身が、彼の正義論の主題である社会の「基本構造にとって満足のゆく原理があらゆる事例に当てはまると前もって想定するべき理由は存在しない」（Rawls 1971, p.8 邦訳一二頁）と主張していることからすると、ロールズが多元主義的な見解に立っていることは明らかであろう。

ロールズが多元主義的見解に立っているとするならば、「合理的選択」の理論としての可能性が『正義論』にはまだ残されているかもしれない。というのも、ロールズ（Rawls 1971, p.153 邦訳二〇八頁）も認めているように、マキシミン原理は一般に不確実な状況における選択の適切な指針ではない一方で、ハーサニ（Harsanyi 1976, p.40）も認めているように、マキシミン原理はいくつかの状況においては説得力を有するものだからである。[1]

(五)　アプローチ

したがって、問題は一元主義と多元主義のどちらの解釈をとるべきであるかという点に関わる。本章は、ある合理性の原理があらゆる選択問題に妥当するものであるか否かは、アプリオリに決定されるべきものではなく、選択問題の構造や性質を分析し、吟味した上で決定されるべき問題である、という理解に立っている。

この吟味の結果、ある合理性の原理がすべての選択問題において妥当性を有することになるかもしれないが、もしかすると、ある選択問題に関してはある合理性の原理が、別の選択問題に関しては別の合理性の原理がそれぞれ妥当性を有するかもしれない。いずれにしても、ある合理性の原理が全域的妥当性を有するか否かは、選択問題の検討のあとに出されるべき結論であり、選択問題の分析よりも先に答えが存在するわけではないのである。

このような立場から、本章では、節を改めて、ロールズの選択問題についての分析を行うことにしたい。

2　ロールズの選択問題

（一）比較的単純な事例

まずは、期待効用最大化原理が合理的選択の原理であるように思われる選択問題の特徴を確認しておこう。これは、ロールズ（Rawls 1971, p.399 邦訳五二三頁）が「比較的単純な事例」と呼ぶものである。

この「比較的単純な事例」として、のどが渇いたのでコンビニでジュースを買うという事例を考えてみよう。この事例においては、行為者が「自分は本当にのどが渇いているという欲求をもっているのだろうか」とか「この欲求をもつことは合理的であろうか」といった熟慮を行うとは考えにくい。つまり、行為者の欲求は、確定しているだけでなく、所与のものとして規範的な評価の対象から外されるのである。行為者が熟慮するのは、むしろこの欲求を最も効率的に充足させる手段に関わる事柄であろう。たとえば、「自分の予算制約からして、どの飲料を摂取することが自分の目的を最大限に実現するであろうか」といったような問いである。

（二）人生計画

このような「比較的単純な事例」を念頭におく限り、期待効用最大化原理など、従来の合理的選択理論の合理性の原理を拒否することは困難であろう。しかし、すべての事例において、欲求が確定しており、かつ欲求を規範的に評価する必要はなく、選択問題の課題が欲求充足の効率的な手段の探求のみであるわけではない。この点を示すために、ロールズ（Rawls 1971, p.408 邦訳五三五頁）は「人生計画」という概念を導入する。

人生計画の選択は通常の欲求充足の手段の選択とは異なった性質を有している。このことを示すために、以下の例を考えてみよう。十八歳の私が医学部に進学して医者になるか、法学部に進学して法律家になるかを熟慮しているとしよう。この選択は典型的な人生計画の選択である。十八歳の私の欲求の集合をCとしよう。そして、法学部に進学した場合には私はLという欲求の集合をもつことになり、医学部に進学した場合には私はDという欲求の集合をもつことになるとしよう。私は自分の人生計画をどのように選択したらよいだろうか[2]。

この選択問題を比較的単純な事例における選択問題と同様、欲求充足の効率的な手段の探求を課題にするものとして理解するならば、人生計画の選択問題の特徴の一つは、欲求充足の手段が欲求であるという点であることになろう。つまり、Cを充足する手段として、LあるいはDという欲求の集合のうち、どちらをもつことが効率的であるのかを熟慮しなくてはならない。このように、人生計画の選択は、どのような欲求の集合をもつべきかに関する二階の欲求、あるいはどのような選好をもつべきかに関するメタ選好が一定の役割を果たす選択問題であるという意味において、通常の手段選択の問題とは異なった側面を有している。しかも、欲求Cを効率的に充足する手段が欲求Dをもつことであったとしても、医者になった時点で、医者になることを正当化していたはずの欲求Cを私はもはや有していないのである。

もちろん、二階の欲求やメタ選好といった概念に困難があるわけではない。欲求や選好の対象は何でもよいと考えるのであれば、欲求を欲求の対象とすることは可能である。しかし、その場合にも、ロールズ（Rawls 1971, p.407 邦訳五三四頁）が指摘するように、合理性は欲求を所与として、その欲求を効率的に充足する手段の探求のみに限定されるものではなく、ある欲求をもつべきかという問題においても重要な役割を果たすことになるだろう。[3] このように欲求を合理性による吟味の対象とする点に、人生計画の第一の特徴がある。

人生計画の選択の第二の特徴は、不完備契約における不完備性と同じ意味で、人生計画の細部までにわたって事前に書き込むことはできないという点に存する。ロールズもまた、「人生計画が生涯にわたる行動の手順を詳細に記したものであるなどという思い違いをしてはならない」（Rawls 1971, p.410 邦訳五三八頁）と強調している。先の例に則して述べるならば、手段とされる欲求ＤやＬの内実が不確定であるにもかかわらず、われわれは人生計画を選択しなくてはならないのである。われわれは医者としての経験を積みながら、医者としての欲求Ｄをもつようになる。したがって、医者になる前の私の欲求Ｃと医者になった場合の私の欲求Ｄは異なった内容のものとなるであろうし、医者としての経験を積んでいない現在の私にはＤの詳細は分からないことが多いだろう。

（三）良定義問題と不良定義問題

このような人生計画の選択問題は、二つの点で重要である。第一に、われわれにとって重要な問題の多くは人生計画の選択問題と同様の構造を有している。ここで、認知心理学における「良定義問題（well-defined problem）」と「不良定義問題（ill-defined problem）」の区分を導入しておくことが有益だろう。

良定義問題とは、目標も選択肢も明確であり、各選択肢をとった場合に生ずる事態についての知識も存在し、確率を評価するための信頼できる方法が存在する問題である。良定義問題に関しては、問題を解決するために必要な情報はすべて問題の中に含まれており、問題解決は比較的容易である。[4] ロールズが「比較的単純な事例」として挙げていたものは、良定義問題の一例であり、この問題において、期待効用最大化原理を用いることには説得力があるだろう。

これに対して、不良定義問題とは、良定義問題の要素のうち少なくとも一つが不明確であるような問題である。たとえば、問題を解決する際の目標が複数存在し、それらのウェイトづけもなされていない場合や、選択の結果としてどのようなことが起こりうるかが不明であり、標本空間が確定していないが故に、各事象に対して確率を付与することさえもできないような問題である。

人生計画の選択問題は、典型的な不良定義問題である。ロールズ（Rawls 1971, p.410 邦訳五三七頁）によると、人生計画は時間的な構造を有している。人生計画は、遠く離れた将来をも視野に入れて策定されるが、時間的に遠い事柄に関しては相対的に不明確なものとならざるをえない。というのも、先のことは分からないからである。先のことの詳細に関しては、時間とともにより多くの情報が手に入り、われわれの欲求やニーズもより正確に理解できるようになるにつれ、徐々に埋められていくものである。したがって、人生計画の選択問題は目標や選択の結果が不明確な不良定義問題である。

人生計画の選択に限らず、われわれにとって重要な問題の多くも不良定義問題であろう。ある問題がわれわれにとって重要であるのは、それがわれわれの将来に大きな影響を有する問題だからであろう。長期にわたる効果を有する問題は、結果を予測することが困難であり、確率を推定することも一筋縄ではいかない。さらに、そのような選択問題は、将来のわれわれのあり方、具体的には、われわれの考え方、欲求、ニーズまでをも変更してしまう可能性があり、われわれの目標そのものも不明確となりかねない。このような意味において、われわれにとって重要な選択問題は、長期的な影響を及ぼす可能性があるが故に、不良定義問題となることが多いだろう。

(四) 正義原理の選択問題

人生計画の選択問題に注目すべき第二の理由は、それが正義原理の選択問題と類似しているという点に求められる。すなわち、正義原理は、前述の職業選択の場合と同様、人々がどのような目的や利害をもつようになるのかに対して深い影響を与える。たとえば、社会がその基本構造をアパルトヘイト的なものにするか、それとも平等主義的なものにするかを検討しているとしよう。社会がどちらかの政策を実施するかに応じて、私の欲求は変化するだろう。今現在の私の欲求の集合をCとし、アパルトヘイトの社会において私がもつであろう欲求の集合をAとし、平等主義的な社会において私がもつであろう欲求の集合をEとしよう。

この社会の基本構造の選択問題を現在の欲求Cに基づいて、AとEのどちらの欲求をもつことがCをよりよく充足することになるのかという問題として理解することは不可能ではない。しかし、私が医者になるか、法律家になるかを選択している場面と同様、社会の基本構造の選択は、私がもつであろう欲求の集合に対して深い影響を与えるであろう。たとえば、アパルトヘイト下で生活していない私の現在の欲求Cは、Aと完全に同一のものではないだろうし、アパルトヘイト下での経験を有していない私には、Aの詳細を理解することさえできないだろう。

以上の考察が示しているように、原初状態の当事者にとっての選択問題である正義原理の選択は、社会制度という人々の欲求の姿を決定するものを対象とする。したがって、どのような社会制度の下で、自分がどのような欲求をもつに至るのかは、選択の時点においては明確ではない。以上の点において、正義原理の選択問題は、欲求を所与のものとして効率的な手段を探求するという類型に落とし込むことが困難な問題であり、人生計画の選択問題と類似した構造を有している。

このように、正義原理の選択問題が人生計画の選択問題と類似した構造を有しているとするならば、「どのような人間になりたいかを考える際に考慮に入れるべき事柄は、正義原理の受容においても同様に考慮されるべきである」（Rawls 1971, p.416 邦訳五四六頁）。もしそうであるならば、正義原理の選択においても、期待効用最大化原理がうまくあてはまる「比較的単純な事例」における合理的選択とは異なった考慮が求められるのではないだろうか。以下では、その「異なった考慮」の内実を明確化するために、正義原理の合理的な選択のあり方をモデル化することを目的とした概念装置である原初状態を、人生計画の選択問題という観点から検討することにしよう。

3　基本財

（一）非特定的な価値

「比較的単純な事例」における選択問題の課題は、現在の欲求Cをもっともよく充足する手段の探求であった。これに対して、人生計画の選択問題においては、どの手段（欲求）が現在の二階の欲求Cをもっとも効率的に充足するものであるかはそれほど明確ではない。そもそも現在の欲求Cの充足のみを追求するのが合理的であるかどうかさえも判然としない。というのも、われわれは、自分の選択の結果、現在の欲求Cとは異なった欲求（DかL）をもつようになるかもしれず、その場合には、現在の欲求Cは消滅するからである。

それでは、人生計画の選択においては、どのような価値に注目したらよいのだろうか。ここで、イアン・カーター（Carter 1999, p.44）による「特定的な道具的価値（specific instrumental value）」と「非特定的な道具的価値（non-specific instrumental value）」の区分を導入しておきたい。まず、カーターは道具的価値を、「ある現象ｘが道具的な価値をもつのは、ｘが別の価値ある現象ｙへの手段であるときであり、かつそのときに限る」と定義する。

その上で、カーターは道具的価値を特定的なものと非特定的なものに区分する。特定的な道具的価値については、「ある現象 x が特定的な道具的価値をもつのは、x の特定のインスタンス（あるいはインスタンスの集合）が別の価値ある現象 y への手段であるときであり、かつそのときに限る」、と定義される。他方、非特定的な道具的価値については、「ある現象 x が非特定的な道具的価値をもつのは、x がその特定されたインスタンスの性質にかかわらず、別の価値ある現象 y への手段であるときであり、かつそのときに限る」と定義される。

(二) 具体例

この区分はあまり分かりやすいものとは言えないので、具体例に即して表現し直してみよう。今、特定の金のブレスレットが存在するとする。このブレスレットのデザイン、質感などが満足のいくものであったとしよう。その場合、この特定のブレスレットは欲求充足のための道具として、特定的な価値を有する。工業製品などのように、このブレスレットと同等のものがたくさん存在する場合には、このブレスレットの集合に特定的な道具的価値があると考えることもできる。

この特定のブレスレットのデザインなどの好き嫌いとは別に、このブレスレットは材質が金であるが故に、一定の価値を有する。この金としての価値が非特定的な道具的価値である。つまり、金は換金が比較的容易であり、金のブレスレットはそのデザインがどのようなものであれ、欲求充足の手段としての非特定的な価値を有するのである。

カーター（Carter 1999, p.51）によると、金銭もまた、非特定的な道具的価値を有する。その証拠に、多くの人は通常の商品よりは、金銭を選好する。それは、金銭がそれ自体で内在的な価値を有するからではない。むしろ、金銭は、それによってさまざまな商品を購入することができる汎用性を有しているのに対して、商品はそれを強く望む人を見つけられたならば有利な仕方で交換できるものの、いつでもそのような人を見つけられるとは限らないからであろう。この意味において、金銭は商品よりも高い非特定的な価値を有するのである。

（三）非特定的な価値の価値

それでは、金銭のもつ非特定性、汎用性はなぜ価値を有するのだろうか。カーターはその理由を「無知」に求める。すなわち、「世界は予測のつかない場所であり、われわれは将来の需要と供給の性質は言うに及ばず、自分自身の将来の欲求やニーズの性質についてさえも定かではない。したがって、金銭を他の商品よりも選好することは賢明である」（Carter 1999, p.51）。

この無知が、人生計画の選択問題において非特定的な価値が重要である理由を説明してくれる。この問題を考えるために、以下の例を検討してみよう。十八歳の私が二十年ローンでギターを購入したとしよう。十八歳の私にとっては、ギターが特定的な価値を有するかもしれないが、ローンを払い続けている三十歳の私が同じニーズを保持しているとは限らない。場合によっては、三十歳の私もギターを必要としており、十八歳の私によるギターの購入は正しい選択であったということになるかもしれない。しかし、場合によっては、三十歳の私にとってギターは不要であり、不要なもののためにローンを払い続けているかもしれない。その場合には、十八歳の私の選択は、三十歳の私の目には、若気の至りの無謀なものとして非難したくなるだろう。

この例が示しているように、人生計画の選択問題に代表される中長期的な選択問題においては、「自分自身の将来の欲求やニーズの性質についてさえも定かではない」（Carter 1999, p.51）。このような状況においては、特定的な価値を有する商品を購入することはギャンブルであり、場合によっては、将来の自分に対して責任のある行動とはみなせない。したがって、人生計画の選択問題においては、特定的な価値よりも金銭に代表される非特定的な価値に注目するほうが合理的であろう。

（四）非特定的な価値としての基本財

ロールズもまた、正義原理の選択問題について考察する際に、非特定的な価値に注目している。彼が注目するのは「基本財（primary goods）」である。基本財とは「人々の合理的な人生計画がどのようなものであったとしても、通常、有益」（Rawls 1971, p.62 邦訳八六頁）なものとして特徴づけられている。すなわち、基本財は、人々の具体的な欲求がどのような形態をとるにせよ必要となるだろう非特定的な価値なのである。[5]

ロールズは基本財の例として、社会的基本財（権利、自由、権力、機会、所得、富）と自然的基本財（健康、壮健さ、知性、想像力）をあげている。具体的に、何が基本財にあたるのかに関しては、さらなる検討に値するであろうが、少なくとも、金銭、基礎教育、自由などは非特定的な価値を有する基本財であるように思われる。金銭の増加は予算集合の拡大を意味し、購入可能な商品の組み合わせを増加させる。同様に、教育や自由も、行為者に選択可能な選択肢の増大をもたらすことによって、行為者の目的実現に資するであろう。

（五）基本財に対する批判

基本財という観念に対しては、さまざまな批判が提出されてきた。これらの批判の妥当性を検討するにあたっては、基本財が人生計画と密接な関連を有していることを無視してはならない。ロールズ自身も「私は当事者の善についての構想に関しては、それが合理的な長期計画であるということを除けば、善についての構想を制約するようないかなる想定も行っていない」（Rawls 1971, p.129 邦訳一七三頁）と述べていることから明らかなように、基本財の性質は人生計画の選択問題という文脈との関連で理解されるべきである。

基本財が非特定的な価値ではなく、特定的な価値であると誤解するならば、「ロールズは、すべての人の人生計画が同一であるという間違った想定をしている」と批判したくなるだろう。特に、ロールズ自身もすべての人が同一の目的を有するわけではないと明言している（Rawls 1971, p.93 邦訳なし）ことからすると、すべての人の目的に役立つ財としての基本財という特徴づけは、多くの人を困惑させるものであろう。

しかし、非特定的な価値として基本財を理解する場合には、これらの困惑の少なくとも一部は消滅するであろう。非特定的な価値は、人々がどのような目的を有していようとも、必要なものであるとされる。特定のデザインの金のブレスレットをすべての人が気に入るとは限らないが、金のブレスレットは金であるが故に、デザインの好みにかかわらず、すべての人にとって価値のあるものとみなされるであろう。

基本財に対してよくなされる第二の批判は、すべての目的の実現にとって必要な手段なるものが存在したとしても、人によって、また目的によって、その必要度は異なるのではないか、との批判である。確かに、金のブレスレットの価値が、非特定的価値と特定的価値とから構成されるとするならば、デザインの好き嫌いなどから生ずる特定的な価値の相違は、金のブレスレットの全体的な価値に相違をもたらすであろう。このような特定的な価値の個人間の相違を反映させるためには、効用のような柔軟な基準を用いるほうが望ましい、という批判がなされるであろう。

このような批判は、われわれの目的や、選択の結果が明確である場合には説得力を有するであろう。その場合には、自分の目的の実現にとって効率的な手段という意味での特定的な道具的価値に注目するほうが合理的である。しかし、前述したように、人生計画の選択問題や正義原理の選択問題においては、選択の結果によってわれわれの目的そのものが変化してしまう可能性があるなど、不確定な要素が多い。このように自分の目的が不確定である場合には、効用のような人々の目的の相違に敏感な基準は使いたくても使えない。そのため、金銭などのような硬直した基準を用いざるをえないのである。

したがって、人生計画の選択問題などにおいて、正確な効用を測定するように求めることは、無い物ねだりの児戯に等しい、と評することができるだろう。同様に、人生計画の選択問題をモデル化した原初状態においても、「当事者は自分の善の構想が何であるかを知らず、通常の意味での自分たちの効用を推定することはできない」(Rawls 1971, p.155 邦訳なし)のである。

4　無知のヴェール

(一) 全知性からの逸脱

人生計画の選択問題をモデル化した原初状態においては、当事者は基本財のような非特定的な価値についての情報に基づいて選択を行うことが合理的であることが確認された。それでは、当事者には、ほかにどのような情報が与えられるのか、あるいはどのような情報が排除されるのか。この問題を考えるために、原初状態における情報制約を表現している「無知のヴェール (veil of ignorance)」に、人生計画の選択問題という観点から光を当てることにしよう。

原初状態の当事者は無知のヴェールの下で選択するように求められる。具体的には、当事者は自分の目的、属性(性別、人種、世代)などについて知らないものと想定されている。

これは合理性という観点からすると、奇妙な要請である。というのも、無知のヴェールの要請は、合理性と密接に関連しているように思われる「全知性 (omniscience)」という理想から完全に逸脱しているからである。合理的な決定であるためには、すべての情報を知った上で決定がなされるべきであるという観念は多くの人たちによって共有されており、まさにそれ故に、人々は情報収集に血眼になっている。

もちろん、神ならぬ身である人間には、全知ではない以上、情報探索が必要になる。そして、情報探索にはコストがつきまとう。このコストが追加的な情報によって得られる利益よりも大きい場合には、情報探索を断念するほうが合理的であるかもしれない。したがって、情報探索コストという観点から、全知性からの一定程度の逸脱は合理的であると評価できるだろう。しかし、自分が誰であるかに関しては既知であり、情報探索に新たな費用は発生しない。したがって、そのような既知の情報をあえて排除する理由は、合理性だけでは説明できないのではなかろうか。

(二) ハーサニの説明

このように奇妙な特徴をもつ「既知の情報の排除」は、なぜ必要なのだろうか。この問題を考察するにあたって、まずは無知のヴェールが大きく分けて二つの機能を果たしているという点を確認しておきたい。第一の機能は、われわれが通常知っている、あるいは容易に知ることができる情報を排除するという機能である。たとえば、私は自分が男性であることを知っているが、この情報は無知のヴェールによって意図的に排除される。

無知のヴェールの第二の機能は、知らない情報を知らないものとして扱うことである。私は隕石がいつ地球に衝突するのかを知らないが、それをあたかも知っているかのように決定することを許さないのが、無知のヴェールの第二の機能である。これらのうち、従来注目されてきたのは、前者、第一の機能であるが、人生計画の選択問題においては、後者も重要な役割を担っている。

自分の属性のような既知の情報を排除する理由を合理性から説明することが困難であるとするならば、公平性などにその理由を求めることには説得力があるだろう。正義原理の選択問題において、自分だけに有利な原理を選択することは、たとえ合理的であったとしても、正義の観念に内在している公平性の要請に反していることは明らかである。この観点から、無知のヴェールを説明したのがハーサニであった。

ハーサニの無知のヴェールの特徴は、無知のヴェールの根拠を合理性ではなく、道徳性に求めている点にある。道徳は他者の利益も等しく考慮することを求めていると理解するならば、自分の利益の最大化は、たとえ合理的であったとしても、必ずしも道徳的ではない。そこで、ハーサニ（Harsanyi 1982, pp.44ff）は、すべての人の利益を配慮した合理的な選択が道徳的な判断であると理解した上で、道徳的判断を再現するために、無知のヴェールの下、自分が誰であるかが分からない中で合理的な選択を行うことを各人に求めるのである。以上のように、ハーサニにおいては、道徳的判断は合理的選択の一種ではあるものの、ハーサニが無知のヴェールによって自己に関する知識を排除する根拠は、合理性ではなく道徳性に求められることになる。

ただし、ハーサニのモデルにおいては、すべての人の効用関数が知られていると想定されている。もちろん、無知のヴェールによって、ハーサニのモデルの当事者はどれが自分の効用関数であるのかは分からないとされる。しかし、当事者が知らないのはそれだけであり、それ以外の情報、具体的には、人々の効用関数の詳細を知った上で決定を下すことが求められている。

(三)　効用関数の排除

これに対して、ロールズは、原初状態の当事者が効用関数さえも知らないという厚い無知のヴェールを当事者にかぶせている。アマルティア・セン（Sen 1985, pp.169ff）は、効用関数に対して情報基礎としては狭隘であると批判しているが、もしそうであるならば、効用関数さえも排除されているロールズの原初状態の当事者にとって、あまりに情報基礎が貧弱であるが故に、合理的な選択などそもそも不可能ではなかろうか。

この問題に答えるために、再び人生計画という概念に注目することにしよう。原初状態が人生計画の選択問題をモデル化しようとしたものであるとするならば、人生計画の選択問題の情報分析がここでも重要な手がかりを与えてくれるであろう。

前節で確認したように、人生計画の選択問題においては、現在から遠い将来であればあるほど、さまざまな事柄が不明確となる。将来の目標、社会情勢などは、現在の私にはその細部を知ることはできない。したがって、これらの情報をあたかも知っているかのような前提でなされる決定は合理的ではないだろう。逆に述べるならば、これらの情報が知られているものと想定するならば、原初状態の選択問題は、人生計画の選択問題をモデル化したものではなくなるのである。

前述したように、無知のヴェールの第二の機能は、モデル化される対象である選択問題（人生計画の選択問題、正義原理の選択問題）において知らない情報を、それらの選択問題をモデル化して表現している原初状態においても知らない情報として排除することである。この観点からは、原初状態から各人の効用関数についての情報が排除されることにはそれなりの理由があるだろう。将来の事柄に関しては、それがどのような事態であるのか、その事態に対して自分がどのように評価することになるのかは、不確かであり、人生計画の選択問題を解決する上で、効用関数はそれほど頼りにならないからである。

（四）その他の属性の排除

前述したように、ロールズの無知のヴェールは、効用関数だけではなく、自分の属性についての情報も排除する。この排除の理由をどのように説明できるだろうか。もちろん、ハーサニが行ったような道徳性や公正性といった要素を導入するならば、この排除を説明することは容易である。しかし、人生計画の選択問題は個人内の選択問題であるが故に、道徳性や公正性といった考慮が前面に現れるわけではない。そうであるならば、人生計画の選択問題という観点からは、これらの属性を排除することは説明できないのであろうか。

この問題を考えるために、私が有する自分の性別についての知識を考えてみよう。この知識を排除する理由は何だろうか。ここで、「男性であること」と「男性であることの意味」とを区分しておくべきだろう。というのも、男性であることの意味は、時代や社会によって異なりうるからである。ある社会において男性であることは家長であることを意味するかもしれないし、別の社会では女性に隷属する存在であるかもしれない。私は自分が男性であることは十分に理解しているが、男性であることの意味を決定する将来の社会のあり方についでは、十分には知らない。知らないことを、あたかも知っているかのように前提して決定を下すことは、後述するように、ロールズが求めている熟慮的合理性を満たさないと考えることはできるだろう。同様に、自分の属性のいくつかに関しては、その意味を決定する社会のあり方についての無知に基づいて、排除することが正当化されるかもしれない。

もちろん、人生計画の選択問題という観点からのみ、ロールズの理論のすべてを説明する必要はないかもしれないが、この観点からも自分の属性の排除は十分に説明可能であるように思われる。人生計画の選択問題という観点からの説明においては、無知のヴェールの第一の機能を重視する道徳性からの説明とは異なり、無知のヴェールの第二の機能、すなわち、人生計画の選択問題における無知を、この選択問題をモデル化している原初状態においても再現するという観点から無知のヴェールが統一的に理解されることになるだろう。

5　選択原理

(一) 選択原理の重要性

正しい情報基礎を用い、正しくないまたは不要な情報を排除したとしても、これらの情報を正しく用いて選択しなければ、その選択は非合理なものでありうる。実際、原初状態の当事者の選択原理に関しては、その情報基礎や情報制約を受け入れたとしても、その非合理性を指摘するさまざまな批判が提起されてきた。そこで、本節では、人生計画の選択問題における合理的な選択原理という観点から、原初状態の当事者の選択原理のあり方について検討することにする。

ロールズ自身（Rawls 1971, sec.63 邦訳六三節）も、人生計画の選択問題における合理的な選択の原理のあり方について検討を加えている。とはいえ、人生計画の選択問題は典型的な不良定義問題であるので、問題の中に正解についての情報が含まれているわけでもなければ、この正解を抽出するための正しい推論方法が存在しているわけでもない。したがって、選択原理のあり方についての考察は、不可避的にあいまいさを含んだものとならざるをえない。にもかかわらず、人生計画の選択問題における合理的選択の原理についての検討の結果が原初状態にもある程度反映されていると考えるのが自然であろう。本節では、あいまいさを認めながらも、人生計画の選択問題における合理的選択のあり方が、原初状態の当事者の選択をどのような方向へと導いているのかを検討することにしたい。

(二) 熟慮的合理性

原初状態における当事者にとって合理的な選択原理を探究する際に、「熟慮的合理性(deliberative rationality)」(Rawls 1971, sec.64 邦訳六四節)の観念が重要な手がかりを与えてくれるであろう。ただし、この観念は多分にあいまいさを含んでいるので、まずは、その背景を確認することから始めよう。

人生計画の選択問題も原初状態における正義原理の選択問題も、よく知らない遠い他者のためのギャンブルという性質を有している。遠い他者の中には、将来の自分や自分と同じ社会に住んでいる他人も含まれる。どちらにおいても、選択を行うのは現在の人ではあるが、その選択によって影響を受けるのは、遠い他者である。より具体的には、現在選択された原理(人生計画や正義原理)に従って生活することを求められるのは、現在の選択者ではなく、無知のヴェールが引き上げられ、時間の経過とともに詳細が明らかになったあとに存在している人たちである。

この人たちが、自分のために選択された人生計画や正義原理を気に入るという保証はない。もちろん結果がよければ、文句を言わないかもしれないが、ギャンブルである以上、結果の良さは保証されていない。そこで、ギャンブルの正しさについての、結果の良さとは別の基準が必要となる。ロールズはそのような基準として、熟慮的合理性という観念を提出しているのである。

熟慮的合理性はギャンブルに関する基準である以上、それに従ったところで、最善の選択肢が発見できるようになるわけではない。熟慮的合理性が保証しようとしているのは、結果の良さではなく、最悪の結果となったとしても、選択者は責任を果たしたのであり、遠い人たちに非難されないということである(Rawls 1971, p.422 邦訳五五四—五五五頁)。

(三) 最悪の事態への注目

それでは、どのような選択原理に従えば熟慮的合理性を満たしていると言えるのだろうか。熟慮的合理性の要請を満たすために、原初状態の当事者は、第一に起こりうる最悪の事態に注目するであろう。というのも、最悪の結果になったとしても選択者を非難しなくてすむような選択をするためには、選択者が行おうとしているギャンブルにおける最悪の結果がどのようなものかについての吟味が必要だからである。

これは、ギャンブルを行う際には、最悪の事態を検討する必要があるという一般的な教訓以上の重みを有する。自分自身のためのギャンブルとは異なり、遠い人たちのために行われるギャンブルにおいては、遠い人たちへの責任を果たすために、より慎重な検討が必要となるからである。この点をロールズは「自分自身にとっての大きなリスクをとる場合よりも、自分の子孫にとっての大きなリスクをとる場合のほうがわれわれは躊躇する」(Rawls 1971, p.169 邦訳二二九頁) と、表現している。

もちろん、「最悪」の事態とは実現可能な他の事態と比較して最悪であるというだけの話であり、中にはそれほど悪くない事態(たとえば、年収一千万円)から、受け入れがたい事態(たとえば、年収一万円)まで多様なものが含まれうるであろう。最悪の事態がそれほど悪くない場合には、それが他の選択肢と比べて最下位に位置づけられるというだけの理由で、ギャンブルを回避すべきではないかもしれない。したがって、熟慮的合理性の観点からしても、最悪の事態はすべて回避せよと命じるマキシミン原理を全域的に使用することは困難であろう。(6)

しかし、中には回避しなくてはならない事態も存在する。というのも、ある事態は、受け入れがたいかもしれないし、別の事態は容易に回避可能であるかもしれないからである。選択者がそのような事態を回避しない場合には、その選択の結果、最悪の事態が生起したならば、遠い人たちに非難されても仕方がないだろう。このような場合には、最大化原理では回避されるべき最悪の事態を回避できない可能性が存在するので、選択者はマキシミン原理に従ってこの事態を回避すると考えることもできよう(7)。

(四)　決定権限の委譲

人生計画の選択問題や正義原理の選択問題のように、他者のためにギャンブルを行っても他者から非難されないために必要な第二の条件は、ギャンブルが回避不可能であることであろう。他者のためのギャンブルが回避可能であるならば、ギャンブルの結果があまりよくない場合には、そもそもギャンブルをする必然性はなかったという非難が他者から加えられるであろう。というのも、ギャンブルの基本は、決定を行う主体と結果に対して責任を負う主体が一致していることであり、回避可能であったにもかかわらず、他人のためにあえて行われたギャンブルは、他者の決定権限の簒奪だからである。

この点で、ロールズ（Rawls 1971, p.420 邦訳五五二頁）が熟慮的合理性にかなった合理的選択の原理の一つとして挙げている「先延ばしの原理（principle of postponement）」が注目に値する。先延ばしの原理が求めるのは、他の事情が等しければ、合理的な人生計画は、関連ある事実についての見通しがつくまでは、フリーハンドであることである。前述したように、人生計画はその細部においてはあいまいであることが少なくないだろう。この点を考慮して、将来のことについては、その時が来て、客観的な状況や自分のニーズが明確になった段階で判断することにして、その時が来るまでは可能性を狭めず、将来のオプションを残しておくべきである、と先延ばしの原理は命ずる。

もちろん、すべての問題に関して先延ばしが可能であるわけではないし、先延ばしがいつでも望ましいわけでもない。しかし、本来、決定権限を有しているはずの遠い人たちに選択の自由を与え、遠い人たちの決定権限を尊重することは重要である。ロールズの正義の二原理のうちの第一原理の重要性の一端もこの観点から説明することができるように思われる。

（五）論理とヒューリスティックス

以上のような主張に対しては、当然のことながら、これらの考慮から正義の二原理が論理的に導出されるわけではないとの批判がなされるであろう。論理必然的に正義の二原理が導出されるわけではないということを指摘している限りにおいて、この批判は正しい。むしろ、問題は人生計画や正義原理の選択問題のような不良定義問題において、論理的にたった一つの答えのみを導出する原理がそもそも存在するのかという点である。

選択問題を良定義問題へと恣意的に改変でもしない限り、そのような原理は存在しないものとも思われる。厄介な不良定義問題を扱いやすい良定義問題へと改変したいという誘惑は抗しがたい魅力を有しているが、答えが出ないかもしれない真の問題に答える代わりに、答えが出る別の問題に答えることが真の問題の解決とはならないことは明らかだろう。われわれは、自分の直面している選択問題の性質に応じた推論を行わなくてはならないであろう。

この点で、ロールズがマキシミン原理を、原初状態の当事者が従うべき選択の原理としてではなく、「正義の二原理を社会正義の問題に対するマキシミン解として理解することが発見装置（heuristic device）として有益である」（Rawls 1971, p.152 邦訳二〇八頁）と述べている点が注目に値する。つまり、正義の二原理は、前提となる知識からの演繹によってのみ導出されるわけではなく、熟慮的合理性の要請を尊重しつつも、少ない情報の中で原初状態の当事者が行う選択の結果として理解されているのである。

この面において、マキシミン原理は、少ない情報にのみ依拠するという意味において情報倹約的でありながらも、人生計画や正義原理の選択問題という環境において、十分によい結果を生み出すために原初状態の当事者が用いるだろうヒューリスティックスの一種として理解することができるかもしれない。この点の論証は別の機会に委ねざるをえないが、ヒューリスティックスの利用が必ずしも非合理を意味しないとするならば、マキシミン原理とヒューリスティックスとの関係は、検討に値するテーマであろう[8]。

6　二つの人格観念

(一)　個人間と個人内

本章は、人生計画という概念を手がかりにロールズの原初状態で用いられているいくつかの想定を説明することを目的としている。ロールズ自身も、正義原理と人生計画の類似性を強く意識し、「自己への責任の原理は正の原理に類似している」(Rawls 1971, p.423 邦訳五五六頁)と述べている。つまり、正義原理が社会における他者の要求を調整するという機能を有しているのと同様に、人生計画は、各時点における自己の主張を調整するという機能を有している、というのである。

『正義論』における人生計画の重要性を強調する立場に対しては、正義原理を個人間の原理ではなく、個人内の原理へと矮小化しているのではないかとの批判が、当然のことながら提起されるだろう。確かに、正義原理は個人の人生の問題というよりは、個人の間の関係を規制するという役割を担っていることを考えるならば、人生計画のような個人内の問題をいくら検討したところで、正義原理に関わる考察などできないのではなかろうか。

さらに、人生計画の選択問題と正義原理の選択問題の類似性を強調する解釈は、個人内と個人間の差異に鈍感であるだけでなく、ロールズの功利主義批判とあまり整合的ではないという難点を抱えている。というのも、ロールズは「一人の人にとっての選択の原理を社会にまで拡張する」(Rawls 1971, p.27 邦訳三九頁)点において、功利主義は人々の間の区分を真剣に扱っていないと批判しているからである。もしこの批判が正しいのであれば、人生計画の選択問題にとっての合理的な原理を社会にまで拡張しようとすることは、功利主義と同様、人々の間の区分を真剣に扱っていないのではなかろうか。これらの問題を考えることで、本章の結びとしたい。

(二) 二つの人格

この問題を考えるにあたって、人生計画の選択問題において、人格が二つの意味で重要であるという点を明確にすることが有益あろう。第一の意味での人格は、責任の主体、あるいは責任の帰属先である。十八歳の私が借金をするならば、その債務は将来の私が負う。この意味において、責任の帰属先として、私という人格は統一的な一つの単位とみなしうる。このことは、私という人格の内部で利害対立が存在しないということを意味するわけではない。十八歳の私による借金は「若気の至り」であり、その債務を負わされる将来の私が、十八歳の私を非難するということは十分ありうる話である。人生計画の選択問題において、熟慮的合理性という観念が重要であるのは、私の中のさまざまな私の間で適切な利害調整を行うためであった。このような利害対立の主体が第二の意味での人格である。第二の意味での人格に関しては、私の内部で多様な人格が存在することになろう。

したがって、人生計画の選択問題は第一の意味で人格を理解するならば、個人内の選択問題ではあるが、第二の意味で人格を理解するならば、個人間の選択問題であり、人生計画の選択問題は、正義原理の選択問題のモデルとなりうる。もちろん、モデルである以上、人生計画の選択問題と正義原理の選択問題の間には相違点も存在するだろうが、この相違点を明確にするためには、まずは人生計画というモデルの性質を十分に吟味する必要があり、本章が目指したのもこの作業である。

注

（1）ただし、ハーサニはマキシミン原理がいくつかの状況においては、理にかなった決定へと導いてくれるように見えるのは、これらの状況においては、マキシミン原理が求めることが期待効用最大化原理と一致しているからに過ぎない、と主張する。ハーサニは、このような形で、期待効用最大化原理の全域的な妥当性を維持しようとする。

（2）医者になるか、法律家になるかに応じて、私の出会う人たち、私の経験などが異なることからすると、DとLとは異なった内容のものとなるだろう。また、DとLは、そういった経験をまだしていない十八歳の私の欲求の集合Cとも異なっているだろう。

（3）もちろん、欲求を合理性に基づいて吟味する際には、二階の欲求は所与のものであり、かつ確定したものであると想定されている。

（4）ただし、良定義問題であっても、計算的に手に負えない場合には、解を出すことは事実上困難である。計算科学と良定義問題の関係については、若松（二〇一六、第六章一節）を参照。

（5）以下では、非特定的な道具的価値として基本財を扱うが、それは基本財の非特定性を強調するためであって、道具性を強調するためではない。したがって、非特定的な道具的価値としての基本財という本章の理解は、ある種の基本財が道具的な価値ではなく、構成的価値を有する可能性を排除する趣旨ではない。基本財と構成的価値との関係については、Carter（1999, p.60）を参照。

（6）ロールズ（Rawls 1971, p.169 邦訳二二九頁）もこのようなギャンブルを回避することがいつでも正しいと述べているわけではない。不確実性を回避することができないとき、客観的な情報に基づいて推定される期待値が非常に大きく、ギャンブルをする機会を拒否することが無責任に思える場合には、ギャンブルをするべきであるというのである。ロールズが主張しているのは、原初状態の当事者の選択状況は、そのような状況ではないということであろう。期待効用理論の連続性の公準が妥当しないような選択問題における選択原理の探究としては、Temkin（2001）を参照。

（7）この点で興味深いのは、ジョン・ローマー（Roemer 2002）による無知のヴェールに対する批判である。ローマーは、原初状態の当事者にとって合理的な選択原理は効用最大化原理であるという前提に立ち、当事者たちが無知のヴェールの下では社会的弱者に優先的に分配すべきであるという優先主義の要請に反する原理を採択することを示した。したがって、無知のヴェールは、ロールズが狙っているような優先主義的な含意を有していないというのである。しかし、反優先主義的な結論へと導くのは効用最大化原理であり、無知のヴェールの下でも、マキシミン原理に従うならば、優先主義の要請にかなった原理が採択されるであろう（若松・須賀　二〇一一）。ただし、優先主義を導くために、無知のヴェールが存在しているわけではない。

（8）ヒューリスティックスをどのように理解すべきか、ヒューリスティックスの利用がいかなる意味で合理的であり得るのかについての検討としては、さしあたり、若松（二〇一六、第7章）を参照。

参考文献

Carter, I.（1999）*A Measure of Freedom*, Oxford University Press.

Harsanyi, J.（1976）*Essays on Ethics, Social Behavior, and Scientific Explanation*, D. Reidel Publishing Campany.

Harsanyi, J.（1982）"Morality and the Theory of Rational Behaviour," A. Sen and B. Williams（eds.）, *Utilitarianism and beyond*, Cambridge University Press.

Rawls, J.（1971）*A Theory of Justice*, Harvard University Press.

Roemer, J.（2002）"Egalitarianism against the Veil of Ignorance," *The Journal of Philosophy* 99：167–184.

Sen, A.（1985）"Well-being, Agency and Freedom," *The Journal of Philosophy* 82：169–221.

Temkin, L.（2001）"Worries about Continuity, Expected Utility Theory, and Practical Reasoning," D. Egonsson *et al.*（eds.）, *Exploring Practical Philosophy*, Ashgate Publishing.

若松良樹（二〇一六）『自由放任主義の乗り越え方』勁草書房。

若松良樹・須賀晃一（二〇一二）「原初状態再考2　無知のベールが悪いのか?」田中愛治監修、須賀晃一・齋藤純一編『政治経済学の規範理論』勁草書房。

第六章　生還者の自尊
——善の希薄理論のために——

小泉義之

1　善の理論と自尊論

(一)『正義論』第一草稿

ジョン・ロールズは、『正義論』「序文」で、学生や同僚に回覧した三種類の草稿のうち、第一草稿に修正が加えられた事情について、次のように書いている。

> 第一草稿（一九六四年―一九六五年）にアラン・ギバードが寄せた批判に感謝する。その草稿で提示していた無知のヴェールに対する彼からの反論に応ずるためには、善の理論を組み入れる必要があると思われた。その成果が、第七章で論じられている構想を基礎とする基本財についての所見である。（Rawls 1971, p.x 邦訳xxiii頁）

第一草稿の修正は、善の理論と基本財にかかわっていた。ここから推測できることは、「第三部」の「第七章合理性としての善さ」では、無知のヴェールの前提となっているはずの善の理論をそれとして明確にすることを通して、基本財についての所見を組み立てたということである。さらにロールズは、こう書いている。

デイヴィッド・ダイアモンドは、平等をめぐる私の議論に強く反論し、とくに地位が関係していることを私が捉え損なっていることに反論した。この問題に加え、複数の社会連合の連合としての社会をめぐる問題や自由の優先性をめぐる問題などに対処しようとして、私はその結果として自尊が基本財であるとの説明を書き込むことにした。（Rawls 1971, p.x 邦訳 xxiv 頁）

第一草稿の修正は、自尊を基本財に組み入れることにかかわっていた。ここから推測できることは、とくに『正義論』以降に論争となる問題系、すなわち、分配的正義としての格差原理によって正当化される不平等をめぐる問題系が草稿段階から提起されており、それに対してロールズは自尊論を導入することをもって応じようとしていたということであり、また、草稿段階から自由の優先性をめぐる問題は提起されており、これに対してロールズは自尊の優先性でもって応じようとしていたということである。

善の理論、基本財の所見、自尊の説明が第一草稿の修正で補強されたとするなら、それらは、『正義論』第一草稿の本体にあっては、いわば外から持ち込まれたものであると見ることができる。そして、外から持ち込まれたがゆえに、『正義論』本体にあっても特異で両義的な位置を占めているのではないかと予測することができる。本章は、以上を確かめてみる試みである。

がてきよう。

(二) 自尊と不平等

ロールズの自尊論をめぐっては、すでにそれなりに多くの研究がある。[1] それらを大きく二種類に分類することができよう。

一方で、先行研究の多くは、かつてハーバート・L・A・ハート（Hart 1975）が、自由の優先性を論証する議論に対して提出した反論を、自尊について繰り返すかたちのものとなっている。すなわち、ロールズは自尊が「最も重要な」基本財であるとしているが、その自尊が他の基本財である地位や所得より優先することについて説得的な論証を与えておらず、直観的に断定するにとどまっているとするものである（Eyal 2005）。

他方で、先行研究の多くは、格差原理をめぐってかねてより多くの人が提出してきた反論を、自尊について繰り返すかたちのものとなっている。すなわち、これは経験的に認められるべきことだが、地位の不平等や所得の不平等は低位に位置する者の自尊を傷つけることがある。にもかかわらず、ロールズはあたかも「ボロは着てても、心は錦」「衣食足らずとも、礼節を知る」とばかりに自尊の優先性を高唱し、自尊が保証されておりさえすれば社会的・経済的格差は無視して差し支えないかのごとくに論じているとするものである（Zaino 1998 ; Taylor 2003）。

第一草稿の修正方向からうかがえるように、ロールズは、これら二種類の批判に対してあらかじめ『正義論』において応答していたと解することができる。もちろんその応答が不十分であると受け取られてきたからこそ『正義論』に対する批判は続けられてきたわけであるが、私の見るところ、とくに後者の批判の多くは、格差原理によって正当化される不平等に対抗して、厳格な平等を要求するわけでも、自尊と他の基本財の調整を要求するわけでもなく、常に何らかの仕方で何らかの不平等を正当化しながら自尊の程度を上昇させるといった対案しか示唆しておらず、ときに批判は激しい調子を帯びることはあっても、ロールズ的な「秩序ある社会」の内部での改良の詮議にとどまっており、まさにロールズの掌の上で踊っているだけである。しかも、私の見るところ、それら先行研究にあっては、ロールズが自尊に賭けていたものが見失われている。本章では、それを『正義論』から読み出すように努めてみたい。

2　自尊の場所

ロールズが自尊について集中的に論ずるのは、『正義論』「第三部　諸目的」においてである。この事情について、「第一部　理論」で自尊に言及する箇所を検討して考えておく。ロールズは、「第一一節　正義の二原理」において、平等と分配にかかわる「比較的一般的な正義の構想」を次のように定式化している。

すべての社会的な価値——自由と機会、所得と富、自尊の〔社会的な：Rawls 1999, p.54〕基礎——は、これらの一部または全部の不平等な分配が万人に有利になるのでない限り、平等に分配されるべきである。

〔Rawls 1971, p.62 邦訳八六頁〕

ここで留意しておきたいことは、第一に、「社会的」な価値として、「自尊」そのものではなく、自尊の「〔社会的な〕基礎」があげられていることである。したがって、自尊が社会的価値の一つであるかどうかはそれとして検討されるべきことであることになる。第二に、社会的な価値は、特段の条件がなければ、平等に分配されるべきものと見なされている。したがって、自尊の基礎も本来的には平等に分配されるべきものであることになる。第三に、その特段の条件は、その不平等な分配が万人に有利になるということである。したがって、仮に自尊の基礎が他の価値と並列するものであり、また、自尊の基礎を不平等に分配することが万人に有利になるのであれば、その不平等な分配は正当化されることになる。そして、第四に、ロールズが自尊についてそれを支える基礎が存在すると考えていることに留意しておきたい。それは何であるのかが問われうる。

引き続きロールズは、この一般的構想は「きわめて曖昧である」ので、そこに「解釈」を加えてやらなければならないとして、次のように書いている。

第一段階として、社会の基礎構造が一定の基本財、すなわち、合理的な人間であれば誰もが欲すると推定されるものを分配すると仮定しよう。通常、人がどのような合理的な人生計画を抱いていようとも、これらの財は使用される。ことがらを単純にするために、社会によって配置される主要な基本財は、権利と自由、権能と機会、所得と富であると想定しよう（本書の第三部にいたると、自尊という基本財が中枢的な場所を占めることになる）。以上は社会的な基本財である。健康、体力、知能、想像力といった他の基本財は、自然な財である。自然な財の所有は基礎構造によって影響されるが、基礎構造の直接の統制下にはない。次に、すべての社会的基本財が平等に分配されているという、仮説的な初期の（initial）制度編成を想像してみる。そこでは、各人が同等の権利と義務を有し、所得と富は均等に分けられている。この事態が、改善かどうかを判定する基準点を提供することになる。もし富や組織的権能の一定の不平等が、万人の暮らし向きを仮説的な出発状況よりも改善するなら、そうした不平等は一般的な構想に合致する。(2)（Rawls 1971, p.62 邦訳八六―八七頁）

ここで留意しておきたいことは、第一に、分配的正義の対象となる社会的価値が、基本財に限定されていることとである。ロールズは、合理的な人生計画で使用される財を、基本財に限定しているのである。第二に、基本財は、社会の基礎構造によって分配され社会によって配置されるものとされている。しかし、この際、基本財として、自尊の社会的基礎があげられていないことが問題となる。さしあたり最も簡便な解釈は、自尊の社会的基礎とは、基本財を分配する社会の基礎構造にあたると解することであろう。(3)第三に、「第三部」において、自尊は、中枢的な位置を占める基本財として扱われる。これは、自尊が「第三部」全体の中枢的な位置を占めることを意味するのか、あるいは、自尊が基本財の中で中枢的な位置を占めることを意味するのか不分明であるが、いずれにしても、自尊は「第一部」と「第二部」においては中枢的ではないことになる。

あるいはむしろ、そもそも自尊は、その「心理的」特質からしても、社会の基礎構造によって分配され社会によって配置されうるような基本財ではないと見るべきであろう。仮に社会の基礎構造がそのまま自尊の社会的基礎であるとしても、自尊が、権能や所得と並んで制度的に分配され配置されるべき「社会的」な基本財であるはずがない。自尊は基本財であるにしても、社会的基本財ではないのである。もちろん自尊は自然な財ではないとするなら、自尊は、社会ならざる場所と社会なる場所の間に位置し、その意味において中枢的な場所を占めるのであると解さなければならない。(4)

同様のことを、「第一部」の「第一五節　予期の基礎としての社会的基本財」の一節でも確認することができる。

基本財は、合理的な人間が他に何を欲していようとも、欲すると仮定されるものである。個人の合理的な計画の詳細の如何にかかわりなく、少ないよりも多いほうを選好するであろうものが存在すると想定されている。そうした財をより多く持てば、人間は、その意図を実行したり、いかなる目的であれそれを促進したりする上で、通常より大きな成功を保証されるだろう。社会的基本財を大別すると、権利と自由、機会と権能、所得と富となる（きわめて重要な基本財は、自分自身に価値があるという感覚である。しかし、議論を簡単にするために、この基本財についてはは、かなり後の第六七節まで脇におく）。これらが基本財の記述に概して適合することは明白であろう。基礎構造との関連に照らすなら、これらは社会的な財である。自由と権能は多くの制度のルールによって規定され、所得と富の分配はそうしたルールによって規整されるからである。

(Rawls 1971, p.92 邦訳一二四―一二五頁)

はたして自尊のことを「自分自身に価値があるという感覚」と等置してよいかどうかは論点になるものの[5]、ここで自尊は重要な基本財とされながらも、「議論を簡単にするために」、社会的基本財の一つとして列挙されてはいない。「議論を簡単にするために」自尊について「第三部」の「第六七節」まで論じられないという事実は、そもそも自尊が、「第一部」と「第二部」における正義論の対象とならないこと、とりわけ分配的正義論としての格差原理の対象とならないことを強く示唆している。おそらく自尊は、社会的な基本財の一つとしては捉え難い財であり、制度のルールによって規定されたり規整されたりするような財ではないのである。もちろんロールズは、「第三部」にいたって、社会の基本構造や制度のルールが自尊を支えることを何度も論じてはいる。言いかえるなら、自尊が社会的な財であるかのように論じてもいる。しかし、そこから確認されるべきことは、自尊は両義的な基本財であって、社会内部の場所と社会ならざる場所の間に位置しているということである。

3　自尊と絶望

(一) 善の理論の役割

『正義論』第一草稿への批判に対してロールズがとった対応は、「第三部」「第七章　合理性としての善さ」への善の理論の導入であった。その「第六〇節　善の理論の必要性」において、ロールズは相当に異様な仕方で「第一部」を回顧している。

善の理論がすでにある役割を果たしていた場面を思い出してみよう。何よりもまず、善の理論は社会の最も恵まれない成員を明確にするために用いられた。格差原理はこれが可能であると想定している。たしかに、この善の理論は福祉を基数的に計測する尺度を定める必要はない。われわれは、最も不運な成員がどれほど不遇であるのかを知らなくともよい。最も不遇な集団がひとたび選び出されたならば、われわれは、かれらの（適正な観点からの）序数的な選好を、基礎構造の適切な制度編制を決定するものと見なしうるからである（第一五節）。（Rawls 1971, p.396 邦訳五一九頁）

ここで引用を一旦は切る。あなたが、最底辺の集団を選び出すとせよ。ロールズ『正義論』以降の動向を思い合わせるなら、そのような集団として、多種多様な集団が選び出されることになろう。そのとき、あなたは、あなたが代理したいところの集団の「選好」をもって基礎構造の制度編制の如何を決定すべきであるというのである。この見解は、やはり相当に異様であり、理論と実践の両面で紛糾を招きかねないし現に招いてきた[6]。本章ではその次第を辿ることはしないが、あらためて、ロールズが、最底辺の集団がどれほど不遇であるのか、それをどのように計測するのか、そのためにどの程度の情報を持ち出すのか、要するに分配的正義にかかわる論点のほとんどを、ある場面では知る必要がないと主張していることに注目しておきたい。「われわれ」には、「知らなくともよい」ことがあるのだ。「われわれ」には、それ以上に大切なことがあるからだろう。それはいわゆるブラインド化でもあるが、可視化されるものであっても不可視化してよいし、ある場面では不可視化するべきなのである。とするなら、善の理論は、分配的正義としての格差原理を越え出る場面で、あれこれの多種多様な財の分配と再配分の要求が抗争し調整される領域を越え出る場所で、その役割を果たしていることになる。これは、ある種の常識や良識からするなら異様な見解なのであり、あらためて、それは何ごとなのかと問わなければならない。

（二）「おそらく」最も重要な基本財

「第六〇節　善の理論の必要性」からの引用を続けよう。

にもかかわらず、われわれは、最も不遇な集団を同定することができなければならない。加えて、暮らしよさの指標や代表者の予期は、基本財によって特定される。合理的な個人は、他に何を欲するとしても、その人生計画を遂行するための事前の必須条件として特定のものを望んでいる。他の条件が等しければ、かれらは、より狭い自由や機会よりも、より広い自由と機会を選好し、富や所得のより少ない取り分よりは、より多くの取り分を選好する。これらのものが財であるのは、十分に明白であろう。しかし、私は、自尊と自分自身の価値の感覚についての確かな自信は、おそらく最も重要な基本財であるとも語ったのである。そして、この提言は、正義の二原理のための議論において用いられた（第二九節）。かくて、自由と富のようなものだけを参照しての、予期についての当初の定義は暫定的なものである。他の種類の基本財を含める必要があるし、これらの財はより深い問題を引き起こす。(7)（Rawls 1971, pp.396-397 邦訳五一九頁）

前半は何度か繰り返され、よく知られている内容である。合理的人間は、人生の予期において、より多くの基本財を選好する。平等と不平等の議論、分配的正義の議論は、そのことを前提として争われている。その領域においては、最底辺の集団を同定することは必須であろうし、そのために多種多様な指標が提案されるだろう。そして、民主的な議論が果てしなく続けられるであろう。それに対して、ロールズは、「しかし」と続けている。しかし、自尊と自信は「おそらく最も重要な基本財」である、と。[8] そして、その提言を、正義の二原理そのものの擁護に使ったのである、と。ロールズが「善の希薄理論」と呼ぶところの「第一部」「第二部」における善の理論が果たすべき役割は、自尊と自信を参照して人生の予期を十全に定義すること、そのことでもって、他の基本財や諸財をめぐる平等と不平等の議論を「知らなくてもよい」と示すことなのである。ロールズが認めるように、このことは、「より深い問題」を引き起こす。あるいはむしろ、それは「より深い」場所にかかわっている。人生の予期について、「第六六節　善の定義を人びとに適用する」から一箇所だけ引いておくことにする。

基本財は善の希薄理論によって説明されうる。すなわち、私は、基本財は合理的な人生計画を形成し実行するために一般に必要であるものであるから、その他に何を欲しようとも、基本財を欲することは合理的であると想定している。原初状態の人びとは善のこの構想を受け入れると想定されており、それゆえ彼らは、より大きな自由や機会、そしておのれの目的を達成するためのより広い手段を望むのを当然と見なしている。自尊という基本財を保証する（secure）という目標（第六七節）とともに、こうした目標を念頭において、彼らは原初状態の自分たちにとって入手可能である、正義の複数の構想を評価するのである。（Rawls 1971, p.433 邦訳五六九―五七〇頁）

ここにおいて、合理的な人生計画を遂行することが最高位の目的ないし目標とされている。それに有用な手段が、多寡を語りうる自由や機会などの基本財である。その一方で、自尊の保証は、その最高位の目標と同等の目標とされている。とするなら、自尊は、多寡を語りうる手段的な財ではないだけではなく、人生の終局的目的にあたることになる。目的論に対する予断を排して、その意味するところを考えなければならないのである。そのためには、自尊なき状態とは何であるかを見ておく必要がある。

（三）自尊なき状態

ロールズは、「第六七節　自尊、卓越および恥辱」において、自尊の定義を与えながら、自尊が失われる状態について述べている。

ここまで何度か、私は、おそらく最も重要な基本財は自尊であると述べてきた。われわれは、合理性としての善さの構想によって、なぜ自尊がそうであるべきかについて説明されるということを確かめなければならない。われわれは、自尊（あるいは自己評価）を二つの面を有するものとして定義することができよう。第一に、以前注意したように（第二九節）、自尊は、自分自身の価値の感覚、すなわち、自分の善の構想、自分の人生計画は遂行するに値するという揺るぎない（secure）確信を含んでいる。そして第二に、自尊は、自分の権能の範囲内にある限り、自分の意図を実現する自分の能力に対する信頼を含意している。われわれは、自分の計画にほとんど価値がないと感ずるとき、その計画を喜んで追求することも、その計画の遂行を楽しむこともできない。われわれは、失敗や自己不信に見舞われると、自分の努力を継続することができない。そのとき、なぜ自尊が基本財であるかは明らかである。自尊がなければ、何ものも行なうに値するとは思えないであろうし、何ものかがわれわれにとって価値があるとしても、われわれはそれを追い求める意志を失ってしまう。欲求と活動のすべてが空疎で空虚になり、われわれはアパシーとシニシズムへ沈んでいく。それゆえに、原初状態の当事者は、およそどんな代価を払ってでも（at almost any cost）、自尊を掘り崩すような社会状態（the social conditions）を回避したいと願うであろう。公正としての正義が他の原理以上に自己評価を支えるという事実が、原初状態の当事者が公正としての正義を採用する強力な理由である。（Rawls 1971, p.440 邦訳五七七—五七八頁）

自尊の二つの面、おのれの人生計画の善さの確信とおのれの能力の善さの自信は、それらをいわば道徳化して再定義するなら、道徳的人格としての人間の善さとして現われるであろう。また、それらをいわば社会化して再定義するなら、市民としての人間の善さとして現われるであろう。そして、道徳の自然本性的な義務を引き合いに出し、あるいは、市民社会の正義に適合する責務を引き合いに出すなら、自己を尊重することである自尊は、道徳的人格や市民が相互に尊重し合うことによって支えられると論ずることもできよう。さらに、そのような相互性や互酬性を支える立法や制度をあげていくこともできよう。そのようにして、自尊をめぐる場所は、道徳化し市民化し社会化して、経験的な領域へと変貌していく。そこでは、平等と不平等をめぐる穏当な争闘が繰り広げられる次第となる。たしかに、ロールズもそのようにして「第三部」の叙述を進めている。

しかし、ここで逸してならないことは、自尊なき状態がどのように語られているのかということである。その状態は、人生計画にかかわる一切の欲求や活動が空疎で空虚になった、アパシーとシニシズムの状態である。しかも、そのことは、原初状態の当事者が陥りかねない状態として語られている。人生計画を実現すべく人生に乗り出そうとしている人間、人生に乗り出すためにはいかなる社会を構想すべきかを考慮している人間、人生に乗り出すならどのような道徳化と市民社会化が望ましいかを考慮している人間、このようにして人生を歩み始めんとする人間が立つ場所、まさにその場所において当の人間が陥りかねない状態として語られているのである。ロールズは、その状態のことを、空疎で空虚と形容し、アパシーとシニシズムなる用語で特徴づけているが、その自尊なき状態は、「絶望」として語られてきた状態にあたることは明らかである。自尊なき状態は、絶望である。では、原初状態の当事者にとっての絶望とは何か。人生に乗り出さないことである。人生に乗り出すことを前提として社会を構想し道徳性や市民性について考慮することを放棄することである。こうして、原初状態の当事者が自尊を重要視することは、これから社会で生きていくことを重要視することと同じことになる。自尊は、人生そのものの目的、人生そのものの価値、人生そのものの善さと同じことになるのだ。この意味において、自尊は、最も重要な基本財である。そのとき、原初状態の当事者は、「およそどんな代価を払ってでも」、すなわち、他の財や他の価値を犠牲にしてでも、絶望せずに生きていける社会状態を選択する。生き続けることを放棄するという代価だけは支払わずに、生き続けることだけを選択することを前提として、正しく善き社会を選好して、そこで暮らし続けることを選好するのである。

ところで、原初状態の当事者は無知のヴェールをかけられているだけであって、その実態は、常に既に社会状態内部で生活する人間である。その領域から見直すなら、人生の只中で、人生の途上にあって、人生計画の遂行に失敗し自信を喪失したからといって、人生そのものに絶望することがあろうかと問うこともできる。あるいはまた、財の不平等や格差について憤慨したり嫉妬したりするからといって、人生そのものが毀損されて絶望に陥ることがあろうかと問うこともできる。それは人によりけりであり場合によりけりであるとしか答えようがないはずであるが、にもかかわらず、あるいは、だからこそ、この領域でも論争が絶えない。どのように対応するべきであろうか。「われわれ」が知るべきこと、「知らなくともよい」ことは何であろうか。

絶望は社会内部の場所から社会ならざる場所へ向かうことであり、自尊は社会ならざる場所から社会内部へ向かうことであるとするなら、両者が交差する場所が原初状態である。そこに立ち戻ってみよう。

4　無知の場所

（一）原初「状態」

ロールズの「原初状態」の原語は original position であるが、position の訳語としては「状態」よりは、「場所」「位置」「立場」のほうが適切である。(9) 本節では「位置」の訳語をとって進めてみる。ロールズは、「第一部理論」「第二節　正義の主題」で次のように書いていた。

われわれにとって、正義の第一主題は、社会の基礎構造である。より精確には、主な社会制度が基本的な権利と義務を分配し、社会的協働に由来する利益の分割を決定する方式である。私は、主な社会制度を、政治的な体制の基本組織と主要な経済的・社会的な制度編成と解している。〔……〕基礎構造が正義の第一主題であるのは、基礎構造の効果はとても深く、〔人生の：引用者註〕始めから現われるからである。ここでの直観的な知見はこうなる。すなわち、基礎構造は多種多様な社会的位置（positions）を含んでおり、異なる位置に生まれた人間は、人生について異なる予期を持つことになるが、そうした予期は部分的には、経済的・社会的な状況と政治的なシステムによって決定されるのである。（Rawls 1971, p.7 邦訳一〇―一一頁）

「直観的」に言うなら、われわれは、社会の基礎構造があらかじめ用意してある位置へ生まれ落ちる。われわれは、その位置で道徳化され社会化される。別の言い方をするなら、そこで主体化される。[10]そして、言うまでもなく、位置は不平等な仕方で配置されているので、人生の始めから、人生の予期は不平等な仕方で決定されている。それは新生児についてだけ言われることではなく、大人についても、再び人生を始めようとする各時機において言われうることである。[11]その都度、人間は、ある程度は再道徳化・再社会化・再主体化されるのである。

とするなら、無知のヴェールとは、そのような人生の開始と再開の場所を純粋に取り出すための装置であると捉えることができる。そして、ロールズは、その抽象的な場所において人間は根源的に自由で平等であると考えているのである。そのことだけを真理として知っていればよいと考え、否定的意味合いにおいてではなくそのことだけを「独断的」に信じているのである。私は、そのような「直観」の由来を、ロールズの個人史において明確に辿ることができると思う。

（二）絶望なる罪

若きロールズは、その宗教学の学位論文で、主要な罪には二種類、一つは「自惚れ（egotism）」、もう一つは「利己主義（egoism）」があるとしてから、そこに加えて、別の罪があるとして次のように書いていた。

第三の種類の罪は、西洋文化において流布したことは一度もないが、東洋ではしばしば優勢になってきた。それは、共同体から逃れて無へと向かわんとする絶望の罪である。〔……〕絶望の罪が西洋で流布したことはないので、われわれは本論文でそれを取り扱うことはしない。しかしながら、西洋がおのれの二つの罪に、この最後の絶望なる罪を加える日もそう遠くはないであろう。[12]（Rawls 2009, p.123）

絶望は、神学的に捉えるなら、異端や不信仰より悪しき罪である。異端者であれば、少なくとも神を信ずることでは変わりがないから、正統への転向の可能性がある。不信仰者であれば、よしんば無神論者であっても、何か神に代わる世俗的なものを信じているのが常であるから、入信する可能性がある。異端者も不信仰者も宣教と救済の可能的対象の範囲におさまっている。異端も不信仰も、罪であるにしても、許されうる罪なのである。これに対し、絶望者は、世界を超越するものも世界の内部で世間を超越するものも信じてはいない。政治体の生はもちろん、市民社会の生も共同体の生も信じてはいない。生そのものについても、生きるに値するとは信じていない。あるいは絶望者が死に向かっているなら、そのような無への意志の発露において取り付く島があってまだしも救いがあるかもしれぬが、絶望者は無い無い尽くしのただの生へと沈み込んでいくだけである。したがって、絶望者は、いかにしても宣教の可能的対象とはなりえない。絶望者は、救済の可能性から見放され、現に救いようもないほどに呪われている。

この絶望が西洋の罪に加わった日、絶望がロールズをも襲った日は、第二次大戦の従軍時に到来した。

(二)　復員兵にとっての社会

ロールズには、「宗教について」と題された遺稿がある。そこでロールズは、若い頃には、熱心な聖公会信者として神学論文も執筆し、神学校へ進むことも考慮するほどであったが、第二次大戦での戦争経験を経て、信仰を捨てるにいたった経緯を書き残している。従軍については、こう書かれている。

私は神学校に進むことも考えていたものの、戦争が過ぎるまで待つことにした。自分の動機が誠実なものであるか確信をもてなかったからであるが、ともかく私は、多くの友人や学友がそうしていたように、軍務に

就くべきであると感じていたのである。(Rawls 2009, p.260)

若きロールズは、神への信仰とともに、あるいはそれ以上に強く、何ものかへの忠誠を誓っていたのである。そして、ロールズは、信仰を捨てる契機となった戦時中の出来事を三つあげている。第一に従軍牧師の説教の内容に対して強烈な憤りを感じたこと、第三に「ホロコースト」について知ったことであるが、ここでは第二にあげられる戦友の死についての箇所を引いておく。

第二の出来事であるディーコンの死は、一九四五年五月に起こった。ルソン島のビリヤ・ベルデ道を上がったところでのことである。ディーコンは素晴らしい男だった。われわれは友人となり、連隊でもテントを共にした。ある日、軍曹が志願者を二人探しにわれわれのところにやって来た。任務は、一人は大佐に同伴して日本軍を偵察し、一人は近くの野戦病院の負傷兵のために血液を提供するとのことであった。われわれは志願することに決め、その結末は誰が適合する血液型であるかによることになった。私が適合しディーコンは適合せず、彼は大佐と出て行った。彼らは日本兵に発見されたに違いない。すぐに迫撃砲が彼らの進行方向に落とされたのだ。彼らは壕に飛び込んだが、直後に迫撃砲が着弾して彼らは殺された。あまりに無念であり、その出来事を消し去ることはできなかった。ディーコンと仲が良かったにしても、死はありふれた事件であるのだから、あの出来事がどうしてあれほど影響を及ぼしたのだろうか。ともかく、私は影響されたと思う。(Rawls 2009, p.262)

生死を分かつ偶然、しかも生来のものにまつわる偶然、そのおかげで（？）、そのせいで（？）、たまたま誰かが殺され誰かが生き残るような場所、ホロコーストやヒロシマを通して信仰がついに無効となった絶望の場所、そのような場所からロールズは社会へ帰還しようとしていたのである。絶望から帰還する生、無一物であり奴隷的であると形容しても大過ないような途上の生を支えていたであろうもの、それが、後に『正義論』で自尊として語られたのである。

(三) 希薄なもののために

ロールズは、『正義論』の後、社会内部の場所で経験される絶望について、次のように論じている。市民によっては、親密な愛情、宗教的な確信、政治的な忠誠が人生に不可欠であると感じている人がいる。そうした市民にとって、それらは基本財にあたるわけだが、しかし、人生の途上において、それほどまでに大事なものを喪失したり剥奪されたりすることがある。

われわれが特別な確信や愛情を突然に失うなら、われわれは方角を見失ってやって行けなくなるだろう。われわれはそう考えている。実際、やって行っても、無駄なことだろう。われわれはそう考えるだろう。しかし、時につれて、われわれの善の構想は変わるかもしれないし、ときおり変わるものである。普通はゆっくりと、ときにはかなり突然に変わるのである。変化が突然であるとき、自分はもはや同じ人物（person）ではないとわれわれは言いがちである。われわれはその意味するところはわかっている。われわれは、非公共的な同一性、あるいは道徳的な同一性や宗教的な同一性が別物になったと言っているのである。タルソスのサウロは、ダマスカスへの途上で、使徒パウロになる。しかし、そこでは、公共的な同一性や政治的な同一性にも、人格的な同一性にも何の変わりもない。（Rawls 1985, pp.405–406）

この不変の同一性が、ロールズにあっては、自由で平等な道徳的・市民的人格として捉え直されているのである。『正義論』を通読すればすぐに気づかれるが、ロールズは、自由で平等な人格なる定式を幾度となく繰り返している。率直に言って、それはほとんど形式的な規定でしかなく、実質的なものは無いも同然である。しかも、その内容空疎な「自由」で「平等」な「人格」が善きものであり、そこに最も重要な善＝財たる自尊が宿ると語られるのであるが、その善さたるや、あまりに希薄であるとしか言いようがない。『正義論』を読むとき絶えず問われるのは、そのことをどう評価するかということである。その際に見逃してならないことは、ロールズが自由で平等な人格を、社会内部で経験される絶望においても変わりのないものとして抽象化して取り出しているということである。『正義論』ではその次第はほとんど掻き消されているが、ロールズはそれを「およそどんな代価」を支払わされても維持されるような揺るぎない善＝財として語っているのである。そこに、ロールズが最後まで捨てることのなかった、善への意志、真理への忠誠を見てとっても許されるであろう。

しかし、それにしても、ロールズの善＝財はあまりに希薄である。それは、歴史や社会の厚みに比較するなら、また、愛情や確信や忠誠の強さに比較するなら、あまりに薄くて弱いものである。しかも、いまとなっては、自由で平等な人格なる定式はその言葉だけが幾度となく繰り返されてきたせいもあろうが、薄っぺらなものにしか見えなくなっている。実際、自由や平等といった言葉にどれほどの重みが感じられているだろうか。それを頻りに口にする人にしても、どれほどの重みを感じているだろうか。かつてそこに賭けられていたはずのもの、後年のロールズであれば歴史の重みとして語るであろうものが、感じとられているのであろうか。いまや、希薄なものの重みは、とうに忘れ去られているのではないか。正直に言えば、私はそれでも構いはしないと考えてもいるが、希薄なものの価値と善がそれとして保証されていない状況はどこか間違えているとも考えている。

ロールズによるなら、その希薄なものは、宗教への忠誠、国軍への忠誠、戦友への愛情を喪失してもなお維持される何ものかであった。社会ならざる場所でも社会内部の場所でも絶望に抗しながら保存されている何ものかであった。他のものは知らなくともよいが、それだけは知っておくべき何ものかであった。ロールズは、『正義論』の善の理論と自尊論を通して、その希薄なものについて声低く語っていたのである。いまでも、やはり、その低き声は、あれこれの争闘を離れて、あるいは、あれこれの争闘に向かって、それとして守られるべきである。

注

（1）『正義論』において自尊が重要な役割を果たしている箇所を通覧しているものとして、Doppelt（2009）がある。

（2）Rawls（1999, p.62）では、権力・権能（powers）が落とされている。また、組織的権力・権能の不平等は「職権の格差」に書きかえられている。こうした変更については、Rawls（1975b, p.273, n.8）を見よ。

（3）このような解釈を提示するのは、Shue（1975）および Eyal（2005）。ロールズは一九七五年の論文で、自尊の社会的基礎を「基礎構造」の特徴とするが、それは社会的基本財のすべてについても言われており曖昧である（Rawls 1975a, pp.260–261）。その後の一九八〇年の論文、一九八二年の論文では、「基礎制度の様相」であるのは自尊の社会的基礎だけであると読むことができる（Rawls 1980, p.314; Rawls 1982, p.366）。

（4）ニア・エイアルは自尊は基本財にはなりえないと論ずるが（Eyal 2005, p.201）、「社会的」な基本財ではないのである。

（5）基本的には、自己評価（感覚）は程度の差異を容れて上下するのに対し、自尊は有るか無いかのどちらかであると使い分けられているとは言えよう。ただし一貫しているわけではない。むしろ、自尊が社会心理化されるや自己評価に変貌すると解しておきたい。

（6）論点は多岐にわたる。多元社会・多文化社会・多民族社会においては、多種多様な集団がそれぞれの指標や情報を持ち出して「最も不遇な者」と自称して相争うことになる事情については、大いに議論されてきた。早い時期のものとして、Barber（1975）がある。

（7）ここでの「他の種類の基本財（other kinds of primary goods）」は複数形である。自尊と自信、そしてその社会的基礎を指すと解しておく。

（8）ロールズは一九六八年に「おそらく最も重要な基本財は自尊である」と書き、この自尊は二つの正義原理の価値を示すとしている（Rawls 1968, p.158）。それは、第一章稿の修正事項に相当する。

（9）ただしロールズは、position を state と言いかえる場合があり、「状態」の訳語が誤っているわけではない。

(10)　ロールズの構想は、同時代のアルチュセール派やラカン派の主体の理論の構成と本質的にはさほど異なってはいない。生来の自然な資産はいわば抑圧され疎外されるのである。その限りで、position を精神分析にいう「態勢」と訳すことも可能である。

(11)　ロールズは『正義論』では一人につき人生計画は一つであると想定している（Rawls 1971, p.408 邦訳五三七頁）。その後「高次の関心」なる概念を導入するが、それは人生の途上で自己の終局目的を修正し変更する能力を含意する（Rawls 1975a, p.255）。また、一九八五年の論文では、「われわれはいつでも（any time）原初の位置にいわば入ることができる」と書いている（Rawls 1985, p.402）。

(12)　ここにロールズは注を打って、ショーペンハウアー、ニーチェ、シュペングラーの名をあげているが、キルケゴールの名をあげてはいない。ただし、絶望の罪の神学的意味は、若きロールズには周知のことであったであろう。

文献

Barber, B. R.（1975）“Justifying Justice：Problems of Psychology, Politics and Measurement in Rawls,” N. Daniels（ed.）, *Reading Rawls：Critical Studies on Rawls' 'A Theory of Justice'*, Basic Books.

Doppelt, G.（2009）“The Place of Self-Respect in a Theory of Justice,” *Inquiry* 52（2）：127–154.

Eyal, N.（2005）“'Perhaps the Most Important Primary Good'：Self-respect and Rawls's Principles of Justice,” *Politics, Philosophy & Economics* 4（2）：195–219.

Hart, H. L. A.（1975）“Rawls on Liberty and Its Priority,” N. Daniels（ed.）, *Reading Rawls：Critical Studies on Rawls' 'A Theory of Justice'*, Basic Books.

Rawls, J.（1968）“Distributive Justice：Some Addenda,” S, Freeman（ed.）, *Collected Papers*, Harvard University Press, 1999.

Rawls, J.（1971）*A Theory of Justice*, Harvard University Press.（川本隆史他訳『正義論［改訂版］』紀伊國屋書店、二〇一〇年）

Rawls, J.（1975a）“A Kantian Conception of Equality,” S. Freeman（ed.）, *Collected Papers*, Harvard University Press, 1999.

Rawls, J.（1975b）"Fairness to Goodness," S. Freeman（ed.）, *Collected Papers*, Harvard University Press, 1999.

Rawls, J.（1980）"Kantian Constructivism in Moral Theory," S. Freeman（ed.）, *Collected Papers*, Harvard University Press, 1999.

Rawls, J.（1982）"Social Unity and Primary Goods," S. Freeman（ed.）, *Collected Papers*, Harvard University Press, 1999.

Rawls, J.（1985）"Justice as Fairness：Political not Metaphysical," S. Freeman（ed.）, *Collected Papers*, Harvard University Press, 1999.

Rawls, J.（1999）*A Theory of Justice*, Revised ed., Oxford University Press.（川本隆史他訳『正義論［改訂版］』紀伊國屋書店、二〇一〇年）

Rawls, J.（2009）*A Brief Inquiry into the Meaning of Sin and Faith*（*A Senior Thesis*, 1942）, *with "On My Religion"*, T. Nagel（ed.）, Harvard University Press.

Shue, H.（1975）"Liberty and Self-Respect," *Ethics* 85：195–203.

Taylor, R. S.（2003）"Rawls's Defense of the Priority of Liberty," *Philosophy and Public Affairs* 31（3）：246–271.

Zaino, J. S.（1998）"Self-Respect and Rawlsian Justice," *The Journal of Politics* 6（3）：737–753.

第Ⅱ部　ロールズ正義論への様々なアプローチ

第七章　ロールズと法理学
――ハート、ドゥオーキンとの関係を中心に――

田中成明

1　分析哲学と政治哲学・法理学

(一) ジョン・ロールズとハーバード・L・A・ハート、ロナルド・ドゥオーキン

ジョン・ロールズと並んで、ハーバード・L・A・ハート、ロナルド・ドゥオーキンが、分析的政治哲学者として取り上げられることがあるが、ハートは基本的に法理学者であり、ドゥオーキンも、ハートに対抗する代表的な法理学者であり、また、ロールズの規範的正義論も、立憲民主制の法理学あるいは憲法哲学とみることができる。本章では、ロールズの正義論の法理学的な特徴とその意義を、ハート、ドゥオーキンの見解と関連づけ対比しつつ概観したい。

彼らは、政治思想的にリベラルという点で共通しており、各人の見解の形成・展開にも相互影響関係がみられる。しかし、それぞれの具体的な主張内容や方法論には相違・対立もあり、彼らの見解をめぐる論議の展開は、最近の英米政治哲学・法理学の動向を特徴づける重要テーマの一つとして注目を集めてきた。

政治哲学の分野では、ロールズ『正義論』（Rawls 1971）がリベラルな規範的正義論の学問的復権をもたらした。ドゥオーキンは、いちはやくその主張内容と方法論を独自の解釈によって継承して、『権利論』（Dworkin 1977a）などにおいて、より平等主義的な権利基底的正義論を展開し、さらに、『平等とは何か』（Dworkin 2000）、『ハリネズミの正義』（Dworkin 2011）において、倫理・個人道徳・政治道徳に関する諸々の原理・信念・論拠を整合的に統合する包括的価値論を展開した。だが、ロールズは、その後、『政治的リベラリズム』（Rawls 1993）などにおいて、正義の「政治的」構想の包括的な道徳的・哲学的ドクトリンからの「自立性」を強調し、ドゥオーキンのような包括的リベラリズムとは一線を画し、独自の公共的正当化理論を展開するようになり、この軌道修正は、後期ロールズの「転回」問題として、重要な方法論的争点となっている。

他方、法理学の分野では、ロールズ『正義論』より十年早く、ハート『法の概念』（Hart 1961）が、現代分析法理学の基礎を築き、法実証主義的な分析法理学が支配的潮流となった。それに対して、ドゥオーキンは、法的推論における「原理」の独自の規範的拘束力を強調して、法実証主義のルール体系モデルによる司法的裁量論を批判して以来（Dworkin 1977a）、ハートらの法実証主義的分析法理学者との論争を、論点を微妙にずらしつつ繰り返し、『法の帝国』（Dworkin 1986）、『裁判の正義』（Dworkin 2006）などでは、法実証主義的な記述的法理学の方法論的可能性を否定して、「統合性（integrity）としての法」構想を「解釈的法理論」として提唱し、法理学の任務・学問的性質をめぐる論議の新たな対立構図を作り上げた。

本章では、政治哲学と法理学におけるこの二つの論争が、主題領域の「自立性」に関わる構造的に類似の争点をめぐって展開されているという理解のもとに、三者の見解の異同・相互関係を整理し、実践的議論の制度化理論という観点からみたロールズの正義論の理論構造とその方法論が、立憲民主制の法理学の自立的学問分野としての在り方、その可能性と限界の考察にどのような示唆を与えうるかについて、概括的な検討を試みたい(1)。

2　法理学の問題領域と法の「自立性」

(一) 法理学の問題領域と三者の関心・貢献

現代法理学の主要問題領域に即して、三者の政治哲学・法理学が、法理学の任務や学問的性質の考察にどのような意義をもっているかを素描し、以下における検討の一般的な背景を確認することからはじめたい。

伝統的に法理学の考察主題とされてきた基本的問題群は、現代では、(i) 法の概念ないし性質の解明と法的思考の基礎的諸概念の分析に関わる「法の一般理論」、(ii) 正義・自由・平等・法的安定性など、法の実現すべき目的の探求と実定法の評価・批判に関わる「正義論」、(iii) 裁判における議論や判決の正当化の在り方などに関わる「法的推論・裁判過程論」の三つの主要領域に分けるのが一般的である。法理学と法哲学を基本的に互換的とみる広義の法理学が、これら三領域をすべてカヴァーするのに対して、分析法理学など、狭義の法理学では、法の一般理論が主たる問題領域とされ、法的推論・裁判過程論はその周辺的テーマとして扱われ、実定法の評価・批判に関わる規範的正義論は、実定法の記述に関わるべき法理学の守備範囲外とみられてきた(田中 二〇一一、一一―二七頁)。

ハートは、広義の法理学の立場からの説明もしているが(Hart 1983, ch.3)、評価的な規範的正義論の学問的資格には懐疑的であり、法の評価と記述を峻別して、法理学の役割を実定法の記述的解明に限定する、ジェレミー・ベンサムやジョン・オースティン以来の分析法理学の法実証主義的伝統を擁護し続けた。それに対して、ドゥオーキンは、ベンサムらの批判を受けて衰退した自然権論の現代的復権をめざし、法理学を政治・道徳哲学の一部門と位置づけ、権利基底的な規範的正義論を展開する一方、他方では、裁判過程を重視するアメリカ法理学の伝統を受け継いで、法理学を、裁判などの法実務から明確に区別せず、判決の一般的部分とみて、独自の「統合性としての法」構想と構成主義的解釈理論を提示する。しかも、法理学全体を、正義論と法的推論・裁判過程論を解釈的・議論的実践として統合的に直結する規範的な学問分野と特徴づけ、ハートらの記述的な一般的法理学は方法論的に不可能であると批判する（Dworkin 1986, 2006；深田 二〇〇四；濱 二〇一四；田中 二〇一七）。

ロールズの「公正としての正義」論は、規範的正義論の学問的資格を復権させ、法理学的な正義論の考察主題を政治・道徳哲学とも大幅に重なり合うものへと拡充するのに画期的な貢献をした。それに加えて、その正義原理の社会的諸制度への適用を手続的正義の観念を用いて説明する制度的理論枠組が、〝法的なもの〟の領域の段階的・重層的構造の解明のための新たなモデルを提示し、法の一般理論の対象領域の拡大にも貴重な示唆を与えた。また、「倫理的決定手続の概要」「二つのルール概念」など、初期の実践的決定の手続・正当化基準の考察（Rawls 1951；1999b, chs.1, 2）は、ハート＝ドゥオーキン論争の端緒と関連しており、後期の公共的正当化理論とともに、法的推論・裁判過程論の法理学的考察が、従来の孤立した専門法律学的地平から脱却して、政治・道徳哲学などと共通の実践哲学的地平で遂行されることを可能とする重要な理論的基礎を提供した。本章で主として取り上げるのは、法の一般理論と法的推論・裁判過程論という、二領域への貢献である。

（二）〝法的なもの〟の自立性

〝法的なもの〟の領域は、法独自の制度と実践からなる「制度化された規範的空間」であるが、このような法的領域の存立と作動が「自立的」かどうか、道徳的価値や社会的事実とどのように関連しているかということは、法理学においては、自然法論対法実証主義の中心的争点であり、ハート＝ドゥオーキン論争の意義を理解する重要な論点である。法の「自立性」という観念は多義的であるが、この観念の意義・特質の哲学的説明は、法的領域の構造的特質、その構成原理と作動方式の解明、法独特の思考（推論・議論・決定）様式・技法の解明など、法理学の伝統的問題群の考察に不可欠な前提課題である。自立的な学問分野としての法理学の可能性と限界の考察において重要な位置を占めており、個々の法理学者が、法理学の三つの問題領域のいずれを重視し、どのようにアプローチするかを決定的に左右している。

本章では、〃法的なるもの〃の自立性について、一般的な法実証主義的理解とはかなり異なるが、法的領域を、道徳的価値や社会的事実に還元したり従属させたりすることなく、相対的に自立的な独自の制度的規範的次元として存在するという記述的措定だけでなく、その存立と作動が一定の道徳的価値や社会的事実とどのように区別され関連づけられるべきかが、法体系内在的に「制度化」されているという規範的措定も含めて、「統合的に」理解するという立場をとる（詳しくは、田中 二〇一七、一一―一四頁）。そして、このような法の「統合的自立性」という見方を前提に、法理学における法・道徳分離テーゼをめぐる法実証主義対自然法論の論争と後期ロールズの政治的リベラリズムの構想やその公共的正当化理論をめぐる論議とを関連づけて、法理学と政治哲学との問題連関の一端を浮き彫りにしたい。

3　分析哲学的手法の拡充と法的実践知の伝統

（一）概念分析と「記述的」「規範的」の区別

三者とも基本的に分析哲学者とみられており、その主な方法とされる概念分析（conceptual analysis）の手法を用いている。けれども、彼らは、概念分析の手法と合わせて、ハートの場合は、内的視点・外的視点の区別や解釈学的方法、ロールズの場合は、原初状態論法、反省的均衡探求技法、純手続的正義、（カント的あるいは政治的）構成主義、重なり合うコンセンサス、公共的理性、ドゥオーキンの場合は、原初状態論法と均衡探求技法の構成主義的モデル、解釈学、解釈主義、構成主義的解釈など、それぞれ論議を招いている方法・技法・観念を用いており、概念分析との関係をどのように理解するかは難しい方法論的課題である。

概念分析の手法については、厳密にみれば、ハートや初期のロールズと、『正義論』以降のロールズやドゥオーキンとではかなり異なるけれども（井上 二〇一四：松元 二〇一五、第一部参照）、ここでは、概念分析を、分析哲学的（むしろ哲学的分析）手法の基礎的な汎用的ツールとして、言葉の意味・用法の分析に限定せずに、概念解釈や理論構成による構想（conception）の解明（explication）だけでなく、議論（argument）による正当化（justification）にも組み込まれ用いられていると、広く緩やかに理解し、各種の解釈学的・構成主義的技法との関係も、対立的ではなく、相補的なものとしてとらえ、記述的及び規範的な言明・説明を全体論的に提示するという、ポスト・クワイン／クーン的知的状況にも適合したものに拡充されてきているという理解のもとに論を進めたい（田中 二〇一七、六―一〇頁）。

概念分析的説明の機能が、このように、記述的なものに限らず、規範的・指図的、さらに評価的なものにまで拡がっていることに加えて、社会科学における「価値自由」論議や科学哲学における観察の「理論負荷性」論議などの影響もあって、法理学に限らず、政治哲学でも、「記述的」「規範的」の区別の可能性、具体的な特徴づけ、その境界線・交錯状況などについての見解が流動的になっていることも、本章の考察の背景として重要である。

一般に「記述的」とされる言明にも、行動主義的言明と解釈学的（価値関係的）言明の区別が可能であり、また、「規範的」言明にも、価値評価的（正当化的）言明と価値分析的言明の区分が可能である。しかも、言明の各層の真理値の考え方にも見解の対立があり、とくに、いわゆる価値判断的言明の真理値について、ハートが終始懐疑的であったのに対して、ロールズとドゥオーキンは、一定の論拠によって適切に理由づけられた言明の真理値を承認するが、後期ロールズは、真理性の代わりに（あるいは並行して）「適理性（reasonableness）」という基準を強調し、規範的正義論の正当化に関するドゥオーキンとの見解の対立の背景となっており、法理学などの実践哲学の在り方を左右する難問である。

法理学的考察においては、それぞれ取り組む主題の特性に応じて、いずれかの言明が中心的となるが、他の各種の言明もその説明のなかに適宜組み込まれており、法の一般理論における概念分析・理論構成でも、解釈学的（価値関係的）言明を中心としつつも、少なくとも価値分析的言明は不可分的に用いられ、記述的であると同時に規範的でもある説明が含まれているのが通例である。法的制度・実践のような社会的文化的現象の理論的説明には、記述的言明と規範的言明が相互規定的に組み込まれており、一つの理論としてある程度まとまった言明群について、個々の言明を記述的か規範的かを区別すること自体が難しく、その意義も乏しい。

このような状況に照らして、ハート＝ドゥオーキン論争における法理学の学問的性質をめぐる議論が、「記述的」か「規範的」かという二分法的対比図式で論じられてきたこと自体が不適切だったことを予め確認しておきたい。

（二）分析哲学的手法と法的実践知

法理学・政治哲学の分野における分析哲学的手法の多様化・拡充については、概念分析が法律学的思考の伝統的ツールであり、解釈や構成も、法教義学的な概念分析・体系構成・解釈技法などの専門技術的実践知の豊富な蓄積があることの影響も無視できない。法理学的観点からは、ハートやドゥオーキンはそれをフルに活用し、ロールズもそれを参考にしながら、解釈学や構成主義の手法をも取り込んで、概念・構想の解明だけでなく理論構成にも取り組んでいたとみることもできる。

反省的均衡探求技法は、分析哲学的概念分析だけでなく、解釈学や構成主義においても、それぞれのツールとして共通に重視されているが、ロールズの説明自体に誤解を招くところや変遷があり、多様な理解が示されている。科学的思考や論理的思考との類比でその特徴や意義が論じられることが多いけれども、基本的に、我々の日常的な実践的議論・決定手続の洗練した定式化であり、科学的・論理的厳密さよりも理に適った適切な議論・手続による相互了解をめざす技法であり、エンドクサ・コンベンション・共通感覚などを手がかりにその批判的・問答的吟味によって共通して納得できる原理・結論を探求・正当化する、アリストテレス的実践学の系譜につながる技法として理解するのが適切である（岩田 一九九四、三一一二、五一一九七頁：堀 二〇〇七、一三五一一四八頁：稲村 二〇一三）。後期ロールズの公共的正当化理論における重なり合うコンセンサスや公共的理性の概念も、現代の知的条件下での実践理性の限界をふまえた反省的均衡探求技法の理論的定式化の一側面と位置づけるならば、合理的選択モデルによる正当化論法の撤回（Rawls 1999b, ch.18など：若松 二〇一四）も含め、この技法に関するロールズの説明の変遷も整合的に理解することができる。

反省的均衡探求技法は、正当化の技法として論じられがちであるが、一定の原理・結論の探求・発見のプロセスとその正当化のプロセスが試行錯誤的に同時並行的に繰り返されるところに、この技法の双方向的・可謬主義的特徴があることも注目されるべきである（伊勢田 二〇一二）。さらに、ドゥオーキンは、この均衡探求技法が英米法のコモン・ロー裁判実務に類似していることを指摘しているが（Dworkin 1977a, pp.160-161）、もともと裁判実務は、アリストテレス的実践学の伝統を受け継ぐ弁論術・決疑論と密接に関連しながらその手続・技法を発展させてきた。反省的均衡探求技法に限らず、全般的に、分析哲学的手法のツールの拡充は、このような〝法の賢慮（iuris prudentia）〟の専門技術的実践知の再評価という観点からも注目されてよいであろう（田中 二〇一一、三五五一三六六、五一七一五二一頁参照）。

2　ハートとロールズ

(一) ロールズの制度的正義論と法理学との交錯

(1) ロールズ正義論の構造的特徴

「公正としての正義」の重要な構造的特徴は、正義原理を、社会の基本構造を規律する制度的原理と、個人の責務や義務を規律する個人的原理に分けるとともに、その考察の仕方について、すべての人々が正義原理に適った行動をとりその役割を果たしている厳格な遵守状況を想定する「理想論」と、刑罰理論や市民的不服従など、正義原理が部分的にしか遵守されず、不正義への対応に関わる問題をも扱う「非理想論」に分けることである（Rawls 1971, pp.7–11, 108–117）。そして、法理学では、伝統的に、正義の制度的原理と個人的原理が個別事例において交錯・競合する法遵守過程や裁判過程に焦点を合わせ、非理想論的状況への対応を中心的主題としてきたため、制度的原理に関する理想論を中心的主題とする『正義論』については、法理学と関心方向・考察対象を異にしているという受け止め方が、法理学者の間では一般的であった。

『政治的リベラリズム』では、このような理想論の前提条件が非現実的であるとして、現実主義的にユートピア的な姿勢へと転換し、部分的遵守状況での非理想論に焦点が移される。そして、正義原理が適用される憲法・法律などの「正統性」という問題領域がクローズアップされ、リベラルな政治的正義構想が、包括的な道徳的・哲学的ドクトリンから切り離され、その自立的正当化の可能性や実践的議論の指針としての意義が考察されるようになる。このような正義論の考察姿勢の転換は、政治哲学では批判を招いているけれども、法理学的観点からみれば、法と政治道徳の交錯・競合領域で現実に生じる実際的諸問題に共通の関心・地平で取り組む姿勢が強まり、関心方向・考察対象が重なり合い、「立憲民主制の法理学」という特徴が前面化したということになる。

ロールズ正義論の法理学的意義として注目すべき制度論的特徴は、彼の提唱する正義の「二原理」の役割が、社会の基本構造における背景的正義の保持に必要な指針の提供に限定され、その枠内で活動する個人や団体に直接適用される「ルール」との制度的分業が説かれるとともに、正義原理の社会的諸制度への適用の在り方が、「手続的正義」の観念の彼独特の類型区分と関連づけて、原初状態での正義原理の選択、憲法制定会議、立法段階、個別事例におけるルールの適用ないし遵守という四段階順序の枠組を用いて説明されていることである（Rawls 1971, pp.195–201；田中　一九八五）。「原理／ルール／手続モデル」とでも呼ぶべきこの理論枠組によって、段階ごとに正義の二原理のいずれが議論・適用されるかが異なり、それに応じて原理不適合の許容範囲、手続的正義の正当化作用、考慮に入れうる事実情報の範囲などにも違いが生じることが説明されている。このようなアプローチは、その後、政治的リベラリズムへの軌道修正が必要となり、憲法・法律などの「正統性」問題が新たな理論枠組で考察されるようになる重要な伏線ともなっている（Freeman 2007, pp.376–381）。

（2）制度的正義論の基礎的概念と理論枠組

正義論のこのような制度論的側面について、ロールズは、そのキー概念である「制度」を「ルールの公的システム」ととらえる見解をはじめ、権利・権能・義務・責務など、制度や実践に関わる基礎的諸概念が、ハートの法理学的な概念分析の成果を基本的に受け継いでいることを注記している（Rawls 1971, pp.55, 113, 239）。だが、ロールズ正義論の法理学的特徴の理解には、このようなハートとの関連以上に、ロールズの正義原理の社会的諸制度への適用手続の説明全体が、倫理的決定手続や個別的行為の正当化におけるルール・原理の役割分担という、彼の初期の問題関心の発展であり、後期の公共的正当化理論へと連続的に展開してゆくという内的関連のほうが重要である。

ロールズ正義論の以上のような制度論的枠組は、個別事例におけるルールの適用・遵守という、法理学的考察の中心的段階の説明が法律学的観点からみて粗いという難点があるけれども、正義論の在り方について、正義原理自体の探求・正当化だけでなく、その社会的諸制度への適用の手続にも関心を拡げ、実質的正義と手続的正義の複雑な相互関係に注意を喚起するなど、貴重な示唆を与えた。のみならず、従来の法理学的考察においては、〝法的なるもの〟の領域がとかく裁判過程や法の執行・遵守段階に限定されがちであったのを改め、立法段階や憲法制定会議段階をも〝法的なるもの〟として考察領域に取り込み、裁判過程・法的推論の在り方を広く政治・道徳哲学などの実践哲学的な知的地平と連続的に考察する理論枠組をも提示し、立憲民主制下の法理学の考察領域の拡充方向を示していることも、法理学的貢献として評価されるべきであろう。

(二) ハートのロールズへの影響

(1)「フェア・プレー原理」の継承発展

ロールズの正義論に対するハートの影響の最たるものは、「公正としての正義」という構想自体、ハートからアイデアを得ていることである。ハートは、自然権論者ではなかったが、「自由であることに対する万人の平等な権利」を仮説的に擁護することを試みた論文（Hart 1955）以来、他の人々のルールの服従から利益を得た人々は自分たちもまたそのルールに服従する責務を負うという「フェア・プレー原理」が政治的責務の根拠であるという立場をとっていた（Hart 1983, pp.17, 118–119）。ロールズは、最初に「公正としての正義」構想を提示した論文（Rawls 1999b, ch.3）以来、『正義論』でも、制度的正義原理だけでなく個人的正義原理についても、ハートのこの見解から示唆を得たと明言している（Rawls 1971, pp.112, 205, 343）。ロールズは、この見解を、その正義の第一原理である「平等な自由原理」および社会的協働の「公正な」条件の中核的内実として受け継ぎ、その正義論全体の構成の根本的措定・原理として彫琢していった。

ハートは、功利主義的原理に対して「公正」原理によって一定の「制約」を加える、穏健な多元主義的リベラリズムの立場をとっていたが、ロールズやドゥオーキンは、ハートのこの功利主義に対する批判的姿勢を受け継ぎ、「反」功利主義的正義論にまで発展させた。もっとも、ドゥオーキンは、多元主義には批判的で、自然権論に与し、また、ハートの「フェア・プレー原理」には賛同せず、「公正」概念も手続的要請に限定し、実質的正義概念から区別し、独自の理論を構成している（Dworkin 1986, pp.164–165, 193–195 ; 2006, ch.4）。

（2）ハートから受け継いだ概念装置　その他にも、概念分析を理論構成の中枢的ツールとして拡充してゆくためにハートが先駆的に準備した概念装置は少なくない。ロールズが受け継いでいる主なものを、ドゥオーキンの見解とも対比しつつみておこう[2]。

第一に、正義の概念（concept）を形式的正義と理解し、その概念を解釈して様々な実質的正義の構想（conception）を構成するという考え方である（Hart 1961, pp.155–159 ; Rawls 1971, p.5）。この考え方は、一般的に、概念分析の機能が、記述的解明（explication）だけでなく、議論による正当化という規範的説明にまで拡充されるのに大きな役割を果たした。ドゥオーキンは、この概念と構想の区別を法についても適用し、独自の解釈的法理論を提示し、ハートらの法実証主義的な法概念論を批判する（Dworkin 1986, pp.71–74）。

第二に、形式的正義について、ロールズは、「等しき事例の等しき取り扱い」を意味し、法や制度の公平で首尾一貫した運用を要請するものとして、「規則性としての正義」ととらえ、形式的正義が、自然的正義とともに、「法の支配」（合法性）の一側面として、「諸制度によって規定された諸々の権利と義務の複合体」としての「自由」と密接に関連しているとする点では、ハートの見解に依拠している。だが、形式的正義が、一定種類の顕著な不正義を排除する機能をもつことには、ハートの法実証主義的な否定的見解とは異なった理解をする（Rawls 1971, pp.58–59, 235–243 ; Hart 1955 ; 1961, pp.206–212）。ドゥオーキンは、形式的正義や法の支配（合法性）をかなり独自に解釈して、「平等な配慮と尊重を求める権利」という自然権的原理を導出するとともに、「統合性としての法」構想を展開し、ロールズよりも明確に、法実証主義的理解を全面的に批判する（Dworkin 1977a ; 1985 ;

1986)。

第三に、ロールズは、人間の協働を可能かつ必要とする通常の条件を記述する「正義の情況」を説明した箇所で、人間・社会の一定の自然的諸条件から人間の生存や社会の存立に不可欠な最小限の法の在り方を推論する、ハートの「自然法の最小限の内容」の説明を、先駆的な考えとして参照指示している（Rawls 1971, p.126）。ハートは、法の一定内容をこのように自然的に必然的なものとして記述する説明を、法実証主義の法・道徳分離テーゼへの反論の一つとして提示し、法の内容の記述的説明における定義や事実言明と並ぶ第三カテゴリーの言明と位置づけている（Hart 1961, pp.193–200）。法理学では、法と正義・道徳との概念的・必然的関連の一論拠として注目され、分析哲学では「思考実験」あるいは「記述的形而上学」という技法の一種とみられているが、ロールズの原初状態論法、ドゥオーキンの仮想的な競売や保険市場想定など、正義論における概念分析のツールの拡充の先駆けとみてよいであろう。

3　ロールズとドゥオーキン

（一）ロールズから学び超えてゆくドゥオーキン

（1）より平等主義的な「権利基底的」正義論へ　ドゥオーキンは、ロールズ『正義論』における原初状態論法と均衡探求技法を構成主義的モデルにより批判的に解釈し、正義論における社会契約的論拠の正当化作用を否定し、「平等な配慮と尊重を求める権利」を正当化の基礎とする深層理論がその前提にある、と分析する（Dworkin 1977a, ch.6）。そして、この平等な配慮と尊重を求める権利を、自然権的な道徳的権利として、リベラリズムの核心に位置づけ、ロールズ以上に平等主義的な反功利主義的「権利基底的」正義論を展開する

（Dworkin 1977a；1985；2000）。

ロールズは、ドゥオーキンのこのような解釈を独創的な示唆と評価しつつも、「権利基底的」理論とみることには賛同せず、「公正としての正義」が一定の根本的な直観的諸観念を理想化した構想であることから、「構想／理想基底的」見解と特徴づけるほうが適切だとコメントしている（Rawls 1999b, pp.400-401）。ロールズが、「権利」基底的という特徴づけを拒絶するのは、自由と平等の調整という、一般にリベラリズムの基本的課題とされる争点への対応における両者の基本的自由権の理解の仕方の相違とも関連している。

ロールズの正義の二原理では、一定の基本的自由権だけを第一原理の保障対象として優先的地位を認め、諸々の基本的「自由自体」とそれらを実効的に享受できる「公正な価値」を区別し、後者については社会的・経済的不平等の問題を規律する第二原理の対象とし、社会的諸制度への適用段階にも差をつけている（Rawls 1971, pp.224-227）。それに対して、ドゥオーキンは、自由と平等の対立自体を原理的に否定し、自由は平等の一側面として統合的に理解されるべきだとし、個々の自由権は抽象的な平等権を守るのに必要な限りで認められるとし、自由よりも平等に基底的な位置を与えている（Dworkin 1977a, ch.12）。

（2）ルール・原理の区別と反省的均衡探求技法　ドゥオーキンは、ロールズの法哲学への貢献を高く評価した総括的な論評をしている（Dworkin 2006, ch.9）。彼自身も、ハートの司法的裁量論批判において、ロールズ「二つのルール概念」（Rawls 1999b, ch.2）のルール・原理役割分担論を自説と実質的に同じとして参照指示したり（Dworkin 1977a, p.30）、原初状態論法と均衡探求技法の構成主義的モデルによる批判的解釈を手がかりに独自の権利基底的正義論を展開したり（Dworkin 1977a, ch.6）、その理論展開の基礎的なところで重要な影響を受けている。だが、ドゥオーキンは、いずれの場合もロールズの見解をかなり我流に解釈して継承発展させており、三者の見解の対立の背景的要因となっている。

司法的裁量論批判におけるルールと原理の関係についてのドゥオーキンの見解が、ロールズと実質的に同じかどうかは疑わしく、ロールズのいうルールの「実践的見方（practical view）」は、ハートが刑罰制度の功利主義的正当化の制約論拠として挙げている例のように（Hart 1968, pp.11, 21）、原理による正当化をルールによって構成される実践そのものに限定し、個別的行為の正当化におけるルールの独自の排除置換的（pre-emptive）拘束力を強調することであったとみるのが一般的な理解である。ドゥオーキンの見解は、アメリカ的なコモン・ロー裁判実務の一つの見方ではあるが、そのルール観はロールズのいう「要約的見方（summary view）」に近く、ハートらの法実証主義的なルール観とも対立する。

反省的均衡探求技法についても、両者の見解にかなり相違がみられる。ロールズは、この技法の当初の説明を、（カント的・政治的）構成主義から公共的正当化理論への展開に合わせて順次補正し、最終的には、一般的な広義の反省的均衡観念として再定式化し、メタ倫理的見解の対立の絡む説明を回避して、「非（non）基礎づけ主義的」正当化と位置づけている（Rawls 1993, pp.8, 95–97, 388 ; 1999b, ch.15 ; 2000, pp.29–32 ; Freeman 2007, pp.29–42）。それに対して、ドゥオーキンは、均衡探求技法の構成主義的モデルを、当初は道徳の整合説を前提とするものとみており、その後も、法律家特有の論争的・論駁的スタイルでこの技法を駆使している。そして、法的議論については、憲法・制定法・判例との適合性やその背後にある諸原理との整合性を確保しつつ、正義・公正・適正手続に関する通念的な政治道徳原理、さらに正義に関する自分自身の批判道徳的信念にも照らして、法実践全体を最もよく正当化できる解釈をどのように探求し正当化するかを、仮説的な「ヘラクレス的裁判官」の判断過程としてかなり具体的に説明している（Dworkin 1986）。だが、平等論や価値論の領域では、この技法を職人芸的に実践し、「平等な配慮と尊重を求める権利」や「自尊（self-respect）と真正性（authenticity）の倫理的二原理」を公理とする壮大な理論を独自の教義学的手法で体系的に構成し、メタ倫理的争点にも一定の立場を積極的に表明しているけれども、「ヘラクレス的政治・道徳哲学者」の技法の綱領的な説明は試みておらず、反省的均衡探求技法の理解が、当初のままかどうかも明確ではない（Dworkin 2000 ; 2011）。

（二）政治的リベラリズムと包括的リベラリズム

（1）「政治的」リベラリズムと〝法的なるもの〟への定位　ロールズは、一九八〇年代以降、包括的な宗教的・哲学的・道徳的ドクトリンが並存する「穏当な多元性の事実」と、理性的な人々の間でも意見の不一致が避け難い「判断の重荷」という人間の判断力の限界を直視して、「公正としての正義」を、包括的ドクトリンとしてのリベラリズムないしその一部ではなく、「政治的」ドクトリンとしてのリベラリズムと位置づける重大な軌道修正をする。このような正義の「政治的」構想は、その規律領域を〝政治的なるもの〟に限定され、立憲民主制の公共的政治文化のなかに見出される基本的な直観的観念や原理を組織化し、一般的に受け容れられる整合的な構想として、政治的領域に内在的な価値と理由によって「自立的に」正当化されるべきだとされ、「立憲民主制の法理学」という特徴が明確になる（Rawls 1993, pp.89–129 ; Dreben 2003 ; Freeman 2007, pp.324–364 ; 福間 二〇〇七 ; James 2014）。

ロールズの政治的リベラリズムが規律する〝政治的なるもの〟の領域は、実際には〝憲法的なるもの〟の領域に限られており、立憲民主制のもとでは〝法的なるもの〟の領域の根幹に位置づけられ、それ故にこそ、憲法・法律などの制度的「正統性」の問題が主題化されるのである。それに伴って、政治的リベラリズムの自立的正当化、重なり合うコンセンサス、公共的理性などに関する見解は、法実証主義、法の正統性、遵法義務、法的推論の制度化と自立性等々、法理学の伝統的諸問題の考察とも交錯するようになる。

（2）政治的リベラリズムの正当化　ロールズは、政治的リベラリズムの正当化を二段階に分ける。まず、直接的正当化の段階では、民主的な文化に潜在し自由で平等な市民に共有されている諸々の政治的観念・確信を、原初状態という構成手続によって一般的な広義の反省的均衡において相互に適合させ、一定の政治的正義の諸原理を自立的に構成し正当化する「政治的構成主義」という方法を提示する。そして、この政治的構成主義によって正当化可能なリベラルな正義原理としては、「公正としての正義」以外にも複数の候補が考えられ、「公正としての正義」は、それらのなかで最も理に適ったものと位置づけられている。

次いで、社会的協働と正義構想の安定性の問題を現実主義的に考えるために、新たに「公共的正当化」という段階を付け加える。リベラルな政治的正義原理の正当化は、様々の相対立する包括的な宗教的・哲学的・道徳的ドクトリンにコミットした市民が、それぞれ異なった前提や根拠から出発して、一定の正義原理を自由平等な市民間の社会的協働の公正な条件を規定するものとして共通に支持し合い、このような部分的に「重なり合うコンセンサス」によって間接的に支えられておれば、それで十分だと主張する。そして、この重なり合うコンセンサスの観念については、打算的な暫定協定（modus vivendi）ではなく、寛容原理の哲学への適用であり、あくまでも「道徳的」正当化であることが強調される（Rawls 1996, pp.133–172, 372–434 ; Freeman 2007, pp.365–371 ; Martin 2014）。

「重なり合うコンセンサス」に関するこのような見解は、正義原理の「正しい理由による」安定性の問題を、たんに社会心理学や政治社会学の問題ではなく、重なり合うコンセンサスの現実の形成プロセスやその多様な形態を、実践理性の理に適った働きとして概念的に把握する「哲学的・道徳的」問題と位置づけるものであり、ヘーゲルのいう「理性と現実の宥和」を重視する「現実主義的ユートピア」として提示される後期ロールズの正義論の重要な特徴である。政治哲学的には批判が強いけれども、法理学における法の妥当性と実効性の関係、法の妥当根拠、法的安定性の内容と意義などをめぐる伝統的争点にほぼ対応する問題設定であり、これらの争点の法理学的考察に貴重な手がかりを与える考え方である。

さらに、重なり合うコンセンサスという観念と並行して、正義原理の実現に関わる憲法・法律などの正統性についての議論・決定の公共的な基礎を提供するものとして、「公共的理性（理由）」という観念が導入される。公共的理由の内容は、互恵性（reciprocity）の基準を充す一群の正義のリベラルな政治的構想によって与えられるとされるが、それには、基本構造を規律する正義の実質的諸原理だけでなく、判断・推論・証拠という基本的概念の適切な使用、常識的な知識の基準・手続や異論のない科学の方法・結論に従うことなど、公共的な探求が十分な情報に基づき理に適った仕方で行われることを保障する指針も含まれている。そして、立法・司法など政治的強制権力の行使に関わる公共的フォーラムにおける「憲法上の必須事項と基本的正義」に関する議論・決定では、公共的理性による理由づけのみが正統な論拠として受け容れられるべきであり、このことは、「リベラルな正統性原理」に基づく「市民としての義務（duty of civility）」だとされる（Rawls 1996, pp.212–254, 372–434 ; 1999c, pp.131–180 ; Freeman 2007, pp.371–415 ; Qoung 2014）。

重なり合うコンセンサスや公共的理性という観念には、批判的な意見もあるが、実践哲学的には、価値多元的状況のもとでの実践的議論・決定の理に適った制度の構想・設計に不可欠な観念とみるべきであろう。合議制裁判における評議・判決形成過程や法的正当化の正統な論拠の制約などに関して類似の実務慣行が存在しており、ある程度裁判実務・法律学に通じた法理学者には、反省的均衡探求技法以上に、馴染みのある考え方である。

（3）政治道徳と個人倫理を統合する包括的価値論へ

他方、ドゥオーキンは、市民の個人的な生き方に平等に配慮することはリベラルな共同体の責務であり、個人の善き生き方の成否も共同体が正義の責務を適切に果たすかどうかによって左右されるという関係にあるから、政治道徳と個人倫理を切り離すことはできないとする。それ故、正義論も両者を統合的にとらえる包括的リベラリズムによって基礎づける「連続戦略」をとるべきだと主張し、上述のような包括的理論を括弧に入れるロールズの政治的リベラリズムの「非連続戦略」を批判する（Dworkin 1995）。そして、アルキメデス的メタ理論を一切拒否し、道徳的真理に関する形而上学・認識論も実質的倫理学・道徳哲学に含まれるとする解釈論的立場から、価値の独立性テーゼを主張し、自尊と真正性という、人間の尊厳が要請し善き生に不可欠な条件である倫理的二原理を、平等な配慮と尊重という政治道徳の根本原理と双方向的に解釈的に連結したうえで、平等・自由・民主制・法などの主要な政治道徳的概念・価値を、相互支持的な論拠と信念のネットワークによって統合的に解釈する、気宇壮大な統一的価値理論を展開している（Dworkin 2011）。

ドゥオーキンは、このような連続戦略の当然の帰結として、ロールズの公共的理性の観念の意義も疑問視し、裁判官は法的推論において個人的な道徳的確信に訴えてはならないと、裁判官の依拠できる原理に制約を課す理論では、ハード・ケースにおいて裁判官がその制度上の責任を果たせなくなる、と批判する（Dworkin 2006, pp.251–254）。

4　ハート＝ドゥオーキン論争へのロールズ正義論の示唆

（一）裁判過程と法的推論の説明モデル

（1）法的推論におけるルールと原理をめぐって　ハート＝ドゥオーキン論争は、幾つかの論点が交錯しつつ展開され、その間にドゥオーキンの見解にも微妙な変化がみられ、その整理の仕方は難しい（深田 二〇〇四：濱 二〇一四）。私は、ハートのルール体系モデルの司法的裁量論に対する批判にはじまり、法・道徳分離テーゼをめぐる法実証主義対自然法論という伝統的対立構図による論争を経て、記述的分析法理学の方法論的可能性をめぐる、法理学の任務・学問的性質に関する見解の対立の前面化へと展開されてきたと理解する（田中 二〇一七、一五一―二三頁）。以下、各テーマをめぐる見解の対立状況と争点を整理しつつ、以上でみたようなロールズ正義論の理論構造と方法論が、問題状況の解明にどのような示唆を与えうるかについて、私見の概括的な提示を試みたい。

裁判過程・法的推論について、法的ルールが適用されるかどうか明確でなく不確定な個別事例では、裁判官は法創造的な裁量の行使によって裁定する、と説明するハートの見解に対して、ドゥオーキンは、このような説明は、裁判官を規範的に拘束する規準には、ルールと異なる「原理」が含まれることを無視しており、裁判官の制度的役割と判決の正当化に関する社会一般の理解に反する、と批判する（Hart 1961, ch.VII; Dworkin 1977a, chs.2, 3）。ドゥオーキンは、このようなハートの司法的裁量論に対する批判を、さらに「権利テーゼ」や「正解テーゼ」などの独自の観念を導入しつつ展開し、最終的に『法の帝国』において、法実証主義的な法的推論・法概念の意味論的な記述的理論にとって代わるものとして、「統合性としての法」構想を基礎とする構成主義的解釈理論を提唱するとともに、憲法訴訟などについてその法解釈理論を具体的に実践した（Dworkin 1977a; 1985; 1986）。

ハートのような裁判過程・法的推論の説明は、裁判官などの法律専門家向けの説明としては記述的にも規範的にも不十分であることは否定し難く、ハートらの法実証主義者も、ドゥオーキンの批判に応えて、とくにハード・ケースにおける法の不確定性への対応の規範的説明を補足・修正してきている。ルール・原理などの法的規準の概念と区別基準、司法的裁量概念、法解釈・法適用・法形成の相互関係などについては、ドゥオーキンの見解に対する批判も少なくなく、彼とは異なる理解・説明のほうが適切なところもあり、論争の展開のなかで議論が深まっている（深田 二〇〇四；濱 二〇一四）。ドゥオーキンが裁判の「原理のフォーラム」という役割を強調し、裁判過程が、正義原理をめぐる政治・道徳的議論にも開かれていることを認識させ、法的推論を、社会的実践と結びつけるだけでなく、独立の道徳的基準に照らして吟味・評価することにまで、法理学的考察の視野を拡げる必要を説いたこと自体は、きわめて適切な方向だった（Dworkin 1977a, p.12 ; 1985）。

だが、ドゥオーキンの見解は、イギリスとアメリカにおける裁判の政治的役割の相違の反映でもあるが、憲法訴訟などのハード・ケース論議を過大評価しており、事実審も含めた司法的裁判全体の「一般理論」としては偏っていると評せざるを得ない。このような偏りは『法の帝国』ではかなり是正されているけれども、法システムが、各種の法的ルールを組み合わせて、司法的裁判の決定作成環境を構造化するとともに、個別事例における排除置換的理由を規定して審理・裁定を枠づけ・方向づけ、相対的にしろ自立的な議論空間を形成しているという、権力分立制と法の段階構造のもとでの司法的裁判全体の位置づけとそこでの法的議論・決定の制度的制約の法理学的説明がきわめて不十分であり、示唆に富んだ見解も含まれてはいるが、全面的には支持し難い。

（2）ロールズの制度的正義論と方法論からの示唆　立憲民主制下の法的推論・裁判過程論は、正義原理の実現・具体化過程全体における立法と司法の役割分担、憲法訴訟の特殊な位置づけなどを見定めたうえで、ハード・ケース論議を、司法的裁判の「一般理論」、さらには法的制度・過程全体の「一般理論」のなかに適切に位置づけなければならない。

ロールズの制度的正義論の三次元的な「ルール／原理／手続モデル」と、後期の公共的正当化理論、とくに重なり合うコンセンサスや公共的理性の観念は、補正・補完の必要はあるけれども[3]、上述のようなドゥオーキンの裁判・法解釈理論にみられる制度論的側面の法理学的説明の不十分なところを補正する有望な手がかりとなる。法的議論・決定の正当化におけるルールと原理の役割分担を制度的に明確化し、手続的正義の正当化作用や考慮すべき事実情報の制約などに関する制度的特質にも言及しており、規準・手続・対象の三側面から司法的裁判の制度的特質を統合的に解明するのに適した理論枠組を提供し（このような裁判の制度的枠組・正統性の解明として、田

中　二〇一一、第九章参照）、法的推論の規範的モデルの構築にも的確な方向を示唆しているものとして評価できる。

裁判過程における法的主張・決定の正当化の理に適った手続・基準などの法理学的考察には、その制度化された教義学的特質に配慮しつつ、反省的均衡探求技法を活用することができる。だが、この技法が、トップダウン的な理論・原理基底的アプローチでもボトムアップ的な事例基底的アプローチでもなく、双方向的な均衡探求アプローチであることをふまえるならば（伊勢田　二〇一二）、ロールズやドゥオーキンのように、法律審での裁判官の法解釈だけを念頭においた説明では不十分であり、事実審における事実認定も含め、法適用過程全体に、また、裁判官のモノローグ的な判決作成過程だけではなく、裁判官と両当事者の三者関係におけるダイアローグ的な審理過程にも用いられるように、動態的な「議論・決定手続」理論として洗練してゆく必要がある（具体的には、田中　二〇一一、第一六章参照）。

(二) "法的なるもの"の領域の識別基準と正当化

(1) 法・道徳分離テーゼをめぐって

ドゥオーキンの司法的裁量論批判は、法実証主義の法・道徳分離テーゼが、法的推論において独自の規範的拘束力をもつ原理をすべて"非＝法的（extra-legal）"と位置づけることに対する批判でもあり、この批判に応えるなかで、法実証主義陣営内部に、ハードな（排除的）実証主義とソフトな（包括的）実証主義との分裂がみられるようになった（深田　二〇〇四、一六二―二一七頁）。

ハードな法実証主義は、実定法であるか否かは、立法・判決・慣習などの社会的事実のみに照らして価値中立的に確認されるべきであり（源泉テーゼ）、ドゥオーキンのいう政治道徳的原理などは、その確認に個人の道徳的判断が入ることによって、法と非＝法的なものとの区別を不明確にし、実定法の規範性・権威性を適切に説明できなくなるから、法に含ませるべきではない、と伝統的な分離テーゼを擁護する。それに対して、ソフトな法実証主義は、実定法もその同定基準である承認のルールもコンベンショナルなものであり、承認のルールの要件に適っておりさえすれば、ドゥオーキンのいう原理も実定法に含まれうるとする。ハートも、後にソフトな法実証主義を支持し、アメリカ合衆国の承認のルールは憲法条項などの原理を含んでいることを認めており、ドゥオーキンの見解と実際上対立しなくなったともみられているが、ドゥオーキンは、ソフトな実証主義が法実証主義の根本的テーゼと矛盾しているとして、その折衷的立場自体を認めておらず（Hart 1994, postscript ; Dworkin 2006, ch.6）、ソフトな実証主義の主張内容には様々な解釈の余地がある。

法・道徳分離テーゼをめぐる自然法論と法実証主義の議論の応酬は、法の「自立性」の観念をめぐる伝統的論争の一つであり、法理学における幾つかの重要争点が絡み合った〝パズル解きゲーム〟の典型である。社会的事実（源泉）テーゼ、実践的差異テーゼなどの他の法実証主義的テーゼとの全体論的整合性も考慮しつつ、各争点ごとに個別的に検討したうえでなければ、いずれの立場が適切か、一般論としては判断しかねるところがあり、各テーゼの内容を見直し、このゲームに参加する意義自体も検討の余地があるというのが現況であろう。

立憲民主制下の司法的裁判では、個別具体的な法的問題の裁定において何らかの政治道徳的原理の考慮が必要な事例があるとしても、いかなる原理をどのような仕方で法的に正統な正当化理由として考慮できるかは、各種の実定法的規準・手続によって法体系内在的にそれぞれの問題領域の特性に応じて規律されており、両当事者間の法的議論を経て最終的には裁判官の賢慮に基づく理に適った判断にゆだねるという制度的枠組になっている。それに応じて、法の同定の問題（法源論）と法の解釈適用の問題を段階的に区別し、関連する個々の法的規準の制度的正統性を社会的事実に照らして確認・同定したうえで、その内容的不確定性については必要に応じて政治道徳的原理も考慮しつつ特定化・継続形成するという、段階的アプローチによって、法の統合的自立性を確保し、「法の支配」の要請に応えることが一般的な実践的慣行となっている、と理解するのが適切と考えられる。

（2）政治的リベラリズムの正当化をめぐって

ロールズのいう〝政治的なるもの〟の領域が、実際上〝憲法的なるもの〟の領域として、立憲民主制のもとでは〝法的なるもの〟の領域の根幹に位置しているという概念的理解を前提に、ロールズのリベラルな正義の政治的構想の正当化理論をめぐる政治哲学上の論議の対立構図を、以上のような法理学上の論争と重ね合わせてみると、前者は自立的な政治的構想の正当化方式、後者は自立的な法的領域の同定基準と、主たる争点にズレがあるけれども、それぞれの主題領域の自立性の可能性とその限界への対応をめぐって構造的に似通った問題状況がみられる。

少し強引な類比かもしれないが、（ⅰ）政治的リベラリズムは、包括的リベラリズムないしその一部として完全に正当化できる（あるいは両者を区別する必要はない）という立場が、自然法論に、（ⅱ）政治的リベラリズムは、包括的リベラリズムと切り離して、政治的構成主義によって自立的に正当化でき、それで十分だとする立場が、ハードな法実証主義に、そして、（ⅲ）政治的リベラリズムの安定性の確保のためには、様々の相対立する包括的なリベラリズムだけでなく、理に適った包括的な哲学的・道徳的ドクトリンによっても、重なり合うコンセンサスによって道徳的に正当化されている必要があるとする立場が、ソフトな法実証主義に、それぞれ対応しているとみることができる。

議論領域の画定のために、政治的リベラリズムを包括的リベラリズムから理論的に切り離すことが可能で適切だとしても、実際に完全に切り離すことは難しい。また、政治的リベラリズムを政治的構成主義によって完全に自立的に正当化できるかどうかにも、ロールズが公共的理性の制約に関する当初の見解を修正し、包括的理由に訴えることも一定の条件のもとで許容したこと（Rawls 1996, pp.462–466 ; 1999c, pp.152–156）などから推しても、疑問が残る。自立的正当化にまつわるこれらの難問こそ、重なり合うコンセンサスによる正当化によって補強することが必要とされる構造的背景かもしれない。いずれにしろ、このような理論構造は、法の自立性が相対的であるとするソフトな法実証主義と基本的に同じとみてよい。政治的リベラリズムに関する自立的正当化と公共的正当化の二段階構成が、賛否両論、議論を招いているのは、ソフトな法実証主義が、自然法論だけでなく、ハードな法実証主義からも厳しい批判にさらされ、その主張自体にも疑問が呈されているという議論構図と構造的に重なり合っており、驚くほど似通った論法で賛否の議論が展開されている。ドゥオーキンが、ロールズやハートに対する方法論的批判では第一類型の論法をとっているけれども、「統合性としての法」構想と構成主義的解釈論の具体的な主張内容は、実際上第三類型に近いという点にも、このような構造的類似性がみられる。

重なり合うコンセンサスによる公共的正当化については、これを「哲学的」あるいは「正当化」問題とみることと自体に否定的な見解もあるけれども、私は、実践理性の優位という前提のもとで、賢慮の多様な働きの可能性と限界を見定める最前線領域の「哲学的」主題化の在り方として、肯定的に評価するものである（福間 二〇〇七、三九―四八頁；大日方 二〇〇七；Martin 2014）。規範的正義構想の正当化の問題を、抽象的な理論的構成物の論証問題としてではなく、強制権力の行使に関わる憲法・法律の正統性と実効性の確保という実際的問題をも視野に入れ、実践哲学レベルで考察するにあたっては、ロールズの重なり合うコンセンサスの観念の具体的定式化に全面的に賛同するかどうかはともかく、関係者の相互了解的実践を通じて事実的なるものが規範的なるものへと深化し拡がってゆく合意形成の動態的プロセスをも「哲学的」問題として位置づけることが不可欠だと考えられる。規範的正義構想は、何らかの論理的・倫理的要請に合致し整合的な理論構成によって正当化されていても、その運用・遵守に関与する関係者間で一般的に受け容れられ相互了解的実践によって支えられていない限り、公共的な議論・決定を方向づけ枠づける実践的役割を果たせず、非現実主義的ユートピアにすぎないであろう。

(三) 法の一般理論の任務と学問的性質

(1) 法理学的な法概念論　ハート＝ドゥオーキン論争において、両者の直接的な議論の応酬が噛み合わなかったのは、ドゥオーキンのソフィスト的争論スタイルもあるが、根本的には、ハート『法の概念（第二版）』後記の総括のように、両者の法理学、法の一般理論の任務と学問的性質の理解の相違によるところが大きい（Hart 1994, pp.239-244）。

ハートは、社会的制度としての法システムの構造的特質の解明と法的思考の基礎的カテゴリーの分析によって法の理解を深めることが法理学の課題であるとし、法理学の伝統的問題群の概念分析的説明が、記述的社会学の側面をもつとする（Hart 1961）。それに対して、ドゥオーキンは、法理学は、法実務から分離された一部門ではなく、判決の一般的部分であると考えており、法理学の取り組むべき哲学的問題も、社会的制度の一類型としての法の解明ではなく、個別事例における権利義務などの法的関係を規定する法命題の真理条件の解明であるとする、独特の法理学観をとっていた（Dworkin 1977b；1986）。

ドゥオーキンの独特の法理学観は、その法概念論にもみられる。彼は、教義学的（doctrinal）・社会学的（sociological）・熱望的（aspirational）という法概念の区分を用いて、法命題の真理条件に関わる教義学的法概念のみが哲学的に重要であるとし、合法性（法の支配）に関わる熱望的法概念を教義学的概念と関連づけて法概念内に取り込み、「統合性としての法」構想を提示する。そして、ハートらの法実証主義的な法概念による制度的社会的構造の解明に対しては、哲学的に重要ではない社会学的法概念と教義学的法概念を混同した不明確な法構想だと批判し、法の一般理論不要論を展開する（Dworkin 2006, pp.1-5, 223-240）。

他方、ハートらの法実証主義者は、法の規範的制度的特質の解明には、法的妥当性の識別基準に関わる教義的法概念の解明も含まれているけれども、社会的事実テーゼなど、教義学的概念と社会学的概念の構造的関連の哲学的説明のほうが中心的課題だと主張し、熱望的法概念などの政治道徳的契機を法概念内に取り込むことには消極的であり、法概念の価値中立的な記述的説明に固執する。

いずれの見解も一面的であり、法理学的な法概念論の任務は、法律専門家の職業的な実践的関心に規定された教義学的法概念の解明だけでなく、法概念をドゥーキンのいう教義学的・社会学的・熱望的概念の複合体としてとらえ、教義学的法概念自体の存在理由やその教義学的特質を制度的規範的秩序としての法システム全体のなかに位置づけて、これらの概念構成要素の独特の関連からなる法システムの内的構造と作動方式の特質を統合的に解明することである（詳しくは、田中 二〇一七、一五一―二三頁）。

（2）法の一般理論の学問的性質　以上のように考えると、法理学的な法概念論は、一定の背景的な情況と一般的事実の措定のもとで暫定的な規約的定義と記述的・規範的説明を組み合わせる理論構成によって、法の規範的構造的特質を統合的に解明する「一般」理論という性質をもつことになる。法理学的な法概念論は、法社会学など法の経験諸科学の法概念論とも大幅に重なり合っており、哲学的考察と経験科学的考察の違いも、特定の哲学的・科学的「方法」に固執しない限り、各考察者の問題関心・観点を反映したパースペクティブの程度差にすぎないとみるべきであろう。このような法の一般理論は、法の経験諸科学の方法・知見をも適宜取り込みつつ、法体系・法過程の全体像を提示することによって、その一環として裁判過程・法的推論の制度的枠組を提示するとともに、法の批判や評価に関わる規範的正義論の制度的基底をも画定し、法理学の基幹的部門たる役割を果たすべきである（詳しくは、田中 二〇一七）。

法の一般理論のこのような性質と役割からみれば、記述的法理学の方法論的可能性に対するドゥオーキンの批判も、それに対するハートの反論や法実証主義者たちによるその擁護論も（Dickson 2004；濱 二〇一四、一四一―二一八頁）、すでに説明したような概念分析的説明の機能拡充の動向や社会科学・科学哲学の方法論論議の成果を十分にふまえたものとは言えず、法の一般理論の学問的性質を論じる方法論的枠組として、「記述的」か「規範的」かという二分法的問題設定自体が、その考察主題の特性からみて不適切だったのである。

ロールズの制度的正義論の理論構造とその方法論の現代的意義は、「記述的」「規範的」という二分法的枠組を超えてゆく方向を示し、自ら実践していることである。とくに彼の制度的正義論の「原理／ルール／手続モデル」と政治的リベラリズムの二段階正当化理論が、〝法的なるもの〟の領域における政治道徳的契機と社会的事実的契機の動態的統合の在り方に焦点を合わせ、法の規範的構造の解明をめざす一般理論に対して、示唆に富んだ概念装置・理論枠組を提供していることは、関連箇所で指摘してきた通りであり、繰り返さない。

以上、繁簡よろしきを得ないものとなったが、ロールズの制度的正義論の理論構造とその方法論の法理学的な特徴と意義について、彼の正義論の形成・展開過程を実践的議論の制度化理論という側面に焦点を合わせて跡づけたうえで、とくにハート＝ドゥオーキン論争の主要争点の考察にどのような示唆を与えうるかを中心に、概括的な考察を試みてきた。これらの示唆を法理学的観点から受け止めて、政治・道徳哲学の最近の議論状況からも学びつつ、以上で触れた法理学の伝統的諸課題のそれぞれに個別に立ち入って検討することには、機会を改めて取り組みたい。

注

（1）本章は、ロールズの正義論を「合理的選択理論」と関連づけて分析する若松良樹の理解（若松 二〇一四）に触発されて、ロールズの正義論の生成・展開を、実践理性の現代的復権とその再定式化をめざす「実践的議論の制度化理論」という側面から発展的・統一的に理解し、今ひとつのロールズ像を提示しようとする試みである。ロールズの制度的正義論の理論構造とその方法論に焦点を絞った一面的な概括的考察であり、正義原理の実質的内容やその正当化論拠の意義・問題点などには立ち入らない。ロールズの正義論の全体像の理解については、田中（二〇一一、三八五—四〇一頁）、実践的議論とその法的制度化の理論については、同（三五五—三七五、五一三—五二八、五六四—五七七頁）参照。本章のようなロールズの正義論の理解については、いずれの見解にも全面的に賛同するものではないが、岩田（一九九四）、Dreben（2003）、James（2005；2014）、福間（二〇〇七）、堀（二〇〇七）、稲村（二〇一三）、Reidy（2014）およびLaden（2014）からそれぞれ異なる貴重な示唆を得た。

（2）ハートのロールズへのより直接的な影響としては、ロールズが、「平等な自由原理」の当初の定式化とその優先ルールについて、ハートからの批判を受けて、その正義論の根幹部分に重要な修正をしたことも、ロールズの人権論の法理学的特徴や後期ロールズの「転回」の理由などの理解にとって重要な論点であるが、本章では紙幅の制約のため割愛する（Hart 1983, ch.10；Rawls 1993, pp.289-317）。

（3）「ルール／原理／手続モデル」という観念は、もともと、ドイツの法哲学者ロバート・アレクシーが、法システムの実質的側面を説明するルール／原理モデルと、その手続的側面を説明する四段階手続モデルとを統合する法システム論として提唱したものであり、ロールズの見解との異同の検討が必要である（田中成明「法的思考についての覚え書」山下正男編『法的思考の研究』（京都大学人文科学研究所、一九九三年）五七三—五八〇頁参照）。また、公共的理性や重なり合うコンセンサスという観念については、ロールズの正義論全体の理論構造の問題として、手続的正義の諸類型との関係、制度的正統性と道徳的正当性の関係との関連などに関してあいまいなところがあり、検討が必要である。さらに、一方では政治哲学における「審議的デモクラシー」をめぐる多彩な議論、他方では法的推論における「理論化の不完全な合意（incompletely theorized agreements）」（Cass R. Sunstein, *Legal Reasoning and Political Conflict*, Oxford Univ. Press, 1996）をめぐる議論など、親近性のある理論展開との関連でもそれぞれ難点が指摘されており、裁判過程・法的推論の法理学的考察の理論枠組に取り込むにあたっては、少なからぬ個別的検討課題が残っている。

参考文献

Dickson, J.（2004）"Methodology in Jurisprudence：A Critical Survey," *Legal Theory* 10：117-156.

Dreben, B.（2003）"On Rawls and Political Liberalism," S. Freeman（ed.）, *The Cambridge Companion to Rawls*, Cambridge University Press.

Dworkin, R. M.（1977a）*Taking Rights Seriously*, Harvard University Press.（木下毅・小林公・野坂泰司訳『権利論（増補版）』木鐸社、二〇〇三年、小林公訳『権利論Ⅱ』二〇〇一年）

Dworkin, R. M.（1977b）“Introduction,” Dworkin（ed.）, *The Philosophy of Law*, Oxford University Press.

Dworkin, R. M.（1985）*A Matter of Principle*, Harvard University Press.（森村進・鳥澤円訳『原理の問題』岩波書店、二〇一二年）

Dworkin, R. M.（1986）*Law's Empire*, Harvard University Press.（小林公訳『法の帝国』未來社、一九九五年）

Dworkin, R. M.（1995）“Foundations of Liberal Equality,” S. Darwall（ed.）, *Equal Freedom：Selected Tanner Lectures on Human Values*, University of Michigan Press.

Dworkin, R. M.（2000）*Sovereign Virtue：The Theory and Practice of Equality*, Harvard University Press.（小林公・大江洋・高橋秀治・高橋文彦訳『平等とは何か』木鐸社、二〇〇二年）

Dworkin, R. M.（2006）*Justice in Robes*, Harvard University Press.（宇佐美誠訳『裁判の正義』木鐸社、二〇〇九年）

Dworkin, R. M.（2011）*Justices for Hedgehogs*, Harvard University Press.

Freeman, S.（2007）*Rawls*, Routledge.

Hart, H. L. A.（1955）“Are there any Natural Rights?” *Philosophical Review* 64：175–191.

Hart, H. L. A.（1961）（1st ed.）, 1994（2nd ed.）, 2012（3rd ed.）, *The Concept of Law*, Oxford University Press.（長谷部恭男訳『法の概念（第3版）』筑摩書房、二〇一四年）

Hart, H. L. A.（1968）*Punishment and Responsibility*, Oxford University Press.

Hart, H. L. A.（1983）*Essays in Jurisprudence and Philosophy*, Oxford University Press.（矢崎光圀・松浦好治訳者代表『法学・哲学論集』みすず書房、一九九〇年）

James, A.（2005）“Constructing Justice for Existing Practice：Rawls and the Status Quo”, *Philosophy & Public Affairs* 33：

281–315.
James, A.（2014）“Political Constructivism,” J. Mandle and D. A. Reidy（eds.）, *A Companion to Rawls*, Willey Blackewll.
Laden, A. S.（2014）“Constructivism as Rhetoric,” *A Companion to Rawls*（前掲）.
Martin, R.（2014）“Overlapping Consensus,” *A Companion to Rawls*（前掲）.
Quong, J.（2014）“On the Idea of Public Reason,” *A Companion to Rawls*（前掲）.
Rawls, J.（1951）“A Review of Stephen Toulmin's A Examination of the Place of Reason in Ethics,” *Philosophical Review* 60：572–580.
Rawls, J.（1971）(1st ed.), 1999a（Revised ed.）, *A Theory of Justice*, Harvard University Press.（川本隆史・福間聡・神島祐子訳『正義論（改訂版）』紀伊国屋書店、二〇一〇年）
Rawls, J.（1993）(1st ed.), 1996（Expanded ed.）, *Political Liberalism*, Columbia University Press.
Rawls, J.（1999b）*Collected Papers*, S. Freeman（ed.）, Harvard University Press.
Rawls, J.（1999c）*The Law of Peoples*, Harvard University Press.（中山竜一訳『万民の法』岩波書店、二〇〇六年）
Rawls, J.（2000）*Justice as Fairness*：*A Restatement*, E. Kelly（ed.）, Harvard University Press.（田中成明・亀本洋・平井亮輔訳『公正としての正義：再説』岩波書店、二〇〇四年）
Reidy, A. S.（2014）“From Philosophical Theology to Democratic Theory：Early Postcards from an Intellectual Journey,” *A Companion to Rawls*（前掲）.
伊勢田哲治（二〇一二）「広い往復均衡と多元主義的基礎づけ主義」『倫理的に考える』勁草書房。
稲村一隆（二〇一三）「自由主義と弁証法――ジョン・ロールズの反照的均衡について」『思想』一〇七二：五〇―七二頁。
井上彰（二〇一四）「分析的政治哲学の方法とその擁護」井上彰・田村哲樹編『政治哲学とは何か』風行社。
岩田靖夫（一九九四）『倫理の復権――ロールズ・ソクラテス・レヴィナス』岩波書店。

大日方信春（二〇〇七）「政治的リベラリズムにおける「立憲的精髄」は「暫定協定」を超えうるか」『岩波講座憲法1　立憲主義の哲学的問題地平』岩波書店。

田中成明（一九八五）「公正としての正義と手続的正義――ジョン・ロールズ」大橋智之輔・田中成明・深田三徳編『現代の法思想』有斐閣。

田中成明（二〇一一）『現代法理学』有斐閣。

田中成明（二〇一七）「法の一般理論としての法概念論の在り方について――現代分析法理学への二方向からの批判を手がかりに」井上達夫責任編集『法と哲学』（信山社）三：一―三七。

濱真一郎（二〇一四）『法実証主義の現代的展開』成文堂。

深田三徳（二〇〇四）『現代法理論論争――R・ドゥオーキン対法実証主義』ミネルヴァ書房。

福間聡（二〇〇七）『ロールズのカント的構成主義――理由の倫理学』勁草書房。

堀巌雄（二〇〇七）『ロールズ――誤解された政治哲学』春風社。

松元雅和（二〇一五）『応用政治哲学――方法論の探究』風行社。

若松良樹（二〇一四）「法哲学からみた政治理論――ロールズと合理的選択理論を手がかりに」井上・田村編『政治理論とは何か』（前掲）。

第八章　政治思想史におけるロールズ

――政治社会の安定性という観点から――

齋藤純一

1　安定性への問い

ジョン・ロールズは、『政治的リベラリズム』（一九九三年）において次の問いを繰り返し掲げている。これが彼にとって政治哲学の根本問題である。

理にかなっているものの両立不可能な宗教的・哲学的・道徳的な包括的教説によって互いに深く分かたれた、自由かつ平等な市民からなる安定しかつ正義にかなった社会が長期にわたって存続することは、いかにして可能なのか。（PL, pp.xviii, 133）

ロールズによれば、政治社会（political society）は、正義にかなっているだけではなく、同時に長期にわたる安定性をもちえなければならない(1)。『政治的リベラリズム』においてこの「安定性の問題」が『正義論』（一九七一年）

以上に重要な主題とされるのは、ロールズが「理にかなった多元性の事実」、つまり、一つの政治社会を構成する市民が相対立する包括的教説をいだいているという事実を真剣に受けとめるようになったからである(2)。ロールズ自身が顧みるように、『正義論』においては、安定性はそれ自身「単一の包括的教説」に依拠していた（PL, p.xvi）。それは、彼自身がコミットするリベラルな教説から導きだされ、それによって支えられるものだった。特定の包括的教説に依拠するのではない安定性をどのように描くことができるかは、ロールズにとって実質上新たな課題になる。

彼は、多元性の条件のもとでの社会統合を次のように描く。「社会統合（the social unity）は、もはや、（共通の宗教的信仰や哲学的教説によって与えられる）善の構想には依拠しない。そうではなく、自由かつ平等な人格としての、民主的国家における市民の構想に相応しい、共有された正義の公共的構想にもとづく」（PL, p.304）。社会は、善の構想を異にする人々が、政治社会の市民として共有しうる正義の公共的構想にもとづいて統合されるのであり、その構想は、諸々の包括的教説から「自立した」（freestanding）ものでなければならない（PL, pp.10, 12）。

本章では、この正義の政治的構想がどのような仕方で多元化した社会に安定性をもたらすかを考察する。以下、第二節では、トマス・ホッブズ、ジョン・ロック、ジャン゠ジャック・ルソー、イマヌエル・カントら、ロールズが棹さす契約論の伝統が「安定性の問題」にどう取り組んだかを概観したうえで、ロールズ自身がこの問題にどのようにアプローチするようになったかを確認する。第三節では、正義の政治的構想は多元的な包括的教説の「重なりあうコンセンサス」によって安定的に支持されるとする後期ロールズに固有の議論を考察する。第四節は、主として、制度の正当化についてロールズがどのように論じたかを「公共的理性」の観念に言及しながら明らかにする。最後に第五節では、「重なりあうコンセンサス」が十全な安定性を導くかどうかについて検討する。

これまで「安定性の問題」を重視するようになったロールズがそのために払った「コスト」に関心が向けられてきたが（谷澤 二〇〇〇）、本章はむしろその安定性を揺るがす要素がロールズの議論に含まれていることに注目したい。

2　契約論における安定性の問題

政治社会にどう安定性を築くかという関心は、言うまでもなく、プラトンやアリストテレスに遡る古来のものである。ここでは、契約論の思想家たちが、「安定性の問題」をそれぞれどのように扱ったか、政治社会を安定的なものにするために制度をどのようにアレンジしようとしたかに注目する。あらかじめ言えば、ほぼ一九八三年から九四年にかけて行われた講義を収録する『政治哲学史講義』では、包括的教説（とりわけ宗教的教説）の多元性はまだ主題的には論じられておらず、ロールズの関心は、むしろ、彼が「理由の安定性」（reasons-stability）と呼ぶものに向けられている（JFR, p.110 邦訳一九四頁）。「理由の安定性」とは、すべての当事者が共有する「根本的な利害関心」（fundamental interests）が制度を規制すべき契約の条項によって充たされることであり、それが持続的に充足されるとき政治社会は安定する、とされる。ロールズ自身の場合、「根本的な利害関心」は、自由かつ平等な市民がもつ二つの道徳的能力（善の構想および正義感覚）の十全な展開が保障されることにある（PL, pp.424-427）。

ロールズは、ホッブズの政治思想を「暫定協定としてのリベラリズム」として特徴づける（CP, p.446）。「暫定協定」とは、おおまかな力の均衡にもとづく不承不承の合意であり、力が一方に傾けばその合意は容易に崩れる。コモンウェルスにおいても力において絶えず他を凌ごうとする人々の動機づけは変化しておらず、自らの力が他を圧倒していることが分かればその合意に拘泥する合理的な理由はなくなる。

コモンウェルスの安定性は、主権者の発動するサンクションのみによって維持されるものであり、それゆえ、臣民に対するその権力は絶対的なものでなければならなかった。法は主権者の意志によって制定されるのであり（「真理にあらずして権威が法をつくる」）、臣民の自由はもっぱら「主権者が黙過する」事柄にのみある。臣民にとって、主権者が設定する法によって「平和と安全」が維持されることは理にかなっているが、それは、法に従う（主権者の命令に服する）ことが、自己保存という「根本的な利害関心」を実現するうえで合理的である、と臣民が判断するからにほかならない。このように、ホッブズの議論においては「理にかなっているものの根拠は合理的なものにある」（LHPP, p.66 邦訳一一七―一一八頁）。

コモンウェルスでは、政治社会の主権者は同時に教会の首長でもあり、あらゆる宗教的行為は主権者によって一元的に統制される。宗教的教説の多元性を容認することは潜在的な内戦に再び途をひらくことにほかならず、ホッブズにとっては、寛容を否認することが安定性の条件であった。コモンウェルスの秩序は、政治権力の抑圧的使用によってのみ維持される（こうした事態をロールズは「抑圧の事実」と呼ぶ）。その意味で、「平和と安全」は「暫定協定」にとどまり、その安定性は、臣民の側の内面的な動機づけには定着していない。

契約論の伝統において、宗教的教説の多元性を認めることが、むしろ政治社会を安定させるという考え方を最初に示したのは、『寛容についての書簡』（一六八九年）におけるジョン・ロックである。政治権力の抑圧的行使によっては純粋な信仰は得られないとする彼の主張は、寛容の否認ではなくその容認こそが、信教の一元化ではなくその多元化こそが社会に安定性をもたらすと考えるその後のリベラルな思想に深い影響を及ぼした。

ロールズがとくに関心を寄せるのは、絶対的な政治権力はむしろ政治社会の安定性を損なうと見る、ロックの議論である。ロックがめざしたのは、（複数の立法権をもつ）混合政体の文脈において、王権の濫用に対する抵抗を正当化しうる理由を示すことであった（LHPP, p.105 邦訳一八三頁）。ロックによれば、正統な統治の唯一の源泉はそれに服する人々の同意にあり、その同意は、「プロパティ」（生命・自由・財産）の保全という「根本的な利害関心」が充たされるか否かの判断にかかっている。

ロールズによれば、正統な政治体制についてロックが示した基準は消極的なものであり、契約の所産であると想定できないものを排除するにとどまる（絶対王政はそのようにして排除される（LHPP, pp.128–129 邦訳二二九頁））。その基準は、基本的な政治的権利と自由に関して市民間の不平等を認めるような政治体制（「階級国家」）を必ずしも排除しない。こうした許容が生じうるのは、社会契約を結ぶ際に市民が互いに提示しあう正当化が、身分や地位、階級利害の違いを捨象するものではなく、そうした偶然性を考慮に入れたものになるからである（原初状態を覆う「無知のヴェール」はそうした偶然性を捨象するための装置である）。

安定性をめぐるルソーの議論においてロールズがとくに関心を寄せるのは、「一般意志」はすべての市民が共有し、行使する「熟議（慮）的理性」（deliberative reason）として解釈することができるという点（LHPP, p.224 邦訳四〇一頁）、そして、経済的・社会的不平等を抑制することが政治社会の安定化をはかるうえで決定的に重要であるという点である。

ロールズによれば、市民が共有する「根本的な利害関心」――ルソーの場合、身体の保護・所有権の保障に加え、政治社会の対等な成員として承認されることへの欲求を表す自己愛もそれに含まれる――にもとづく理由によって共通善を構想することが「熟議的理性」である。「一般意志」は、市民が各々熟議的理性を十全に行使するとき、その推論の結果を集約することによって特定されるのであり、私的な理由にもとづく意志を集計しても「一般意志」は導かれない。ロールズの「公共的理性（推論）」は、このような「熟議的理性」の一つの形態であり、どのような憲法規範や基本法が共通善を最も促進するかについての推論を、自由かつ平等な市民が共有しうる理由にのみ依拠させる（LHPP, p.231 邦訳四一二頁）。

ロールズは、「人格的依存を招来するほど大きくはないが市民的自由の利点を損なうほど制限されない不平等」というルソーの観念に注目し（LHPP, p.233 邦訳四一七頁）、不平等に関心を向けることが一般になぜ重要かをルソー講義の際に説明している（LHPP, pp.244–248 邦訳四三五–四四二頁）。ロールズ自身の正義の構想である「公正としての正義」は、リベラルな正義の諸構想のなかでも平等主義的な要素を重視するが、それは、対等な者であろうとする市民のニーズを充たし、市民の間にヒエラルキーが生じるのを阻止することが安定性にとって重要であると――ルソーの議論に沿って――考えるからである。

ロールズは、ルソーが政治社会を安定させる動機づけ（「社会性の感情」）を涵養するために示した「市民宗教」（religion civile）の観念には言及していない。「市民宗教」は「市民の宗教」（religion du Citoyen）とは違い排他性と不寛容を退けるが、「社会契約と法の神聖さ」等の信仰箇条を受け入れない者を「非社会的な人間」とみなし、政治権力による処罰の対象とする。「市民宗教」は寛容でありうるのかという問いに対してロールズが否定的であることは疑いない。政治社会の制度を支持する内面的な動機づけは、非強制的なものでなければならないからである。

カントの議論が、多くの点でロールズに深い影響を与えていることは言うまでもない[3]。カントは『理論と実践』（一七九三年）の「根源的契約の理念」によって、法が正統であるか否かを判断する基準は「普遍的に統合された人民の意志」にそれがもとづいているか否かにあるという考え方を示した（ロールズはこの考え方を継承する。PL, p.445, LHPP, pp.14–15 邦訳二四頁）。「根源的契約」は、非歴史的・仮設的な契約であり、そのつど――ロールズの表現で言えば「いま、ここで」――、市民の普遍的な同意を得られるか否かという基準にもとづいて法や規範の正統性をテストする基準を与える。普遍的な同意可能性というこの基準は、人々が現実に同意しうるか否かではなく、人々が理にかなった状況（自由かつ平等な状況）にあったならば同意しうるか否かを問う。ロールズ自身は直接言及しないが、法（公法）を正当化する理由（格率）を市民に向けて公開することを求める、「公開性」に関するカントの議論（『永遠平和のために』付録）は、安定性の問題を考えるうえで重要である。というのも、それは、法の正当化理由を検討する市民の公共的議論は、安定性を損なうのではなくむしろそれを強化すると考える点で、先のホッブズの主張――「真理にあらずして権威が法をつくる」――を逆転するものだからである。

ロールズによれば、カントの議論は、市民の平等な自由を擁護する点で自らの「政治的リベラリズム」と軌を一にするものの、「包括的な道徳的教説にもとづくリベラリズム」であるという点でそれから区別される（PL, p.302, CP, p.446）。一時期用いられた「実践理性」という言葉も、普遍的な道徳法則を提示する包括的教説との違いを示すために、その使用が避けられるようになった(4)（PL, p.438）。もっとも、ロールズの「重なりあうコンセンサス」が、「理性宗教」を焦点とする多元的な「歴史的信仰」の擁護というカントの宗教論と、議論として同型のものであることは注目に値する。カントは、「理性宗教」（神への理性信仰の要素）を共有する宗教的教説に関してはその多元性を肯定する。『単なる理性の限界内における宗教』（一七九三年）の議論は、ルソーの「市民宗教」を人間の自由と相容れないものとして退け、ユダヤ教やイスラム教をも含む多元的な信教の自由を擁護する。

ロールズは、歴史的に見れば、「リベラルな立憲主義の成功」が、多元的でありながらも安定した政治社会をもたらしてきたと論じる（PL, pp.xxiv–xxv）。そうしたリベラルな制度や文化は「過去の諸世代がつくってきたもの」であり（PL, p.399）、その鍵は、とりわけ宗教的寛容の慣行が長い時間をかけて政治文化に定着したことにある（JFR, p.197 邦訳三四七頁）。

安定性の問題を論じる際、ロールズは、理論的方法と歴史的方法を組み合わせた説明を行う（PL, p.415）。実際、『政治的リベラリズム』では「暫定協定」から「立憲的コンセンサス」を経て「重なりあうコンセンサス」に至る安定性の深化の経緯に関する歴史的な説明に力点がおかれる。十六世紀から十七世紀にかけての寛容は、宗教的内戦を回避するための「暫定協定」にとどまっていた。しかし、その後、信教の自由を保障する憲法規範に限定的な忠誠を寄せる――つまり各宗教集団が自らの包括的教説の地歩を損なうと判断すれば正統な法に背く用意がまだ残る――段階（「立憲的コンセンサス」）を経て、しだいに、自集団の成員の宗教的自由を確保するには、他集団におけるそれをも同じ仕方で公正に保障するような立憲デモクラシーを支持する以外にないということを十分に理解するようになる。かりに自集団が優勢になったとしてもそうした憲法規範への支持を撤回しなくなるとき、政治社会は、権力バランスや外的サンクションに依存しない「正しい理由にもとづく安定性」を得るようになる（PL, p.xlii, 392）。ロールズは、近代の歴史を通じて、正義の政治的構想と包括的教説の対立は低減し、後者の多くは前者に対して「適合する」、「支持する」、ないしは「対立しない」といういずれかの「理にかなった」、少なくとも「理にかなっていなくはない」関係をとるようになったと見る[5]（PL, p.140）。

多元性の条件のもとで共有されうる正義の政治的構想は、このように、諸世代にわたる社会的協働を通じて、民主的社会の公共的な政治文化として歴史的に形成されてきたものに属しており、その歴史的伝統の外部に位置するものではない（PL, p.429–433）。民主的な社会の政治文化には、「社会の主要な制度、受容されたその解釈の諸形態」をはじめ「潜在的に共有された理念や原理のファンド」が保有されている（PL, p.14）。ヤン－ヴェルナー・ミュラーが指摘するように、こうした説明においてロールズは「道徳的学習」が歴史的に進展してきたという事実に訴えている（Müller 2006）。

『政治的リベラリズム』におけるロールズの契約論は、このような歴史的連続性のなかに位置づけられるのであり、かつての契約論のように歴史の連続性を切断するものではない。（「政治的構成主義 political constructivism」［PL, pp.89-110］という方法において）正義の政治的構想は、立憲デモクラシーの政治文化に内在する諸観念から構成されるものであり、それは「反省的で熟慮された判断」の反復を通じた歴史的変容にも開かれている。契約論は、その政治的構想が妥当か否か――成員の「根本的な利害関心」に沿っているかどうか――を、そのつど理論的に検証するという役割を果たすことになる。

3　「重なりあうコンセンサス」と「政治社会の善」

これまで見てきたように、『政治的リベラリズム』における安定性への問いは、教説の多元性がすでにかなりの程度まで「理にかなった」ものになっていることを前提としている。とはいえ全体主義イデオロギーの席捲を経験し、また、宗教的教説の違いゆえの政治的争点が顕在化しつつある同時代の動向をロールズは軽視してはいない。彼の見るところ、安定性の問題は依然として「緊要な」（acute）問いであり続けている（PL, p.lxii）。

ロールズによれば、「理にかなった多元性」は回避されるべき「災厄」ではなく、「立憲デモクラシー体制の自由な諸制度の枠組みのなかで人間理性を行使することが通常導く帰結」（PL, pp.xv-xvi）とみなされるべきである。対話を十分に重ねても「理にかなった人格」が「理にかなった不合意」に至ることは避けられない。共約不可能な多元性は自由な制度をそなえる社会の「永続する特徴」であり、かりにその多元性を克服しようとすれば政治権力の抑圧的使用が避けられなくなる。理にかなった市民は、「判断の負荷」（理にかなった市民の間でも合意の達成を不可能にする諸要因）を自ら承認し（PL, pp.55-57）、自らの包括的教説を政治社会の法や制度を通じて実現することを断念しえていなければならない。

『政治的リベラリズム』において、ロールズは安定性の問題を次のように二つに分けて論じている。「安定性は二つの問いを含む。第一の問いは、（政治的構想によって定められる）正義にかなった制度のもとで成長する人々が、通常は十分な正義感覚を獲得し、一般的にこの制度に従うことが可能となるのかという問いである。第二の問いは、デモクラシーの公共的政治文化を特徴づける一般的事実――とりわけ理にかなった多元性の事実――に照らしてみた場合、政治的構想が重なりあうコンセンサスの焦点となりうるかという問いである」（PL, p.14）。

それぞれの問いに対して、ロールズは、（1）正義にかなった制度は市民の内面にそれに従う正義感覚を醸成する、（2）正義の政治的構想は「重なりあうコンセンサス」の焦点となりうる、と答える。まず第二の問いから、ロールズの議論を辿ってみよう。

まず留意したいのは、「重なりあうコンセンサス」において、その焦点をなすのは、一群の理にかなった政治的諸構想であり、ロールズ自身が擁護する「公正としての正義」はあくまでもそうした諸構想の一つにとどまるということである（PL, p.li）。そうした諸構想には、①基本的な諸権利・自由・機会の擁護、②これらへの特別な優先性の付与、③諸自由・機会を市民が活用するために市民が必要とする適切な汎用的手段の保障という共通の主要な特徴がある[6]（PL, p.6）。「公正としての正義」は、それら一群のリベラルな諸構想のなかで、政治的自由の公正な価値を保障するとともに、公正な機会の平等および格差原理を擁護する点で、平等主義的な特徴をそなえる[7]（PL, p.6）。

「重なりあうコンセンサス」は、価値観を異にする市民が同一の理由によって支持する「強い」ものである必要はなく、それぞれ異なった理由から支持される「弱い」ものであれば十分である（Quong 2011, p.264）。もし、同一の理由による支持が不可欠だとすれば、多元性の条件のもとでは、そのような理由の共有は容易には得られず（ないしは、その理由を受容しない包括的教説を排除・周辺化することになり）、正義の政治的構想への支持を狭いもの、それゆえ不安定なものにする。政治的構想は、各包括的教説がその構想を支持する理にかなったものであるかぎり、その教説の内容を問題にしたり、否定したりすることはない（PL, pp.376-381）。

加えて、相異なった理由による支持は、コンセンサスを「深い」ものにする。政治的構想は、それぞれの包括的教説にとって外在的なものではなく、「モジュール」（本質的な構成要素）としてその内部に組み込まれうるがゆえに、各教説から深い支持を得ることができる（PL, pp.144-145）。市民は、政治的構想を同時にそれぞれの教説に固有の道徳的根拠から支持しうる「道徳的構想」（道徳的観点から見て正しい構想）としても肯定することができる（JFR, pp.194-195　邦訳三四二頁）。深い多元性の条件のもとで社会統合を可能にするのは、包括的教説を異にする市民が、それぞれ異なった理由から、同一の正義の政治的構想を支持しうるという点にある。「重なりあうコンセンサス」の「深さと拡がり」はこのような多元化した支持にかかっている（PL, p.149）。

次に、先の安定性をめぐる第一の問い、つまり、政治的構想によって規制される諸制度は、それに従う持続的な動機づけを市民にもたらしうるか、という問いを取り上げよう。制度と市民の関係（制度への忠誠 allegiance）および市民相互の関係（相互尊重 mutual respect）に分けてこの問いを考察する。

まず、市民の側に主要な制度を支持する「正義感覚」が醸成されるためには、当の制度が市民によって正統なものとして受容される必要がある。そのためには、制度は、包括的教説の違いに関わりなく、すべての成員を平等な者として扱い、その基本的諸自由を保障しえなくてはならない。言いかえれば、制度による公正な扱いによって「自尊」（self-respect）の社会的基盤が得られることが「正義感覚」が醸成されるための条件である（TJ, p.478 邦訳七一五―七一六頁）。もし良心の自由や結社の自由が制度によって侵害されるなら、そうした扱いを受ける市民は憤慨や恥辱の感情をいだかざるをえず、制度に背を向けることになろう（PL, pp.337-338）。

市民としての対等な地位の公共的な承認は、その成員にとって政治社会そのものが「内在的な善」たりうることを可能にする（PL, p.207）。ロールズによれば、そうした公共的承認は、包括的教説を共有する諸集団（アソシエーションやコミュニティ）では提供することのできない政治社会に固有の善――「政治社会の善 the good of political society」――である（JFR, p.202 邦訳三五五―三五六頁）。政治社会は、成員が自らの善を追求するための手段とみなすような「私的社会」ではない。その成員は、正義にかなった制度を支持し、それに従って行動するという目的を共有している（JFR, p.199 邦訳三五〇頁）。

ロールズは『正義論』第三部において、市民の「正義感覚」を「正と善との合致」という観点から説明していた。「もし正義感覚をもつことが実際に善であるということが……明らかになるならば、秩序だった社会は望みうる最高度の安定性を達成する。この社会は自らを支持する道徳的態度を生みだすだけでなく、こうした態度をもつ合理的な人々が自らの状況を（正義が課す諸制約から独立して）評価するとき、彼らの観点から見てもその態度は望ましいものとなる。正と善のこの適合こそ、〈正と善の〉合致と私が呼ぶものにほかならない」（TJ, p.350 邦訳五二二頁）。

その成員が、正義にかなった制度に従うことが自ら自身の善の構想（「生の計画」）に照らして合理的であり、その意味で善であると判断するようになれば、政治社会は「望みうる最高度の安定性」をそなえることができる。(8) 『政治的リベラリズム』から見た『正義論』の難点は、それが提示する正義の構想が「同一の理由」を求める単一の包括的教説に依拠するものだったという点にあり、「正と善の合致」が安定性を導くという議論それ自体が放棄されるわけではない（JFR, p.184 邦訳三二四頁）。多元性の条件のもとでは、正と善が多元的な仕方で合致することが重要だからこそ、政治的構想は諸々の包括的教説から区別され、「自立した」ものとして位置づけ直されたのである（田中 二〇一七、一七〇―一七二頁）。

次いで、相異なる包括的教説をいだく市民間の相互尊重について見てみよう。正統な制度に従う市民の間には、理にかなったものには理にかなったもので応え、正義にかなった行為には正義にかなった行為をもって応じる、という「相互性」にもとづく動機づけ――ロールズが「理にかなった道徳心理学」と呼ぶもの――が醸成される（TJ, p.433 邦訳六四八頁；JFR, pp.195–196 邦訳三四四―三四五頁）。

市民間の相互尊重は、「許容」としての寛容以上のものであり、他の市民がいだく包括的教説そのものに対する一定の尊重をも含む（PL, p.319）。というのも、『政治的リベラリズム』が示す「公共的理性の包摂的な見解」（PL, p.247）ないしは「公共的政治文化の広い見解」（PL, p.462）によれば、包括的教説にもとづく言説は、公共の議論から排除されず、逆にそれに包摂されるからである。そうした公共の議論を通じて、互いの包括的教説の内容について相互の理解がはかられ、各教説からの政治的構想への支持が公共的な仕方で示されるならば、「相互の信頼と公共的な自信」が強められていく（PL, p.249）。後に触れるように、政治的問題をめぐる議論においても、自らの見解を支持する政治的（公共的）理由が適時示されるなら、包括的教説にもとづく見解も積極的に受け入れられる。そのような仕方で、包括的教説は、正義の政治的構想に「持続的な強度と活力」を与えていく（PL, p.463）、とされる。

4　公共的理由による正当化

いま述べた包括的教説による政治的構想へのコミットメントには、重要な条件がある。それは、政治的構想によって特定される「政治的価値」（良心の自由をはじめ政治制度が実現する諸価値）が、強制力をともなう政治権力の行使に関わる事柄については、「包括的価値」（各教説が指示する非政治的価値）に対して優先されなければばならない、という条件である。政治的価値と包括的価値の間には優劣の関係は存在しないものの（PL, p.157）、憲法の本質事項や基本的な正義の問題に関しては政治的価値が優先されなければならない。この優先は「公共的理由」による正当化というかたちをとる。「市民は、根本的な政治的問題が生じる場合には、自らの政治的見解を正当化するために、公共的に受け入れることのできる理由を互いに提示することができなければならない。これは、私たちの理由が、正義の政治的構想によって表現される政治的価値に包摂されるべきことを意味する」（JFR, p.91 邦訳一六一頁）。

「公共的理由」とは、「市民が互いに政治的正当化を行う際に自らの政治的主張をそれに依拠させる種類の理由」である（PL, p.476）。政治的正当化に際して用いられる理由は、現に市民によって互いに受容されている、あるいは互いに受容可能であると市民が誠実に確信するものに限られる。市民の間で行われるそうした正当化理由の交換・検討が「公共的推論」（public reasoning）であり、それは「熟議デモクラシー」とも言い換えられる（PL, p.448）。この公共的推論＝熟議においては、市民は、「自らをあたかも立法者であるかのように考え」、現行の制度が正義にかなっているかどうか、どのような法や政策が最も理にかなったものであるかを検討する（PL, pp.9, 445）。このような正当化理由の検討は、個々のケースにおいて合意を導かない場合にも、市民の相互理解を深め、政治文化の質を改善するのに資する（PL, p.481）。民主的な社会の政治文化は、公共的推論＝熟議の反復が歴史的にもたらしてきた成果であると考えられるのである。

安定性をめぐるロールズの議論において留意したいのは、彼が、「憲法の本質事項」（constitutional essentials）に与えている特別な位置づけである（JFR, p.28 邦訳四八―四九頁）。憲法の本質事項には、「統治と政治過程の一般的構造――立法権・行政権・司法権および多数決ルールの限界――を明確にする基本的原理」および「投票権や政治に参加する権利、思想・結社の自由、良心の自由ならびに法の支配の保護といった、立法権を握る多数派が尊重しなければならない、市民たる地位に含まれる平等な基本的権利と自由」が含まれる。[9] ロールズによれば、これらの本質的事項についてしっかりとしたコンセンサスがあれば、それ以外の経済的・社会的問題について論争があるとしても、政治社会の安定性は揺るがない。

とはいえ、「憲法の本質事項」を核心とする政治秩序のもとで不正義とみなされる事態が生じない、ということにはならない。ロールズは、それ自体としては違法な市民的不服従の実践を「憲法システムを安定的なものとする装置の一つ」と見る。その役割は、「法への忠誠の範囲内で不正義に抗うことで正義からの離反を防ぐ」ことにある（TJ, p.336 邦訳五〇四頁）。ロールズのいう安定性は、不正義の不在を意味するのではなく、不正義が生じるとしてもそれに敏感に反応し、正義の回復を促す復元力（「安定化の諸力」）が動態的に作用する事態を指す（TJ, p.6 邦訳九頁）。

さて、政治的な意志決定が「正統である」（legitimate）ことは、それが「真である」（true）、「正しい」（right）ということを必ずしも意味しない。正統性は不正義の余地をある程度まで許容するのであり（PL, p.428）、市民的不服従は、正統性が許す不正義はもはや受け入れがたいとの判断のもとに行われる。ロールズは、正統性（legitimacy）と正義（justice）の違い――ある法が正しくはないものの依然として正統でありうる余地――を認めながらも、法がそもそも正統でありうるためには、それはあまりに不正義であることはできない、と強調する（PL, p.429）。言い換えれば、民主的な手続きがもたらす意志決定の正統性は、ロールズにおいて、「正義の実質的判断」（substantive judgements of justice）から切り離されたものではありえない。何が正統な手続きであるかを規定する憲法規範は、それ自体、そうした実質的判断の拠り所でもある。それは、なおも誤りうる――したがって修正の余地がありうる――としても、ほぼ正義にかなっていなくてはならない。ロールズは、歴史的に見てすでに成立している立憲デモクラシーの体制はおおむね正義にかなっていると考えている（その意味で、ロールズは、フランシス・フクヤマのいう「歴史の終わり」を否定しないだろう)。

「憲法の本質事項」には、分配的正義にかかわる事柄は含まれず、それらは立法段階に委ねられる。本質事項は、形式的な機会の平等と市民の基本的ニーズを充たすべきソーシャル・ミニマムの保障を含むが、公正な機会の平等および格差原理は含まない(JFR, pp.47–48 邦訳八二—八三頁)。先にルソー講義との関係で触れたように、一定以上の経済的・社会的不平等が、市民としての対等な地位を損ない、政治社会を不安定なものにするとロールズ自身が考えていることは明らかである。そうした不平等は、市民の政治的平等——政治的自由の「公正な価値」——を損なうだけではなく、劣位におかれる市民の自尊の社会的基盤を損なう。

「公正としての正義」は、市民が対等な立場で公共的推論に携わる条件を確保することによって、熟議デモクラシーを促進するという目標を「公民的共和主義」(civic republicanism)と共有する(JFR, p.150 邦訳二六四—二六五頁)。にもかかわらず、経済的・社会的不平等の抑制は、「重なりあうコンセンサス」の核心には位置づけられていない。コンセンサスの範囲が、機会の形式的平等およびソーシャル・ミニマムの保障にとどめられるのも、機会や所得・富の再分配をめぐる見解には大きな違いがあり、多分に論争的であるとみなされているからである。

5　政治社会の安定性——「重なりあうコンセンサス」は十分に安定的か?

ロールズは、さまざまな包括的教説をいだく市民から深くかつ広い支持を得られるように、コンセンサスの焦点をあえてルーズなものとした。しかし、そのために、逆に、政治社会の安定性を揺るがしうる要因が残されているかもしれない。ここでは、そうした要因について三点ほど指摘したい。

ロールズ自身が述べるように、コンセンサスの焦点をなすリベラルな諸構想の間でも、「深く対立しあう政治的・経済的な利害関心」が残りうる（PL, p.168）。リベラルな諸構想には、「財の多寡の分布が全体としてあまり開きすぎない」という制約に服する平均効用原理だけではなく、「一定のソーシャル・ミニマムが維持される」という制約に服する平均効用原理も含まれる（TJ, p.107 邦訳一六七頁）。ロールズが度々言及する「リベラルな社会主義」もそうした諸構想の一つに含まれる（JFR, p.138 邦訳二四六―二四七頁）。「憲法の本質事項」は、ソーシャル・ミニマムを保障するだけであり、機会の平等の保障も形式的なものにとどまる以上、「公正としての正義」であれば許容されないような経済的不平等が生じうる余地がある。

経済的不平等が政治的不平等へと転換されるプロセスを阻むいくつかの手立て――ロールズが挙げるのは選挙費用の公的拠出、政治資金規制、公共メディアへのより平等なアクセスの保障である（PL, p.357）――によって、政治的自由の公正な価値はある程度保持できるとしても、ある集団の自尊の条件を損なうような不平等それ自体がそれによって縮減されるわけではない。宗教的対立の先鋭化は、しばしば、経済的・社会的な有利－不利の関係が固定化されるときに生じる。劣位におかれた集団は、宗教的なアイデンティティにいわば「傷ついた愛着」（ウェンディ・ブラウン）をいだくようになり、正義の政治的構想への支持を撤回する方向に傾くかもしれない。政治社会の安定化をはかるためには、コンセンサスの焦点をあまりに広すぎないようにする――平等主義的な「公正としての正義」により近いものに絞る――ことが避けられないように思われるが、これはコンセンサスからその「広さ」を奪うことになる。安定性をめぐるロールズの議論は、社会の分断化の回避と幅広い支持の間でディレンマをかかえている。

安定性の問題に関して次いで指摘したいのは、「政治的価値」と「包括的価値」との関係、各市民における「公共的なもの」と「非公共的なもの」との関係である（PL, pp.30-31）。すでに述べたように、「重なりあうコンセンサス」は、それぞれの市民が、公共的な事柄については、政治的価値を包括的価値よりも優先し、そのコミットメントを互いに明示する場合に成り立つ。こうした優先関係は、政治的価値と包括的価値の間の優位－劣位の関係を意味しない。各教説の内部で包括的価値が政治的価値よりも「高位」、「上位」にあるとしても、公共的な事柄に関する政治的価値の優先が維持されるかぎり、政治的構想は各教説内部で諸々の価値がどのように整序されるかには関知しない（PL, pp.483-484）。

しかし、包括的教説内部でのより優越的な価値を政治的には優先しないという選択が負荷なく行われうると考えるのは難しい。というのも、たとえばある宗教的教説が一般に男性を女性の優位におくような見方を含んでいるときに、政治的領域においては男女を平等な者として扱う政治的価値を優先することは緊張をともなうはずだからである（Nussbaum 2015, pp.29-31）。ロールズは、『諸人民の法』（一九九九年）において、理にかなったリベラルな社会だけではなく、男女間の不平等を政治的にも肯定する宗教的教説をもつ、「良識ある」人民を（理想理論が描く）「秩序づけられた社会」に含めている（LP, p.60 邦訳八四頁）。同様の宗教的教説（たとえばイスラム教のそれ）をいだくリベラルな社会に生きる市民は、国際社会にあっては包括的価値の政治的優先が是認されていることを知りながら、自ら自身はその優先を自制しなければならないことになる。

ロールズは、政治的価値と両立しがたい価値が包括的教説の内部にあるケースについては立ち入って論じていない。たしかに、包括的教説の側が、政治的価値を優先することのメリットをしだいに学び、正義の政治的構想に適合するよう教説の内容を調整・修正していくという展望が描けないわけではない（JFR, p.193 邦訳三四〇―三四一頁）。しかし、この展望は、包括的教説の側の自制と学習にかなりの程度依存するという弱さをかかえている。先に触れたように、ある宗教的集団が、社会経済的な点で劣位のものとして扱われるような場合に、なおもそうした自制が保たれうるかどうかについては疑問の余地がある。

最後に、安定性の問題に関してもう一点付言したい。それは、政治社会の「公共的政治文化」と市民社会の

「背景的文化」との関係である。公共的政治文化は強制力をそなえる制度をその核心に含んでおり、法や政策をめぐる公共的推論の担い手とされるのは、立法・行政・司法の公職に就いている市民ないしその候補者である。他方、一般の市民が形成する背景的文化には公共的理性の観念は直接には適用されず、自らの政治的主張を正当化する際に公共的理由を挙げなければならない、という制約に市民は服さない（PL, pp.443-444）。多元的な包括的教説も、非公共的なものとして、この背景的文化を構成している。

ロールズは、たしかに、この二つの文化を切り離されたものとしてではなく、相互に浸透するものとして描いている。彼は、「政治生活の協調的徳性」の一つとして、「シビィリティの義務」を挙げる（JFR, p.118 邦訳二〇八頁）。これは、市民が政治的問題について論じる際に、他の市民も受け入れることのできる議論を行い、またそのような理由に訴える徳性である。多くの市民がそうした徳性を発揮するならば、社会に「政治的資本」（political capital）が形成される。ロールズによれば、「資本」という表現が適切なのは、そうした徳性は、長い時間をかけて形成されるものであり、フォーマルな制度だけではなく、市民全体が共有する歴史的な知識や経験にも依存するからである。

このような徳性の涵養と発揮が市民に求められるのは、公職者たる立法者ではないものの、自分自身があたかも立法者であるかのようにみなすことが「理想的には」望まれるからである。市民は、そのような共同「立法者」として、「どのような法が相互性の基準を充たすどのような理由によって支持されるか、制定すべき法として何が最も理にかなっているかを問う」熟議に携わる（PL, p.445）。

このように見れば、政治社会の安定性が、背景的文化が安定的であるか否かに大きく依存しているのは明らかであるように思われる。たとえば再分配の政策をめぐる（公職者たちによる）論争が社会を分裂させることなく行われるためには、「憲法の本質事項」への安定した支持が得られるだけでは十分ではなく、市民社会における情報－意見交換のネットワークが敵対的ではなく協調的な質を保持していることが必要である。ロールズは、公共的政治文化を特定の包括的教説から「自立した」ものとして描くために、それを背景的文化から区別した。しかしながら、背景的文化の次元で、多元的な教説が相互隔離（segregation）の形態をとり、教説間の分断が深まっていくとすれば、公共的政治文化が安定的に維持されていく保証はない。背景的文化における隔離や分断を避けるためには、多元的な諸教説を架橋するような制度的な媒介の仕組みが必要であるように思われるが、ロールズの議論は（自生的に生じるとされる）協調的な徳性に訴えるにとどまる。

以上、ロールズの描く政治社会の安定性は、経済的・社会的不平等が抑制されること、政治的価値と包括的価値の潜在的対立が先鋭化しないこと、そして、公共的政治文化がそれ自体において協調的な背景的文化を必要としていることを指摘した。

冒頭に記したように、ロールズは、正義にかなった政治社会が世代を越えた安定性をいかにしてそなえうるかを検討することに精力を傾けた。とりわけ後期においては、深い多元性の条件のもとで社会をいかにして統合しうるかが主題的に論じられるようになった。ロールズは、『正義論』がすでに取り上げた「理由の安定性」および「正と善の合致」の議論を維持しながら、『政治的リベラリズム』では、「重なりあうコンセンサス」こそが多元化した社会に安定性をもたらす鍵であることを強調するようになった。本章は、それが十分に安定的なものであるかどうかについて若干の疑問を呈したが、ロールズの同時代に比べ明らかに社会や文化の分断が深まった――経済的・社会的格差が広がり、価値対立が先鋭化し、そして公共圏の分断化が進む――現代において政治社会の安定性がいかに可能かを問うことは、おそらくロールズ自身が考えていた以上に「緊要な」ものとなっているように思われる。

注

（1）ロールズは、「政治社会」（political society）という言葉を、「市民社会」（civil society）から区別して、政治制度によって規制される社会という意味で用いている。ロールズの用語では、「公共的政治文化」は「政治社会」に、「背景的文化」は「市民社会」に対応する。

（2）価値観の多元性は、国内の社会においても、国際社会においても、「和解すべき歴史的条件」とみなされる（LP, p.12 邦訳一七頁）。

（3）カントの思想的影響が最も色濃く見られるのは、論文「道徳理論におけるカント的構成主義」（一九八〇年）である。

（4）カントの法理論がロールズの見るように「包括的」であるか否かについては議論の余地もある。Cf. Pogge（2002）.

（5）現実の社会には「理にかなっていない」包括的教説も存在する。正義の政治的構想を支持しない包括的教説は、相互性の基準を充たさず、それゆえ理にかなっていないとみなされる（PL, pp.144, 442）。

（6）国家による再分配を否定するリバタリアニズムはこの「汎用的手段」をすべての市民に保障しない点で、リベラルな正義の政治的構想には含まれない。

（7）ロールズは、『政治的リベラリズム』では、市民が自ら権利や自由を実効的に享受するための条件として、その基本的な必要の充足が第一原理に辞書的に優先されることもありうる、とまで述べるようになる（PL, p.7）。

（8）マーサ・ヌスバウムによれば、ロールズは、正義の政治的構想にもとづく道徳感情を安定性の維持にとって不可欠な動機づけの源泉とみなしてはいるが、この源泉は彼女の眼からみれば、なおも浅すぎる。ヌスバウムは、原理にもとづく感情は、さらに象徴、詩、物語、歌などによって涵養されるより深い動機づけによって補完されるべきである、と主張する（Nussbaum 2015, pp.40-45）。

（9）ロールズの議論において、人権（「近代人の自由」）は人民主権（「古代人の自由」）に対して先行する外在的制約となっているというユルゲン・ハーバーマスの批判に応えて、彼は、私的自律（人権）と政治的自律（人民主権）は等根源的であり、等しい重みをもつことを強調する（PL, pp.409-421）。この点では、ロールズとハーバーマスの間に決定的な違いは見られない（cf. Forst 2002）。

参考文献

Brooks, T. and M. C. Nussbaum（2015）*Rawls's Political Liberalism*, Columbia University Press.

Forst, R.（2011）“The Justification of Justice: Rawls and Habermas in Dialogue,” J. G. Finlayson and F. Freyenhagen（eds.）, *Habermas and Rawls: Disputing the Political*, Routledge.

Müller, J. W.（2006）“Rawls, Historian: Remarks on Political Liberalism's ‘Historicism’,” *Revue international de philosophie*, 237: 327–339.

Nussbaum, M. C.（2015）“Introduction,” *Rawls's Political Liberalism*.

Pogge, T.（2002）“Is Kant's Rechtslehre a ‘Comprehensive Liberalism’? ”M. Timmons（ed.）, *Kant's Metaphysics of Morals: Interpretive Essays*, Oxford University Press.

Quong, J.（2011）*Liberalism without Perfection*, Oxford University Press.

Rawls, J.（1971/rev. 1999）*A Theory of Justice*, Harvard University Press.（川本隆史・福間聡・神島裕子訳『正義論　改訂版』紀伊國屋書店、二〇一〇年）［*TJと略記］

Rawls, J.（1999）*The Law of Peoples*, Harvard University Press.（中山竜一訳『万民の法』岩波書店、二〇〇六年）［*LPと略記］

Rawls, J.（1999）*Collected Papers*, S. Freeman（ed.）, Harvard University Press.［*CPと略記］

Rawls, J.（2001）*Justice as Fairness: A Restatement*, Harvard University Press.（田中成明・亀本洋・平井亮輔訳『公正としての正義　再説』岩波書店、二〇〇四年）［*JFRと略記］

Rawls, J.（2005）*Political Liberalism*, Expanded ed., Columbia University Press.［*PLと略記］

Rawls, J.（2007）*Lectures on the History of Political Philosophy*, S. Freeman（ed.）, Havard University Press.（齋藤純一・佐藤正志・山岡龍一・小田川大典・谷澤正嗣・高山裕二訳『ロールズ政治哲学史講義』上・下、岩波書店、二〇一一年）［*LHPPと略記］

Weithman, P.（2010）*Why Political Liberalism: On John Rawls's Political Turn*, Oxford University Press.

Weithman, P. (2015) "Legitimacy and the Project of Political Liberalism," *Rawls's Political Liberalism*.
井上彰（二〇一五）「ロールズ『正義論』における契約論的プロジェクト――その批判的再検討と今日的意義をめぐって」大瀧雅之・宇野重規・加藤晋編『社会科学における善と正義――ロールズ『正義論』を超えて』東京大学出版会。
田中将人（二〇一七）『ロールズの政治哲学――差異の神義論＝正義論』風行社。
谷澤正嗣（二〇〇〇）「ジョン・ロールズ『政治的リベラリズム』をめぐる批判――安定性の追求とそのコスト」『早稲田政治経済雑誌』三四一：三六七―四〇二。

第九章　ロールズと規範経済学

加藤　晋

1　規範経済学の分析的枠組みとその射程

規範経済学は、資源の配分や社会制度が「いかにあるべきか」（"what ought to be"）を主題とする。規範経済学は二つの基本的課題を有する。第一の課題は、価値判断の形成である。すなわち、二つの社会状態のいずれが望ましいかについて価値判断を行う際に、われわれが従うべき究極の社会原理を明らかにしなければならない。第二の課題は、与えられた価値判断の遂行である。第一の課題に従って形成された価値判断は、ひとつの社会的目的として認識される。社会的目的にとって最適な社会制度の基本構造を模索することが、第二の課題解決の手段と言える。

この意味での規範経済学は、一九二〇年に出版されたアーサー・セシル・ピグーの『厚生経済学』（*The Economics of Welfare*）によって、はじめてひとつの完成された体系として提示された（Pigou 1920）。ピグーは、社会的目的を論じるとともに、二十世紀初頭のイギリスの経済状況に即しながら、目的を達成するための経済政策を提案することを試みている。すなわち、ピグーが『厚生経済学』で取り組んだのは、まさに上述の規範経済学の二つの課題であった。

分野としての「厚生経済学」（Welfare Economics）の歴史は、ピグーの『厚生経済学』とともに始まる。[1] ところで、ピグーがその体系の根幹に据えたのは、ジェレミー・ベンサムによって提案され、ジョン・スチュワート・ミルやヘンリー・シジウィックによって彫琢された功利主義原理である。すなわち、ピグーの体系においては、ひとびとの効用あるいは厚生はなんらかの共通の単位を持ち、その総和をとることで社会全体の厚生水準を表現することができると想定されていた。つまり、厚生経済学は功利主義に基づく政策を提供する分野として誕生したのである。

ピグーの厚生経済学は、経済理論におけるひとつの支配的教義としておおくの経済学者によって受け入れられるところとなった。それゆえ、ピグー以降、規範経済学は厚生経済学と事実上同一視されることとなる。この事実は、規範経済学の発展にとって不幸だったと言うべきかもしれない。言うまでもなく、厚生は「善」に関する特定の構想と言うべきである。さまざまな規範的概念のうちのひとつが教義として受け入れられたことによって、その後の規範経済学における「履歴現象」をもたらした。

ピグーの功利主義に基づく厚生経済学は、一九三二年にライオネル・ロビンズよってなされた批判のために事実上崩壊する（Robbins 1932）。ロビンズによれば、功利主義原理は効用の個人間比較を前提としており、科学としての経済学にふさわしくない。じっさい、個人の厚生の総和をとる操作には、共通の単位の存在が必要となる。サミュエルソンが振り返るところによれば、ロビンズの厚生経済学批判はすぐさまほとんどの経済学者によって受け入れられた（Samuelson 1983）。ロビンズ以降の「効用が序数的かつ比較不可能である」とする立場を「序数主義」（ordinalism）と呼ぶことにする。

ロビンズ流の序数主義の本質は、「選好」（preference）の概念によって捉えることができる。選好は、ある状態と別の状態のどちらが望ましいかを示すものである。「$x \succsim_i y$」という表現は、「状態xは状態yと少なくとも同等に望ましい」ということを意味する。言い換えれば、「状態xは状態yよりも望ましい」あるいは「状態xは状態yと無差別である」かのどちらかが成り立つ。この個人の選好$\succsim_i$は、効用関数から導くことができる。いま、ある個人iの効用関数を$u_i(x)$と表そう。次が成立するように選好を定義することができる。

$$u_i(x) \geq u_i(y) \Leftrightarrow x \succsim_i y$$

すなわち、効用値の大小に応じて、望ましいかどうかを定めるような対応関係を持つように選好は導かれる。選好においては、望ましいかどうかという相対的な関係のみが問題となる。このような選好に基づいて、理論を構成することを試みるというのが序数主義の本質と言えよう。

序数主義においてもっとも基礎的なものは、「観察」である。効用関数は観察できない。むしろ、観察によって得られるのは選好であって、効用関数よりむしろ選好を経済主体の嗜好を表すための、経済分析の本質的要素とみなすべきである。本質的要素としての選好が与えられれば、それを表現するような効用関数を導くことができる。すなわち、上記の対応関係が維持されるような効用関数を考えることができる。一般的に、選好を表現するような効用関数は無数に存在するが、同じ選好を表現する限り、いずれの効用関数を前提にしても、最大化行動の帰結は同じである。

ロビンズによる批判以降の厚生経済学の主題は、序数主義のもとでいかに社会的評価を下すかというものとなった。一九三〇年代後半から四〇年代にかけて、ジョン・ヒックスやニコラス・カルドアによって、政策判断に利用可能な規範的原理の模索が試みられた(2)。序数的効用の立場に基づいた経済学における中核的原理は、「パレート原理」（Pareto principle）である。このイタリア人経済学者の名前を冠された原理は、次のように定式化される。[3]

《パレート原理》すべての個人にとって、ある社会状態が別の社会状態よりも望ましいのであれば、前者は後者よりも社会的に望ましい。

パレート原理は、総和をとるという演算がないために、効用の個人間比較を必要としない点において大きな利点を持つ。パレート原理に基づく政策判断の問題点は、その価値判断の不完備性である。すなわち、ある個人の効用が下がるような変化はどのようなものであっても是認されることはない。それゆえ、ひとびとの間に意見の対立があるような場合には、政策判断ができなくなることを意味する。

ロールズが述べるように、正義論の本質的主題は個人の間の対立をいかに解決するかということである。おおよそすべての政策は、分配になんらかのかたちで影響を与える。パレート原理に基づく限り、分配に影響を与えるいかなる政策も是認されない。そこで、パレート原理のみに基づく経済学は正義論の本質的問題に一切答えないのである。

こうした点を踏まえて、さまざまな経済学者によって、パレート原理を超えた政策決定を行うための社会原理が模索された。[4]そのひとつの決定版はバーグソンとサミュエルソンによって彫琢された「社会厚生関数」（social welfare function）の概念に基づくアプローチである。[5]バーグソンとサミュエルソンの社会厚生関数は序数的効用を前提として、配分を評価するための社会厚生水準を定めるような実数値関数のことである。バーグソン＝サミュエルソン社会厚生関数は一般的形式としては、各社会状態 x になんらかの序数的評価値 $E(x)$ を定める実数値関数として与えられる。この一般的形式においては、厚生が特別に配慮される必要はないことには注意が必要である。

バーグソンとサミュエルソンは、社会厚生関数のなかでも、ひとびとの序数的効用の水準 $u_i(x)$ をなんらかのかたちで集計するような特殊な形式の関数に注目した。このような社会厚生関数は「個人主義的」社会厚生関数と呼ばれ、次のように定式化される。

$$E(x) = W(u_1(x) \cdots u_i(x) \cdots u_n(x))$$

個人主義的社会厚生関数は、事実上、ベンサム流の功利主義を復活させる試みと言える。しかし、このアプローチは二つの点で、古典的功利主義を拡張したものと言える。第一に、個人主義的社会厚生関数において、考慮に入れられている個人の効用関数 $u_i(x)$ は、快楽の絶対的水準を示すものではなく、さまざまな序数的効用関数のうちのひとつにすぎない。第二に、古典的功利主義では効用の総和をとる前提があるが、総和以外の集計方法もその構想のなかに含められている。たとえば、次のようなものを考えてみよう。

$$W(u_1(x), \cdots, u_i(x), \cdots, u_n(x)) = [(u_1(x))^\sigma + \cdots + (u_i(x))^\sigma + \cdots + (u_n(x))^\sigma]^{1/\sigma}$$

これは個人主義的社会厚生関数の典型例であって、パラメターσの数値によって効用の集計方法が異なる。もしσが1であれば、総和の形式となることに注意されたい。

しかし、バーグソンやサミュエルソンは、具体的な社会厚生関数の描写は行わなかった。具体的な社会厚生関数を与えるためには、少なくとも次の二点を明らかにする必要がある。まず、無数にある序数的効用のうちで、いずれを厚生の基礎として選択するのかということを明らかにする必要がある。そのうえで、選ばれた序数的効用に対して、どのような集計を行うのかを選択しなければならない。サミュエルソンによれば、これらを明らかにすることは、倫理学者に委ねられる仕事であって、経済学者が明らかにすべきことではない（Samuelson 1983）。このサミュエルソンの立場は、規範経済学の基本的課題の一つである価値判断の形成に関する取り組みを、事実上放棄することを意味する。

この部分的放棄によって、序数主義に基づく厚生経済学は残された部分の問題ついては、申し分なく対応できるものになったかのように思われた。しかし、一九五一年に出版されたケネス・アローの『社会的選択と個人的評価』によって問題は複雑化する。(6) 現在の厚生経済学の中核となる社会的選択理論のアプローチを開拓したアローの著書は、社会厚生関数の背後にある論理構造を明らかにしようとしたものと言える。アローの不可能性定理と呼ばれる社会的選択理論の中核的命題は、厚生経済学の「死」を証明したものとして捉えられた。すなわち、多くの経済学者は「アローは、矛盾に至ることなく、社会厚生関数を〔……〕単純かつ理に適った要求を満たすように構成することが一般的には不可能であるということを明らかにした」（Scitovsky 1951, p.313）と考えたのである。

本章の目的は、現代の規範経済学における分析枠組みとしての社会的選択理論とロールズの政治哲学の相互作用について論じることである。以下では、まず、アローの定理に対する批判と応答について論じた後に、バーグソン＝サミュエルソン流の厚生経済学の視点から、ロールズの正義論の意義と限界を検討する。そのうえで、現代の社会的選択理論の枠組みからロールズの正義論がどのように理解できるかを明らかにし、最後に社会的選択理論と政治哲学の結びつきについて述べることにする。

2　アローの社会的選択理論

社会的選択理論には、コンドルセ、ナンソン、ドジソン（ルイス・キャロル）、といった研究者による先駆的貢献の蓄積に関する「前史」が存在するが、現代の社会的選択理論の歴史は疑いなく一九五一年に始まる。[7] アローの貢献は、不可能性定理を証明したことにとどまらず、その理論枠組みを構築したことにある。アローの著書が出版された以前と以後で、選好集計に対するアプローチは本質的に異なる。

ここで、アローの社会的選択理論の基本的枠組みを導入しよう。三つ以上の社会状態が存在するものとする。社会構成員は社会状態に対してなんらかの選好を持つ。個人の選好の組み合わせを選好プロファイルと呼ぶ。典型的な選好プロファイルは、$(\succsim_1, \ldots, \succsim_i, \ldots, \succsim_n)$ というような形式で与えられる。

アローの社会厚生関数とは、各選好プロファイルに対して、社会的選好を定めるような写像である。さまざまな選好プロファイルのパターンが考えられうるが、この関数はそのすべての場合に対して、社会的選好を与えるものでなければならない。このように定式化された関数を分析することは、限りなく一般的な形式において、社会的判断の論理構造を理解しようと試みることを意味する。社会構成員の各判断を前提としたときに、社会状態をどのように評価すべきか、という問題が社会的選択理論の主題である。

アローの枠組みは、選好を基礎として社会的評価を構成しようとしている点において、本質的に序数主義的である。アローの社会厚生関数は、この意味でロビンズ以来の伝統に従っている。アローは、この枠組みにおいて望ましい三つの公理を満たしている社会厚生関数が存在しないという不可能性定理を証明した。その公理とは、《パレート原理》、《非独裁制》、および《二項独立性》である。

先述の通り、パレート原理は、ひとびとの意思を尊重することを要求する。全会一致は、近代社会における、公共的判断の根本原理として受け入れられている。例えば、社会契約論の企図は、社会的対立を解決するための制度を全会一致の合意に帰着させるということにあり、この点において、社会契約論は全会一致をアプリオリに規範原理として受け入れている。ひとびとの間で合意があったとしても、古くからの慣習に馴染まないような意思決定であれば棄却されるという立場はパレート原理を満たさない。

独裁者を定義しよう。ある個人がある状態を別の状態よりも望ましいと判断するならば、他の個人の判断には関係なく、前者は後者よりも社会的に望ましい。このような特別に自身の選好が反映されるような権利を持つような個人は独裁者と呼ばれる。そこで、非独裁制は次のように定式化できる。

《非独裁制》独裁者は存在してはならない。

非独裁制の公理は、特定の個人が独裁者として特別な扱いをされることを禁じている。独裁制は、ひとびとは生まれながらにして平等であるという近代的理念に沿ったものではない。むしろ、これは公平性の非常に弱い形式の一つとみなすことができよう。

二項独立性は次のように定式化できる。

《二項独立性》二つの社会状態のどちらが望ましいものであるかは、ひとびとがこの二つの間でどのように評価を下しているかということのみに依存しなければならない。

二項独立性の公理は本質的に情報に関する制約を述べるものである。この公理のもとでは、ある二つの状態の間の優劣を決めるにあたって、その二つの状態以外の別の状態に関する個人の判断は社会的評価の形成において無関係なものとして扱われる。この公理は、意思決定のうえで不必要な情報を明らかにしている。

二項独立性は、二つの選好プロファイルが与えられたときに、その二つのもとでの社会的選好の関係を制約するものである。この意味において、二項独立性は選好プロファイルの間の関係に関する公理であり、インタープロファイル公理（inter-profile axiom）と呼ぶべきものである。その一方で、パレート原理と非独裁制は、ひとつの選好プロファイルが与えられたときにどのような選好が形成されるべきか、あるいは、そうでないかを述べるものである。それゆえ、これらの公理はイントラプロファイル公理と呼ぶべきものである。

このアローの定理の基本的解釈は二つ存在する。第一の解釈は、この定理は民主主義における意思決定手続きに理想的な手続きが存在しないということを述べているというものである。第二の解釈は、バーグソン゠サミュエルソン社会厚生関数を構成するための手続きには限界が存在するというものである。先述のように、サミュエルソンはアローの不可能性定理を彼らの厚生経済学とは無関係なものとして捉えた(8)。サミュエルソンは、アローの社会厚生関数を自身の社会厚生関数と区別するために「構成関数」（constitution function）と位置づけたうえで、次のように述べている。

私の説明はバーグソンの社会厚生関数とアローの構成関数（いわゆる、「社会厚生関数」のことである）の違いを明確にするように工夫されている。バーグソンにとっては、二一九七通りの個人の選好の可能なパターンのたったひとつのみが必要とされる。それはどれでも構わないのだが、たったひとつでなければならないのである。（すべての組み合わせのそれぞれからではなく）そのたったひとつから社会順序は与えられ

るのである。(Samuelson 1967, pp.48–49)

可能な限りの選好プロファイルに対して、社会的選好を定めるために、アローの社会厚生関数は、複数の選好プロファイルを考慮に入れている。これに対して、バーグソン゠サミュエルソン社会厚生関数はあくまでもひとつのプロファイルを前提としている。この二つの概念が異なるというのが、サミュエルソンの主張である。事実として、アローの社会厚生関数は選好プロファイルに社会順序を割り当てる関数であるのに対して、バーグソン゠サミュエルソン社会厚生関数は、配分に厚生値を定める関数なのである。

しかし、こうした構造上の差異が本質的な問題になるかどうかは、些か疑問がある。たとえば、アローは次のように述べている。

結局、彼はあらゆる社会に対して社会厚生関数を与えようとしている。したがって、関数を、個人の選好、あるいは、潜在的であれ、他の情報によって定義することは、それ自体としてバーグソン゠サミュエルソン・プログラムから大きく逸脱するものではない。〔……〕議論に手傷を与えるものは、異なる社会の間のもとでの社会的順序の間に何らかの整合性がある、あるいは、あるべきだという仮定である。(Arrow 1983, p.26)

このアローの考え方はセンにも共有されている(Sen 1970)。アローやセンが述べるところは正しい。与えられたひとつのプロファイルのもとでなんらかのバーグソン゠サミュエルソン社会厚生関数を構築できるのであれば、アローの意味での社会厚生関数も構築できなければならない。むしろ本質的制約を与えているものは二項独立性である。独立性の公理は、序数的効用関数を利用して集計することを許さない。ある二人と二つの選択肢（AとB）が存在し、片方の個人がAからより高い効用を得て、もう片方がBからより高い効用を得るものとしよう。このとき、序数的効用の選択の仕方によって、効用の総和はAの方が高い場合もあればBの方が高い場合もある。独立性の公理はこうした意味での不決定性を認めないのである。

その後、サミュエルソンの主張に従って、ひとつの選好プロファイルのみを前提として、社会的選択理論を構築する試みがなされた。その中で、二項独立性の公理に修正を施すことで、ひとつの選好プロファイルだけを考慮に入れ、インタープロファイル公理を一切導入しないような枠組みでも、アローの不可能性定理の修正版が成立することが示された(9)。これは、バーグソン＝サミュエルソン・プログラムの本質が、ひとつの選好プロファイルだけを考慮に入れるということにあるわけではないことを暗に示している。

こうした点から言えば、バーグソン＝サミュエルソン社会厚生関数を厚生経済学の正統な分析枠組みとして理解する限り、アローの社会厚生関数は厚生経済学にとって適切なものと言うべきであろう。しかし、アローの不可能性定理は厚生経済学を死に追いやるものとして理解されるべきではない(10)。アローやセンによって、繰り返し強調されてきたように、それはむしろ厚生経済学・規範経済学の分析的基礎を与えることを目的としたものである。

これらのすべての規範的分析の試みが、すべて厚生主義の枠組みのなかで行われたということは強調しておかねばならない。すなわち、パレート主義の厚生経済学、バーグソン＝サミュエルソンの個人主義的社会厚生関数、アローの不可能性定理のすべてが、事実上、厚生主義という大きな基盤を前提とするものだったのである。

3　ロールズの『正義論』と規範経済学

結局のところ、アローの不可能性定理は、多くの経済学者たちによって序数的効用の立場に基づく厚生経済学が厳密な理論的基礎を持ちえないことを示していると捉えられた。これは誤解に基づくものと言わなければならないが、この誤解のせいで処方箋を与えるための道具としての厚生経済学に対する注目が後退したと言っても過言ではない。

ジョン・ロールズは、一九五八年に彼のアイディアを「公正としての正義」として提案して以来、さまざまな研究を重ねて、一九七一年に集大成『正義論』を完成させた（Rawls 1958 ; 1971/1999）。正義論の主題は、社会の正義原理の導出と応用である。ここで言うところの社会の正義原理とは、ある社会状態が正義に適っているかどうかを判断するための社会的基準である。この意味での正義原理としてもっとも支配的な思想は、ベンサムによる功利主義原理である。ロールズの『正義論』の最大の目的とは、功利主義に代わる正義の原理を提案することによって、功利主義の支配を打ち破ることにある。

ロールズの正義原理は、二つの原理から構成されている。第一原理は、ひとびとが平等な限り最大限の自由を持つことを要求する。第二原理は、さらに二つの部分に分けられる。最初の部分は、職業に関する機会均等を要求し、第二の部分はもっとも不利な状況に置かれた個人にとって有利になるように制度設計することを要求する。第二原理の二つ目の要求は、「格差原理」（difference principle）として知られている。ロールズによれば、これらの三つの要求は、平等な自由、機会均等、格差原理の順番に、辞書的優先性が与えられなければならない。

ロールズの格差原理においては、各人の有利不利が判断される必要があるが、それは「社会的基本財」（social

primary goods）の指標の大小によって与えられる。社会的基本財とは、あらゆる個人によって各自の目的の追求のために必要となるはずの財である。この基本財をなんらかのかたちで集計値をとったものが、その指標となる。ロールズによれば、正義の二原理が功利主義原理よりももっともらしいのは、それが「原初状態」（original position）における選択の結果であるためである。原初状態とは、社会の正義原理を導くための装置である。原初状態においては、無知のヴェールによって、ひとびとは一切の個人的な情報を持たず、同質的となったうえで、正義原理の選択を行う。ロールズによれば、社会の正義原理は原初状態のもとでひとびとによって選択されるものでなければならず、彼の定式化した二原理は適切なものとして選択されるはずである。

以上を踏まえれば、ロールズの正義論は次の三つの特徴を持つ。

①正義原理を導出する装置としての原初状態
②自由、機会均等、および格差是正に焦点を当てる正義の二原理
③格差原理における有利性の判断の基礎としての社会的基本財

これらはあくまでロールズの議論の一部に過ぎないが、こうした特徴によって、ロールズの『正義論』は、経済学者が規範的課題に再び注目する契機となった。厚生経済学と社会的選択理論の分析枠組みのなかで、こうした正義論の構想はどのように捉えられるだろうか。

ロールズの正義の二原理の際立った特徴は、その非厚生主義にある。厚生経済学の標準的なテキストブックにおいては、次のような社会厚生関数はロールズ型社会厚生関数と呼ばれる。以下では、マキシミン型社会厚生関数として言及する。

$$E(x) = \min\{u_1(x), \cdots, u_n(x)\}$$

この社会厚生関数は個人主義的なバーグソン＝サミュエルソン社会厚生関数の特殊形式であって、もっとも効用水準の低い個人の効用をなるべく高くするように配慮する。もっとも不利な状態にある個人を重視するという点において、格差原理と同様の精神を持っているが、このような社会厚生関数はロールズの議論の本質を捉えているとは言いがたい。

まず、正義の二原理においては自由や機会均等といった事柄が優先的に配慮されていることに注意しなければならない。さらに、格差原理においては「財」を基礎として指標が作られており、一般的に基本財指標は厚生水準と一致しない。ロールズの二原理においては、厚生ではない要素に内在的価値が認められており、それはマキシミン型社会厚生関数の持つ厚生主義的性格と大きく異なる。

マキシミン型社会厚生関数の際立った特徴は、非常に強い平等主義であり、この社会厚生関数のもとでの社会的決定は、極めて介入主義的な性格を持つ。たとえば、ある個人が別の個人よりも高い能力を持ち、同じ労働時間で何倍もの生産が行うことができるものとしよう。このような場合、マキシミン型社会厚生関数は、最終的に厚生の平等化を行うために、少しの財で高い水準の厚生を達成できるような個人に対して、不自然なまでの犠牲を強いる可能性がある。

たとえば、二人の個人からなる社会を考えてみよう。たった一つの財のみが存在するものとし、さらに次のような仮定を置く。第一の個人（個人1）は、1単位の財の消費から4の効用を得る一方で、1単位の労働から4単位の財を生産できる。第二の個人（個人2）は、1単位の財の消費から1の効用を得る一方で、1単位の労働から1／6単位の財を生産できる。両者ともに、労働の不効用は1であり、最大で1の労働を供給できる。この社会では，個人1は個人2より生産能力が高く，少ない財で高い効用を得ることに注意されたい。

このとき，マキシミン型社会厚生関数のもとでは，生産能力の高い個人（個人1）のみが最大限まで働き，4単位の財を生産し，このうちの1単位を生産性の高い個人が消費し，3単位を生産性の低い個人が消費するという資源配分が最適である。最終的には，同じ3の厚生水準が達成される。能力の高い個人の労働が能力の低い個人の生活のすべてを支えるとともに，最終的な消費も前者のそれは後者のそれよりも低い。個人1に厳しい犠牲を強いるこうした状況は，必ずしも公平とは言いがたいのではないだろうか。

上述の配分が最適となる理由を確認しておこう。こうした状況が最適となるのは，生産能力と財から効用を引き出す能力の二つの点において，個人1が優位性を持っているためである。個人2の生産能力は低いため，彼が生産することは社会にとって非効率となるために，一切の生産を行わない。これに対して，個人1は生産能力が高く，彼は最大限の労働を強いられる。生産された財は，二人の厚生水準が平等となるように配分される必要がある。個人1に労働の不効用を補償しつつ，厚生の平等を達成する必要があるが，個人2が厚生を生み出す能力が低いため，彼がより多くの財を受け取る必要があるのである。

格差原理は，上述の二人からなる社会でどのような配分を要求するだろうか。二人が最大限まで労働供給を行い，全体として生産された財を等分するという配分を考えてみよう（一人当たり25／12単位の財の消費を行う）。これは，消費財のみを社会的基本財とみなしたときの，格差原理のもとでの最適な配分である。社会的基本財には，余暇の価値を考慮に入れることが自然ではあるが，ここでは話を簡単にするために余暇の価値を無視する(11)。いずれにせよ，格差原理は，財をベースにして評価するために，マキシミン型社会厚生関数と大きく異なる最適配分を与えることとなる。

これらの配分の比較から，格差原理はマキシミン型社会厚生関数よりも幾分か介入主義的性格が弱いと言えるかもしれない。先述のように、マキシミン型社会厚生関数は、個人1に二重の意味での犠牲を要求していた。格差原理とマキシミン型社会厚生関数のそれぞれのもとで、ひとびとの能力は社会全体の資産と捉えられ、個人1が高い生産能力を有することによって有利な立場に立つことは許されない。この点において、二つの原理はともに生産能力の格差を補正するように配分を是正するかたちで配分を行う傾向を持つという点で、介入主義的である。マキシミン型社会厚生関数は、二人の効用を生み出す能力も是正の対象とする。現在の例においては、個人1は生産能力だけではなく、財から効用に変換する能力も高いため、彼は両方の点で犠牲にならなければならない。これに対して、格差原理においては、基本財の平等化を行うことがその目的となるため、効用変換能力の格差は是正の対象となりえない。それゆえ、格差原理のほうが、介入主義的性格が弱いものとなっていると言うことができるのである。

また、ロールズの二原理は全体としてみた場合に、その辞書的判断のために、マキシミン型社会厚生関数に比べて、さらに介入主義的性格が弱いものとなることに注意する必要がある。もっとも不利な個人に有利になろうとも、それが自由や機会を侵害するものであれば、そうした社会的変化は望ましいものとなりえない。まず、第一に配慮されるべきは個人の自由であるという点で、格差原理における介入主義は抑制されたものとならなければならないのである。

ところで、正義の二原理は、一般的形式のバーグソン゠サミュエルソン社会厚生関数の特殊形式のひとつとみなすことができる。その一般的形式においては、厚生主義は特に前提とされていない。このような形式の社会厚生関数においては、さまざまな要素を配慮に入れることができよう。各社会状態から、十分な自由や機会に関する情報が得られるのであれば、その情報に基づいて、辞書的判断を構成することができる[12]。それゆえ、ロールズの正義原理は広い意味ではバーグソン゠サミュエルソンによる厚生経済学の枠組みと親和的である。

次に、正義原理を導出する装置としての原初状態の役割について検討したい。果たして、原初状態からロールズの正義の二原理が導かれるのだろうか。無知のヴェールのもとでは、自分自身が誰になるのかわからないがゆえに、不偏的観点から評価を行うこととなる。そこで、原初状態における意思決定は、不確実性のもとでの意思決定の問題へと縮約される。不確実性のもとでの意思決定理論には、さまざまなアプローチが存在するが、もっとも標準的なものは、期待効用理論と呼ばれるものである。この理論のもとでは、不確実性を各事象が生起する確率の組み合わせによって捉えて、主体は効用の期待値を最大化するものと考えられる。原初状態とは、原理の選択にあたって、社会構成員のなかの誰になるかわからないような仮説的意思決定場面と捉えられる。

ジョン・ハーサニは、こうした不確実性下での意思決定の結果として、功利主義原理を導いた[13]。個人iとなる確率をp_iと表現すると、原初状態における意思決定者が直面する「くじ」は、その組み合わせ（$p_1, \cdots, p_n$）によって表現される。くじ（$p_1, \cdots, p_n$）のもとでの社会評価を$W(x; p_1, \cdots, p_n)$と表現し、個人の評価を$u_i(x)$と書いておこう。社会評価が期待効用仮説に従うのであれば以下が成立しなければならない。

$$W(x; p_1, \cdots, p_n) = p_1 W(x; 1, 0, \cdots, 0) + p_2 W(x; 0, 1, \cdots, 0) + \cdots + p_n W(x; 0, 0, \cdots, 1)$$

ここで、$W(x; 1, 0, \cdots, 0)$は、確実に個人1になることがわかっているような場合の、社会厚生であることに注意されたい。確実に個人1になるとき、個人1の評価が尊重される必要がある。すなわち、$W(x; 1, 0, \cdots, 0) = u_1(x)$が成立する。個人1以外の場合にも、確実にある個人になることがわかっているのであれば、その個人自身の評価を受容するという公理（「受容原理」）を前提とすると、上述の式より直ちに功利主義が導かれる。このアプローチにおいては、ひとびとが不偏的観察者として、期待効用仮説と受容原理を認めるのであれば、功利主義に合意することを意味する。このハーサニの結論は、「不偏的観察者の定理」として知られている。

このハーサニの定理は、ロールズの格差原理ないしはマキシミン型社会厚生関数の導出に対する最大の批判として考えられている。これに対して、ロールズは個人のリスク態度に訴えかけることで二原理の導出の正当化を試みているが、むしろ自然な前提のもとでは功利主義が導かれることになる、という点が問題の争点となる。ハーサニの議論は明快であり、マキシミン型の平等主義原理を導出するロールズの立場は厳しいように思われる。

こうしたなかで、経済学者ケン・ビンモアはロールズの理論体系に新たな視角を与えた（Binmore 2005）。ハーサニの定理の本質的特徴は、期待効用仮説と受容原理というよりは、むしろ、導出過程において原理にコミットメントすることを前提としていることと、ビンモアはみている。ハーサニとロールズの両者はともに、暗黙裡に、ひとびとは正義原理に関する合意にコミットメントできると想定している。コミットメントが可能であれば、ハーサニの議論は正しい。しかし、もしこのようなコミットメントができないのであれば、むしろ格差原理やマキシミン型社会厚生関数のもとでみられるような平等主義が合意されることになる。このことは、少なくともロールズが原初状態からの正義原理の導出プロセスを部分的に修正することで、ハーサニの批判に対応可能であることを示唆している。

ビンモアのようにコミットメントに着目することで平等主義を原初状態から導くことは、ロールズを擁護する試みとして非常に興味深い。しかし、二つの点に注意しなければならない。ここで与えられたのは事実上、マキシミン型社会厚生関数の正当化に過ぎないという点である。そもそも、格差原理においては、基本財指標が情報的基礎となる。さらに、ロールズの二原理を全体としてみれば、第一原理と第二原理の前半部分に表されているように、自由と機会が重視されている。こうしたロールズの正義論の非厚生主義を捉えることができないという点で、ビンモアのロールズの擁護は、あくまでも厚生に関する平等主義の擁護であって、二原理の正当化ではない。

非厚生主義的な本来の正義の二原理を導出するとすれば、ハーサニの枠組みの別の部分に注目する必要がある。

それは、不偏的観察者の期待効用に基づく意思決定と受容原理を尊重している点であろう。原初状態における個人は、期待効用仮説に従わないかもしれない。原初状態における意思決定は、制度の選択という、個人にとって著しく特別な意思決定であって、通常の経済行動において期待効用仮説が正しいとしても、原初状態における意思決定行動としては不自然なものとなりえる。さらに、ハーサニの想定する観察者は、受容原理を認めているという点において、正義原理の選択に先立ち、各人が明確な善の構想を持つことを意味する。これに対して、ロールズは、各人が善の構想について特定のコミットメントを行わない状態で正義原理を選択することを想定している。こうしたことを踏まえると、ハーサニの想定からの逸脱がロールズの二原理においては本質的に重要となるだろう。

この一方で、原初状態からの正当化というプロジェクト自体を再考する必要があるという見方も可能だろう。一九七三年にアローは「ロールズの正義論に関する序数的効用主義者の覚書」と題されるロールズ『正義論』の評論を発表した（Arrow 1973）。ここで、アローは、厚生経済学の標準的立場から『正義論』を冷静かつ丁寧に検討しており、この評論は経済学者による『正義論』のもっとも正統な評価であると言ってよい。

このなかで、アローは、ロールズの企図そのものに対する疑念も述べている。特に彼は、情報という観点から、普遍的な正義の政治的構想を打ち立てるという試みそのものには限界がある可能性を指摘している。それは、異なる個人は本質的に異なる情報を持っているということである。たとえば、アローは原初状態における情報について、あいまいな点があるということを論じている。原初状態においては、正義の原理を選択するために社会や世界に関する普遍的知識は保有しつつ、自分に関する情報はヴェールの向こう側に隠れることが想定される。この二分法は困難を孕んでいるというのがアローの指摘と言えよう。じっさい、このことは実践的に見て深刻な問題をもたらす。アローはカトリック信者の例を挙げている。カトリックであることは、自分の特別な情報なので自身がカトリックであることを知らない状態で、ほかの宗教の信者にも不利にならないように原理の選択をするというのが原初状態の要請である。しかし、この信者はカトリックの見解が社会の普遍的知識だと考えている可能性があり、その場合には、意思決定は本質的にカトリック信者と知りながら行うものと同じになる。個人によって普遍的知識の在り方が異なり、「世界」の見え方に違いが存在するというのがアローの見解である。こうした個人的な差異がある中で、普遍的な正義の構想を構築することには実践的な困難性がある。次のアローの警句は傾聴に値する。

個人（individuals）が真の意味で分割不可能（individual）であるという限りにおいて、それぞれ自律した目的を持ち、その限りで不思議で互いに理解しがたい何かとならざるをえない。いかなるルールであれ、すべての個人に受け入れられることはない。社会的決定過程におけるパラドックスとして論理的にその本性を現しうる裁定しがたい対立の可能性が存在するように思われる。（Arrow 1973, p.263）

「原初状態／正義原理」というプロジェクトを放棄するのであれば、どのように正義原理の検討を行うことができるのだろうか。そのひとつの方法が、拡張された社会的選択理論の分析枠組みと言える。

4　社会的選択理論のなかのロールズ

先述のように、社会的選択理論の枠組みは、経済学の規範的分析の不可能性を提示するためのものではない。たとえば、アロー自身は、社会的選択理論の射程について、次のように述べている。

より広い意味においては、〔社会的選択理論は〕ある程度、個人の必要性に対する満足度に基づく個人間の関係に関する規範的判断のひとつの側面を示すものだと解釈することができる。ロールズの正義論は、「ある状態 x は正義に適っている」、あるいはよりその理論の精神に沿って定式化すれば、「状態 x は状態 y よりも正義に適っている」という形式の命題の真理値が「個人 i にとって状態 x は状態 y よりも望ましい」あるいは「個人 i にとって状態 x は状態 y よりも公平である」という形式の命題の真理値に依存しており、このような正義論は、一般理論の範囲に属する社会的選択の一例とみなすことができる。（Arrow 1977, pp.607–608）

重要なことは、二項独立性のもとでは情報が制約されすぎているために、社会的評価のための適切な情報を利用できないという点であろう。では、どのように社会的選択のための情報的基礎を広げるべきだろうか。アローは、『社会的選択と個人的評価』において、不可能性定理を乗り越える方法として個人間比較を行うために、社会的評価の情報的基礎を広げる可能性に言及している（Arrow 1951）。

個人間比較に基づく社会的選択理論のアプローチは、一九七〇年代から八〇年代に発展した。その多くは、功利主義原理やマキシミン型社会厚生関数の分析に関するものである。本節の残りの部分では、それらの分析を踏まえて、ロールズの格差原理の正当化を近年の社会的選択理論の貢献に基づいて検討していきたい[14]。

格差原理を特徴づけるための社会的選択理論の基本的前提は、次のようなものである。各個人の各社会状態における基本財に関する指標が、社会的評価のための情報として利用可能である。基本財指標に関する情報だけが利用可能である必要はなく、厚生に関する情報やその他の情報も利用可能であってもよい。すくなくとも、社会状態が定められたときに各個人が享受する社会的基本財の指標が、なんらかの実数値として定まるだけでよい。ここでは、個人 i の基本財指標を P_i と表すことにする[15]。

格差原理は三つの公理によって特徴づけられる。[16] まず、第一の公理は情報に関する公理であって、社会的基本財の指標に従ってひとびとの有利性が判断されることを求める。

《基本財情報》各人の有利性は社会的基本財の指標 P_i の大小によって評価される。

次の公理は、本質的にパレート原理と同じものである。

《全会一致》全ての個人にとってより有利な状態への変化は、社会的に望ましい。

ここでの有利性は、《基本財情報》の公理により、基本財指標に従ってなされなければならない。最後に、公平性の公理を導入したい。状態 x のもとで、もっとも有利な立場にあるひとびとのグループを B_x と表し、もっとも不利な立場にあるひとびとのグループを W_y と表す。

《最小公平性》二つの状態（x, y）の間で、$B_x = B_y$ および $W_x = W_y$ が成立するものとし、もっとも有利な立場にもっとも不利な立場にもないひとびとにとっては、二つの状態の優位性は同じ水準にあるものとする。もし状態 x から状態 y への変化が、もっとも有利な立場にあるひとびとにとって望ましいものではないが、もっとも不利な立場にあるひとびとにとって望ましいものであるなら、そのような変化は悪いものではない。[17]

二つの状態の間で、もっとも恵まれない個人ともっとも恵まれている個人は同じである点に注意されたい。この公理の事実上の要請は、もっとも恵まれた個人が悪化するものの、もっとも恵まれない個人が改善するような変化は悪いものではないというものである。億万長者の犠牲のもとに、貧困層を救済するというのがこの公理の精神であり、決して規範的に不自然なものではない。しかし、この公理は、もっとも恵まれない個人の小さな改善のために、もっとも恵まれている個人におおきな犠牲を求める可能性を許している点で、決して弱い要請ではないことには注意する必要があろう。

次の定理が成り立つ。《基本財情報》、《全会一致》、《最小公平性》を満たすような社会的評価の方法のもとでは、もっとも不利な立場にある個人の基本財指標が改善するような変化は、必ず社会的に見て望ましい[18]。言い換えれば、三つの公理のもとで、格差原理が成立する。

この定理を示す。ある状態xと別の状態yの比較を行うとしよう。状態xにおいてもっとも不利な状態にある個人を個人Ａと呼び、状態yにおいてももっとも不利な状態にある個人を個人Ｂと呼ぶことにする[19]。状態xにおける個人Ａの基本財指標をP_Aと表し、状態xにおける個人Ｂの基本財指標をP_Bと表す。状態xにおける個人Ａの立場は状態yにおける個人Ｂの立場より恵まれたものである。すなわち、$P_A > P_B$が成り立つ。

三つの公理のもとで、状態xが状態yよりも望ましいことを導けばよい。いま、状態xとも状態yとも異なる別の状態zを考える。状態zのもとで、もっとも不利な立場に置かれる個人はＢであるとして、そのときの基本財指標をP'_Bと表す。個人Ｂの置かれた立場は、状態yとくらべて状態zのもとでほんのわずかに望ましいだけであり、$P_A > P'_B > P_B$が成り立つ。すなわち、状態zにおける個人Ｂの立場は、状態xにおける個人Ａの立場よりも不利な状況にある。一方で、個人Ｂ以外のすべての個人は、状態zへの変化によって同程度に恵まれた状況に改善する。そこで、状態zにおける個人Ａ以外の基本財指標はP_Aよりも高いものとる。こうした変化は、全員にとって望ましいものである。それゆえ、全会一致の公理により、状態yから状態zへの変化は望ましい。

ところで、状態zにおいては、個人B以外は一様にもっとも有利な立場にある。状態zからさらに別の状態wへの変化を考えよう。状態wにおいては、もっとも不利な立場に置かれているのは個人Bであり、B以外は一様にもっとも有利な立場にあるものとする。すなわち、状態zと状態wの間で、もっとも不利な状態にある個人ともっとも有利にある個人のグループが同じである。さらに、個人Bの置かれた立場は、状態zとくらべて状態wのもとでほんのわずかに望ましく、その他の個人については一様に悪化し、個人Bの状況よりわずかに望ましいだけである。それゆえ、状態wにおける個人Bの基本財指標をP''_Bと表し、個人B以外のひとびとの基本財指標を$\bar{P}$と表せば、$P_A>\bar{P}>P''_B>P'_B>P_B$が成立する。このとき、最小公平性の公理によって、状態zから状態wへの変化は悪くはない。

最後に、状態wから状態xへの変化を考えよう。状態wにおいては、すべての個人の基本財指標は、状態xにおいてもっとも不利な立場にある個人Aの基本財指標よりも低い。それゆえ、全会一致の公理によって、このような変化は望ましい。

以上の事実から、状態yから状態zへの変化は望ましく、状態zから状態wへの変化は悪くはないものであり、状態wから状態xへの変化は望ましいものであるということが示された。これらのことより、状態yから状態xへの変化は望ましいということが成り立つ。すなわち、もっとも不利な立場にある個人の基本財指標が改善するような変化は、社会的に見て望ましい。

この格差原理の導出は、次のような意味を持つ。われわれが、《基本財情報》、《全会一致》、および《最小公平性》という三つの公理を認める限り、格差原理を受容しなければならない。

こうした格差原理の特徴づけは、表面上の枠組みは異なったものであるとしても、アローの不可能性定理の理念上の拡張であることに注意されたい。先述のように、アローの三つの公理は、「全会一致」、「情報利用」、および「公平性」に関する倫理的要請として解釈することができる。ここでの格差原理の特徴づけも、《全会一致》、《基本財情報》、および《最小公平性》という構造から構成されており、アローの公理の精神を引き継いだものと言える。社会的選択理論の枠組みにおいては、マキシミン型社会厚生関数のさまざまな特徴づけが提示されてきたが、その多くがこの広い解釈のもとでのアローのアプローチを尊重するものである。

社会的選択理論の枠組みにおける正義原理の正当化においては、原初状態のような仮説的状況における意思決定は想定されない。社会状態を評価するための情報的基礎と公平性に関する明示的な公理に基づいて、論理的帰結として正義原理は導かれる。一見、弱い公理のように見えてもそれらが補完しあうことで、強い倫理的含意を持つ正義原理を導くことが示される。上述の格差原理の導出において課された《最小公平性》は、最富裕層と最貧困層のメンバーに変化がない限りにおいて、前者に犠牲を強いて後者を助けることは致し方ない、とするものであった。この公理と格差原理の間には大きな乖離が存在する。この乖離はその他の自然な公理によって埋められたのである。

ここで紹介した特徴づけは、社会的選択理論の枠組みで格差原理を正当化するための唯一の方法ではない。事実、上述の試みは社会的選択の分析としては非常に原始的なものであって、さらに洗練されたものを考察する必要があろう。

異なる枠組みや異なる公理を用いて、格差原理を正当化することも可能であり、社会的選択理論の公理的分析による特徴づけには幅広い可能性がある。その正当性は、枠組みと公理の規範的な説得性に基づくこととなる。この点を踏まえれば、社会的選択理論の分析枠組みの大きな特徴は、規範的要請を公理というかたちで明確に表現し、それらを精査しながら、社会原理の本質と構造について熟慮する可能性を与えるということにあろう。

5　政治哲学と社会的選択理論

現在では、社会的選択理論は、規範経済学の中核的枠組みとなっていると言えよう。本章では、正義論と関わるいくつかの試みについてのみ言及したが、アロー以降の発展のなかで、不平等・貧困問題、環境評価、課税問題など、社会的選択理論が扱うことのできる領域は大きく拡がっている。広く捉えれば、社会的選択理論の分析構造は次の二点に集約できよう。第一のものは、どのような情報が利用できるかという情報的基礎の問題である。所得、厚生情報、基本財などのうちどの情報を重視するか、誰の情報を考慮に入れるか、序数性・基数性などについてどのように想定するか、などがこの問題に含まれる。第二のものは、与えられた情報をどのように扱うかという問題である。言い換えれば、公理の定式化に関する問題である。この意味で、社会的選択理論は、個人の福祉に関する情報の選択とその取扱いに関する分析と言えよう。

近年出版された『正義のアイディア』は、センによる正義論を集約したロールズの『正義論』への挑戦状とみなすことができる（Sen 2009）。そのなかで、センは社会的選択理論のアプローチが、ロールズをはじめとする政治哲学者の方法論よりも有用であることを一貫して説いている。

センは、ロールズの契約論アプローチを厳しく批判しているが、彼の議論は三つの点に集約できる。第一の点は、ロールズが「社会制度」の選択を正義原理の課題としていることである。ロールズは、ルソーと同じく、いったん制度について契約を結べば、自ずと正しい行動に従うと考えている。センは、必ずしも実際の人間は正しい制度のもとで正しい行動をとらないとの見方を示し、「もしある社会で起こったことの正義が、制度的特徴と実際の行動の組み合わせと、社会の達成を決める他の影響に依存しているなら、実際の行動〔……〕にかかわりなく、「公正」な制度を特定することは可能か」（Sen 2009, 邦訳一二一頁）と述べている。

第二の点は、ロールズは契約論アプローチを採用することによって、「正義に適った社会」という理想状態しか議論を行えなくなってしまっていることである。理想状態の記述に注目するというこの特徴は、他の政治哲学者の思想と共通の基盤であり、センは彼らが従うこの方法を「先験的アプローチ」と呼んでいる。これに対して、センは、ある社会からより不公正でない社会へと移行するための「比較」が重要であると述べている。こうした実現ベースでの比較という点において、社会的選択理論が有用であるというのがセンの主張である。

第三にセンは、ロールズのアプローチではグローバルな視点を持てないことを批判している。原初状態という枠組みによって、社会構成員の意見を不偏的に集約する一方で、社会の外部からの視点を反映できなくなってしまう。ロールズの正義論における客観性は、社会構成員のみの閉鎖的なものとなってしまう。アダム・スミスが「公平な観察者」によって導入したような、開放的客観性がむしろ正義の判断を形成するためのアプローチとして適切であるというのがセンの主張である。センは次のように述べている。

〔……〕正義の評価には、「他者の目」の働きが必要だということであり、その理由は、第一に、我々は、単に自分が属する地域的なコミュニティとだけ同一化するのではなく、それ以外の場所にいる他者ともさまざまな形で同一化するということであり、第二に、我々の選択と行動は、近くにいる人々だけでなく、遠くにいる人々の暮らしにも影響を与えるということであり、第三に、他者がそれぞれの歴史的地理的視点から見ているものは、我々が自分自身の偏狭主義を克服するのに役立つということである。（Sen 2009, 邦訳二〇二頁）

ロールズをはじめとする政治哲学における正義論において、こうした点が本質的に克服しがたいものなのかは自明ではない。政治哲学の試みにおいて、センの強調するような論点を広く取り込んだような議論の枠組みを構成することも可能かも知れない。しかし、ここで強調したいのは、①制度を超えた正義の捉え方、②実現ベース、③開放的客観性、といったことに考慮して、正義を形成するということは説得力があるということである。センの三つの視角は、正義論を机上の空論ではなくなんらかのかたちで実践するうえでは、重要であると思われる。

センによれば、社会的選択理論は、以上で述べた三つの視角に対して積極的に取り組むことができる。しかし、無条件にこれらの視角にアプローチすることができるわけではない。社会的選択理論の中核となる作業は公理や条件に基づく形式的／理論的分析であるが、このような公理的分析を行うことが、センの述べるような社会的改善の営為に直接的に結びつくわけではない。すなわち、社会的選択理論の実践性も自明ではない。この点からすれば、社会的選択理論自体の「実践」が必要である。

その本質からして、社会的選択理論の実践とは、情報的基礎の選択と公理の定式化をどのような手続きで行うかということと関わる。例えば、マーク・フローベイは、政治哲学における善と正義に関する議論は本質的に公理の定式化と関わるものであり、政治哲学における理念を形式化することで社会的選択理論の分析へと役立てることができると考えている（Fleurbaey 2015）。彼は、哲学的な考察から公理や原理を提案する哲学的作業と公理に基づいて論理的・数学的分析を行う規範経済学の作業の「分業」（division of labor）の重要性を強調している。事実、ロールズの哲学的考察が、社会的選択理論の公理的分析に与えた影響は大きい。

政治哲学と社会的選択理論は、独立した研究分野でもあり、それぞれ排他的性格を部分的に持っていることは否定しがたい。その一方で、それらは本質的に補完的性質を持っていると考えられる。政治哲学の理念の特定の経済環境における含意は、社会的選択理論によって分析されうる。また、社会的選択理論の公理や定理は、政治哲学の考察と解釈によってその本質である規範的性格や規範的含意が捉えられうる。二つの分野が協力することは、分野のなかで閉じられた議論を開かれたものにする志向性を与えうる。それは、実のところ、開放的客観性や実現ベースに基づいた正義論を構築するための基礎となりうるものである。それゆえ、センが強調するような実践は、むしろ、政治哲学者と規範経済学者のあいだにおける対話という、社会的価値判断の形成と公共的討議のための土台が与えられてこそ可能になるということを指摘して、本章の結論としたい。

＊謝辞　日頃の議論に加えて、この章の原稿を丁寧に読み、的確なコメントをくださった平見健太氏（社会科学研究所学振ＰＤ）に感謝します。本研究は、日本学術振興会科学研究費補助金（若手Ｂ）の助成を受けたものです（課題番号26870477）。そして、ＪＳＰＳ海外特別研究員（課題：福祉と公正）としての研究成果の一つです。

注

（1）ピグーは一九一二年に出版した『富と厚生』において、彼の厚生経済学の基本的構造を提示している。それゆえ、厚生経済学は『富と厚生』をもって始まるということもできる（Pigou 1912）。さらに言えば、功利主義思想はピグー以前のイギリスの経済学者に広く共有された考え方であったために、エッジワースといった、ピグー以前の経済学者の著書に厚生経済学の実質的誕生を遡ることもできる。しかし、その総合性と実践性に加えて、ピグーの厚生経済学は介入主義を本質的性質として持つがゆえに、ピグーの『厚生経済学』をもって厚生経済学が誕生したとみるのは自然なことだと思われる（Pigou 1920）。

（2）Hicks（1939）および Kaldor（1939）は、この模索におけるもっとも影響力のある最初期の貢献である。

（3）ヴィルフレド・パレート（一八四八—一九二八）がパレート原理を構想したのは、ロビンズの批判よりもはるか前の一九〇六年である。ヒックスやカルドアの功績は、パレートの構想を再発見して洗練化したことにある。

（4）たとえば、Kaldor（1939）や Scitovsky（1941）らによって「補償原理」によるアプローチが開拓された。

（5）バーグソン＝サミュエルソンのアプローチは、Bergson（1938）によって創始され Samuelson（1956；1983）の論考によって広く受け入れられることとなった。

（6）アローは、一九六三年に『社会的選択と個人的評価』第二版を出版しているが、そこでは分析にいくつかの修正を加えている。その後、二版における社会的選択理論の枠組みが広く受け入れられていることから、本章でもそれに準じた説明を行うことにする。

（7）アロー自身が、倫理学の影響を受けてどのように不可能性定理に至ったかについてはSuppes（2005）を参照されたい。

（8）Samuelson（1967）を参照されたい。Bergson（1954）もまたアローの定理の解釈に関する批判を行っている。

（9）Kemp and Ng（1976）およびParks（1976）は、インタープロファイル公理を課さない不可能性定理に関する基本文献である。Samuelson（1977）は、彼らの研究に関する否定的反応を述べるものとなっている。また、Fleurbaey and Mongin（2005）による解説も参照されたい。

（10）Fleurbaey and Mongin（2005）も参照されたい。

（11）余暇の相対的価値が低いような社会的基本財の指標を考えれば、これと近い配分が最適となる。

（12）通常、社会厚生関数の定義域は配分の集合とされる。経済学における通常の意味での財の配分からは、自由や機会に関する情報は不十分なものとならざるをえない。ここで言及しているところの社会状態には、より広い情報が含まれていなければならないことには注意を要する。

（13）Harsanyi（1953）を参照されたい。Roemer（1996）は、ハーサニの議論の簡易な説明と解説を提供している。

（14）Hammond（1976）とStrasnick（1976）は、マキシミン型の原理の導出に関する最初期の貢献である。

（15）ここでは基本財指標の存在は前提として受け入れている。アローが指摘するように、指標自体が、ひとつの集計手続きとみなせるために、その適切な構成方法は自明ではない（Arrow 1973）。

（16）ここで紹介する特徴づけは、交換経済における厚生主義的マキシミン原理の擁護を試みたFleurbaey（2005）による分析を修正したものである。

（17）ここで、「悪いものではない」というのは望ましいか無差別であるかのどちらかであることを意味する。

（18）ここでは、二つの状態の間で、もっとも不利な立場の個人に関する基本財指標が完全に等しい場合については問題にしない。

（19）ここでの証明では、もっとも不利な立場の個人が複数の場合については論じていないが、証明の本質はそのことによる影響を受けない。

参考文献

Arrow, K. J.（1951）*Social Choice and Individual Values*, Wiley（2nd ed., 1963； 3nd ed., 2012）.（長名寛明訳『社会的選択と個人的評価　第3版』勁草書房、二〇一三年）

Arrow, K. J.（1973）“Some Ordinalist-utilitarian Notes on Rawls's Theory of Justice,” *Journal of Philosophy* 70（9）： 245–263.

Arrow, K. J.（1977）“Current Developments in the Theory of Social Choice,” *Social Research* 44（4）： 607–622.

Arrow, K. J.（1983）“Contributions to Welfare Economics,” E. C. Brown and R. M. Solow（eds.）, *Paul Samuelson and Modern Economic Theory*. McGraw-Hill.

Bergson, A.（1938）“A Reformulation of Certain Aspects of Welfare Economics,” *The Quarterly Journal of Economics* 52（2）： 310–334.

Bergson, A.（1954）“On the Concept of Social Welfare,” *The Quarterly Journal of Economics* 68（2）： 233–252.

Binmore, K.（2005）*Natural Justice*, OUP Catalogue.

Fleurbaey, M.（2005）“The Pazner-Schmeidler Social Ordering： A Defense,” *Review of Economic Design* 9（2）： 145–166.

Fleurbaey, M.（2015）“Division of Labor in Policy Evaluation： Is There a Role for Normative Analysis?” *The Good Society* 24（1）： 73–85.

Fleurbaey, M. and P. Mongin（2005）“The News of the Death of Welfare Economics Is Greatly Exaggerated,” *Social Choice and Welfare* 25（2–3）： 381–418.

Hammond, P. J.（1976）“Equity, Arrow's Conditions, and Rawls' Difference Principle,”*Econometrica* 44（4）： 793–804.

Harsanyi, J. C.（1953）“Cardinal Utility in Welfare Economics and in the Theory of Risk-taking,” *The Journal of Political Economy* 61（5）： 434–435.

Hicks, J. R.（1939）“The Foundations of Welfare Economics,” *The Economic Journal* 49（196）： 696–712.

Kaldor, N.（1939）“Welfare Propositions of Economics and Interpersonal Comparisons of Utility,” *The Economic Journal* 49（195）: 549–552.

Kemp, M. C. and Y. K. Ng（1976）“On the Existence of Social Welfare Functions, Social Orderings and Social Decision Functions,” *Economica* 43（169）: 59–66.

Parks, R. P.（1976）“An Impossibility Theorem for Fixed Preferences: A Dictatorial Bergson-Samuelson Welfare Function,” *The Review of Economic Studies*, 43（3）: 447–450.

Pigou, A. C.（1912）*Wealth and Welfare*, Macmillan.（八木紀一郎監訳、本郷亮訳『ピグー　富と厚生』名古屋大学出版会、二〇一二年）

Pigou, A. C.（1920）*The Economics of Welfare*, Macmillan（4th ed., 1932）.

Rawls, J.（1958）“Justice as Fairness,” *The philosophical Review* 67（2）: 164–194.

Rawls, J.（1971/1999）*A Theory of Justice*, Harvard University Press, 1971; Revised ed., 1999.（川本隆史・福間聡・神島裕子訳『正義論［改訂版］』紀伊國屋書店、二〇一〇年）

Robbins, L.（1932）*An Essay on the Nature and Significance of Economic Science*, Macmillan.（中山伊知郎監修、辻六兵衛訳『経済学の本質と意義』東洋経済新報社、一九五七年）

Roemer, J. E.（1996）*Theories of Distributive Justice*, Harvard University Press.

Samuelson, P. A.（1956）“Social Indifference Curves, *The Quarterly Journal of Economics*, 70（1）: 1–22.

Samuelson, P. A.（1967）“Arrow's Mathematical Politics,” S. Hook（ed.）, *Human Values and Economic Policy*, New York University Press.（篠原三代平・佐藤隆三訳『サミュエルソン経済学体系7』勁草書房、一九九一年、所収）

Samuelson, P. A.（1977）“Reaffirming the Existence of “Reasonable” Bergson-Samuelson Social Welfare Functions,” *Economica* 44（173）: 81–88.

Samuelson, P. A.（1983）*The Foundations of Economic Analysis*, Enlarged ed., Harvard University Press.（佐藤隆三訳『経済分析の基礎　増補版』勁草書房、一九八六年）

Scitovsky, T.（1941）“A Note on Welfare Propositions in Economics,” *The Review of Economic Studies* 9（1）：77–88.

Scitovsky, T.（1951）“The State of Welfare Economics,” *The American Economic Review* 41（3）：303–315.

Sen, A. K.（1970）*Collective Choice and Social Welfare*, Holden-Day.（志田基与師監訳『集合的選択と社会的厚生』勁草書房、二〇〇〇年）

Sen, A. K.（2009）*The Idea of Justice*, Harvard University Press.（池田幸生訳『正義のアイデア』明石書店、二〇一一年）

Strasnick, S.（1976）“The problem of Social Choice：Arrow to Rawls,” *Philosophy & Public Affairs* 5（3）：241–273.

Suppes, P.（2005）“The Pre-history of Kenneth Arrow’s Social Choice and Individual Values,” *Social Choice and Welfare* 25（2–3）：319–326.

第十章　ロールズと経済学史
──『正義論』へのナイトの影響が意味するもの──

佐藤方宣

1　『正義論』を経済学史的観点から捉え直す

本章の課題は、経済学史研究者の視点から、ジョン・ロールズと経済学の知的系譜との関係を再考してみることである。具体的には、近年注目されている『正義論』への経済学者フランク・ナイト（一八八五―一九七二）からの影響の内実とその含意を検討することを通じて、ロールズの思想とアメリカ経済学の知的系譜との関係について、従来とは異なる新しい視点を提供することを試みたい。

(一)　ロールズと経済学をめぐる困難

あとで詳しく見ていくことになるが、ロールズと経済学との関係がどういうものかは、なかなか一筋縄ではいかない問題である。ロールズがアカデミック・キャリアの初期に経済学の知見の摂取に努めていたこと、そして『正義論』（一九七一年）の議論構成に社会的選択理論やゲーム理論など経済学の道具立てが取り入れられていることはよく知られている。『正義論』に先行する一九五〇年代から一九六〇年代の論文でも経済学者への言及はしばしばなされているし、また『政治哲学史講義』（二〇〇八年）ではジョン・スチュアート・ミルやカール・マルクスといった古典的な経済思想家も論じられている。

しかし『正義論』においてもっとも言及されているのはアマルティア・センやケネス・アローといった同時代の経済学者に限られており、また参照される分野もきわめて限定的である。さらにロールズは、『正義論』出版後の批判者との応答を経るなかで、正義論を合理的選択理論の一部として記述したことが誤りで誤解を与えるものであったと表明してしまってもいる（Rawls 1985, p.237）。つまりロールズが経済学の歴史的知見から学んだものは、かなり限定的であり必ずしも本質的なものではないという評価もできるわけだ。

だが近年、特に経済学史・経済思想史研究の文脈で、経済学者ナイトがロールズに与えた大きな影響が注目されている。その影響は『正義論』の核心に関わるものであるとの評価もある。このナイトからの影響は、以前からロールズ自身がインタビューで明快に言及しているにもかかわらず、政治哲学や社会正義論の文脈ではほとんど顧みられることがなかった。本章は、これまでそのことが無視された理由や、その影響の含意について理解を深めることを目指したい。

(二)　ナイトからの影響の意味するもの

後でくわしく見るようにロールズ自身の述懐によれば、原初状態というアイディアの創案について、若き日に読んだナイトの討議をめぐる論考から得たものが大きかったという。さらにナイトの思想との共通性は、分配的正義をめぐる議論やデザート論批判といったロールズの思想の中核とされる点にまで見出すことができる。そしてそうしたナイトの思想は、市場の倫理をめぐるアメリカ経済学の歴史的系譜のなかで展開されたものなのである。

それゆえ『正義論』へのナイトの影響に注目する本章は、アメリカ経済学の歴史的系譜についての新しい理解を提示するものでもある。ともすれば、アメリカ経済学の一般的イメージとは、市場の論理の冷徹な分析を中心とした、良い意味でも悪い意味でもいささか思想的深みを欠いたものといったところだろう。しかし『正義論』のなかに見出せるのは、市場の倫理をめぐる規範的議論の系譜という、アメリカ経済学の歴史のもう一つの側面なのである。

(三) 本章の構成

本章の構成は以下の通りである。まず第2節で、ロールズと経済学をめぐる一般的な評価を確認したうえで、ロールズ自身の述懐や近年の研究で指摘される経済学者ナイトからの影響に注目する。第3節では、そうした近年のナイトからの影響への注目がいかなる観点から重要なのかを検討する。第4節では、ロールズに影響を与えたとされるナイトの主張を、その歴史的文脈を意識しながら提示し、両者の思想的共通点や影響のあり方について検討する。第5節では、あらためて本章で検討した『正義論』へのナイトの影響への注目が持つ含意についてまとめることとしたい。

2　『正義論』と経済学をめぐる評価

(一) 従来の指摘

ロールズが経済学に関心を持ち続けていたことはよく知られている。ロールズはプリンストン大の大学院の最終学年（一九四九〜五〇年）の秋学期に、一九四六年にシカゴ大学から移籍していた経済学者ジェイコヴ・ヴァイナー（一八九二―一九七〇）の演習に参加した[1]。また一九五〇年にプリンストン大学の講師となってからも、同年の秋学期に経済学者ウィリアム・ボーモル（一九二二―二〇一七）の演習に参加している。このボーモルの演習では、主にジョン・ヒックス『価値と資本』（一九三九年）とポール・サミュエルソン『経済分析の基礎』（一九四七年）を学んだという。そこでの議論は非公式の勉強会として春学期にも引き継がれ、レオン・ワルラス『純粋経済学要論』（一八七四―一八七七年）、ジョン・フォン・ノイマン&オスカー・モルゲンシュタイン『ゲーム理論と経済行動』（一九四四年）などを学んだとされる。また一九五二〜一九五三年のオクスフォード留学時に参加したセミナーでは、ジョン・メイナード・ケインズの論説も読んでいたという（Pogge 2007, p.16）。

こうした過程で得た経済学の知見は、『正義論』に先行するロールズの諸論文にも見て取ることができる。ロールズと経済学の関係について主題的に論じたダニエル・リトルは、一九五五年の「二つのルール概念」から一九七一年の『正義論』に至るまでのロールズの各論文において、どんな経済学者のどの論考が言及されているかを一覧表にまとめ、分析している（Little 2014, pp.522–523）。リトルが指摘するのは、ロールズのこの時期の言及が同時代の一九五〇年代のものが中心であること、特定の領域（厚生経済学、社会的選択理論、ゲーム理論）への明確な注目が見て取れること、そしてその言及は経済学の実質的な議論を反映したものとは言いがたい、といった点である。

またロールズが『正義論』で直接的に参照・言及している経済学は、社会的選択理論、厚生経済学、ゲーム理論など一九五〇年代から一九六〇年代のものが中心であるが、彼の『哲学史講義』（二〇〇〇年）や『政治哲学史講義』（二〇〇七年）を見ればわかるように、ロールズはアダム・スミス、デヴィッド・リカードウ、トマス・ロバート・マルサス、マルクス、ミルといった古典的な政治経済学の議論にも親しんでいた。しかしリトルは、その言及が、各人の経済理論についてよりむしろその哲学についてだと指摘している。リトルはまた、ロールズの経済学史的知見は、ボーモルのセミナーで学んだサミュエルソンの著作や、著名な経済学史家であるマーク・ブローグの著作からといった、間接的なものであったのではないかと推察している（Little 2014, p.508）。

（二）近年の再評価

ロールズ自身の述懐　さてロールズへの経済学からの影響のうち、ロールズ自身の明快な強調にもかかわらず、これまでほとんど顧みられてこなかったものがある。それがナイトからの影響である。ロールズは、一九九一年に『ハーバード・レビュー・オブ・フィロソフィー』が掲載したインタビューにおいて、『正義論』に至る思考や執筆の実質的な出発点を尋ねられ、ゲーム理論など経済学からの影響に触れる流れで、以下のように答えている。

〔……〕フランク・ナイトの『競争の倫理』のなかのいくつかの論考は、きわめて示唆に富むものでした。ナイトは経済学と同じくらい社会哲学にも関心を持っていたのです。（Rawls 1991, p.39）

さらに一九九三年夏のロールズへのインタビューをふまえた評伝（Pogge 2007）によると、『正義論』の「原初状態」というアイディアの創発の源となったのは、ナイトの『競争の倫理』所収の論考「経済理論とナショナリズム」における、理に適ったコミュニケーション状態の組織化に関する注記だったという。

この時期〔引用者注：一九五二～五三年のオクスフォード滞在期〕、ロールズは、適切につくられた審議の手続きを参照することで実質的な道徳原理を正当化するという考えを発展させはじめていた。この考えの源泉は、フランク・ナイトの論説から来たものではないかとロールズは述べている。その論説は理に適ったコミュニケーション状況の組織化に言及するものであった（"Economic Theory and Nationalism" in *The Ethics of Competition and Other Essays*, London, 1935, pp.345–59, esp. footnote on pp.345–47）。ロールズの当初の考えでは、参加者たちはそれぞれが独立して熟考し、道徳原理のための提案を裁定者に提示しなければならない。この手続きは合意が達成されるまで続けねばならない。後の原初状態の諸バージョンと同様に、ロールズは、適格で念入りに正当化された仮想的状況を詳述することから、つまり現実の参加者たちとの手続きを実行することなしに、実質的な結果を得られると期待していたのである。(2)（Pogge 2007, pp.16–17）

ナイトとは何者か　ナイトは、その著書『危険、不確実性、利潤』（一九二一年）における「危険」と「不確実性」の峻別に基づく企業者利潤の源泉についての議論や、ハイエクとの資本論争などで知られる経済学者である。一九二八年にシカゴ大学経済学部教授に就任したナイトはその一九七二年の死に至るまで、ジョージ・スティグラー（一九一一―一九九一）やミルトン・フリードマン（一九一二―二〇〇六）、そしてポール・サミュエルソン（一九一五―二〇〇九）をはじめとする二十世紀のアメリカ経済学の主要な担い手となる学生たちの教育にあたり、多大な知的影響を与えたことで知られている。一九五〇年にはアメリカ経済学会会長にも就任するなど、北アメリカでの新古典派経済学の本格的な展開に大きく貢献した、二十世紀アメリカを代表する経済学者の一人と言っていいだろう。

だがナイトの関心は狭い意味での経済学に限定されるものではなかった。ナイトはそのアカデミック・キャリアの初期から思想・哲学的な論考を数多く発表しており、経済学の主要雑誌だけでなく、『エシックス』といった倫理学の専門雑誌にも数多く寄稿している。その主題は、経済学や社会科学の方法論、経済（学）と倫理（学）との関係、宗教論、そして自由主義や民主主義についてなど多岐にわたっている。[3]「彼は経済学と同じくらい社会哲学にも関心を持っていたのです」（Rawls 1991, p.39）というロールズの評言はこの点を指している。

3　なぜナイトからの影響は問題となるのか

（一）ロールズとナイトへの注目

先に見たようなロールズ自身の明示的な言及にもかかわらず、なぜかナイトからの影響については、これまで政治哲学・政治思想史研究においてほとんど触れられてこなかった。たとえば二〇一四年に出版されたロールズをめぐる論集 *A Companion to Rawls* でも、ナイトへの言及はわずか一回限りであり、それもロールズが学んだ経済学のいくつかの著作の一つとして『競争の倫理』が挙げられるのみで、その意義についてはなぜか関心が向けられていない（Little 2014）。しかしロールズへのナイトの影響や両者の思想近接性を指摘する声は、近年急速に高まりつつある。

管見の限り、『正義論』へのナイトの影響についてのもっとも早い本格的な論及は、経済思想史家のデヴィッド・レヴィ&サンドラ・ピアートによるものだろう（Levy and Peart 2008）。レヴィ&ピアートは、ロールズのナイトからの影響を示すものとして、『正義論』におけるナイト『競争の倫理』への言及、具体的には民主的統治にとっての討議の重要性、生まれながらの能力の道徳的な重要性の否定、情報集約としての立法上の議論といったナイトの教義への言及に注目している[4]（Levy and Peart 2008, p.400）。

またロールズへ影響を与えたナイトの討議をめぐる主張を前提に、ユルゲン・ハーバーマスの討議倫理との比較検討を行うダリボル・ロハックの論文（Roháč 2012）、さらにそのデザート論としての含意に焦点を当てたマンドリュー・リスターの論文（Lister 2017）のように、近年は経済思想研究者のみならず政治哲学や社会正義論関係の研究者もロールズへのナイトの影響に注目しはじめているようだ。

だが何といってもナイトからの影響についてのもっとも詳細な検討は、デヴィッド・コッカーによるものである（Coker 2015）。コッカーはロールズ自身が所有していたナイト『競争の倫理』への書き込みも参照しつつ、分配の正義の観点からの市場システムの評価、政治的選択の評価、原初状態のアイディアの含意につながる討議や合意についての評価などについて、ナイトとの共通性やその影響を分析している。特にコッカーの分析は、『正義論』の原初状態論をめぐる論議などもふまえたものであり、本章もその分析に負うところが大きい。

（二）ナイトからの影響を考える視点

以上のような近年のロールズに対するナイトの影響への注目は、三つの観点から重要だと主張しうるだろう。

第一に、これが従来のロールズ論の欠落を埋めるものだからである。よく知られているように、ロールズの「原初状態」論とは、自らがどのような立場で社会に参加することになるのかわからない「無知のヴェール」という情報制約の下で人びとがどのようなルールを選択するかという、『正義論』の中核をなすアイディアである。いわば導出される社会的ルールの望ましさを、ルール導出の手続きの望ましさにより保証するものと言っていいだろう。二十世紀末以降の分析的な倫理学・政治哲学の興隆の出発点となったロールズの『正義論』の核心をなすこのアイディアの源泉（の一つ）が、ナイトという一人の経済学者の論考であったという事実は、政治哲学や社会正義論の研究者からも、もっと関心を寄せられてしかるべきではないだろうか。

第二に、ロールズへのナイトの影響は、アメリカにおける自由主義の歴史的系譜を考えるうえで興味深い。

ロールズはアメリカにおいて、福祉政策による再分配や差別の是正を志向する「リベラル」の代表的思想家とされるが、ナイトはむしろその対極に位置する人物とされることが多かったからである。彼は同時代アメリカのリベラル派（哲学者ジョン・デューイや制度経済学者など「新しい自由主義」を標榜した人びと）に対して批判的だったことで知られ、また市場の効率性を称揚する急進的な自由主義で知られる経済学の「シカゴ学派」の祖として喧伝されることもある。フリードマンやスティグラーらによる明示的な支持、サミュエルソンによる忌避という形でシカゴの学生たちに強い印象を残したのは、ケインズ主義やニューディール、そして計画経済を批判する急進的な自由主義者としてのナイトである。一九四七年にはハイエクらにより創設された自由主義者のための団体「モンペルラン・ソサイエティ」にも参加している。これまでロールズによるナイトへの言及が無視されてきた理由の一つは、こうした保守的なナイト像が一般的だったことによるのかもしれない。

だがナイトとフリードマン以降のシカゴ学派が思想的立場を異にすることや、ナイト自身の同時代のリベラル派に対する批判的態度の含意については、経済学史・経済思想史研究において、すでに再検討が進みつつある。[5]むしろ近年のロールズへの影響があらためて注目されることの背景には、そうした新しいナイト像の模索があるのかもしれない。

第三に、とりわけアメリカの経済学史・経済思想史に関心を持つ立場からたいへん興味深い点は、ロールズへの経済学からの影響が、彼の哲学的立場を表明するための道具立てといった副次的なものではなく、むしろその哲学の本質に関わるものであるということにある。さらに言えばこの点は、アメリカ経済学の歴史的系譜のなかに、市場メカニズムの論理的分析とは異なる、経済社会の規範的評価をめぐる議論の系譜があったことを逆照射してくれるものであるように思われる。[6]この観点については、第5節であらためて立ち返ることとしたい。

4　ロールズとナイトを結ぶもの

ここでは、近年の論者らが指摘するロールズへのナイトの影響やその共通点について、なるべくナイトの主張の歴史的文脈も添える形で提示していきたい。それはこれがロールズへのナイトの影響の含意を考えるうえで、きわめて重要だと考えるからだ。

(一)　市場の倫理と分配の正義

レヴィ＆ピアートやコッカーが指摘するように、ロールズとナイトの共通点の一つは、市場を通じた分配の倫理的正当性をめぐる見解である。

経済の倫理の擁護と功利主義批判　フリードマン以降のシカゴ学派の急進的な自由主義と結びつける旧来のナイト像とは異なり、近年のナイト研究のなかで注目されているのは、自由放任（市場経済と政治的な非介入主義）としての自由主義の安易な正当化論を批判し、市場競争を中心とした経済システムの倫理的基礎に疑問をさしはさむ、いわば自由放任主義批判者としてのナイトである。

ナイトは特に一九二〇年代の一連の論考において、倫理の問題を経済学に還元しようとする態度を厳しく批判し（Knight 1922）、また市場経済の倫理的基礎の既存の正当化論を批判し（Knight 1923）、経済学者たちによる自由放任の功利主義的な正当化論（「最大の自由」）への批判を展開した（Knight 1929）。

ナイトが批判したのは、倫理学は拡張された経済学に還元されるという主張であった。これは諸個人のある時点での欲求を与件としたうえで、①倫理学は経済学に包摂・還元され、②欲求充足の効率性という観点から市場経済秩序は（倫理的に）正当化できるとする主張である。これに対しナイトは、現実の市場が理論通りに機能しない可能性を指摘したうえで、仮に理論通り機能したとしても、個人の欲求は本質的に動態的なものであり、与件・所与とは見なしえず、人間の生活は単なる欲求充足の過程とは見なしがたいがゆえに、①経済秩序の「倫理的な」評価という問題は経済学に還元できず、②経済秩序の倫理的評価は欲求充足の効率性とは別の次元つまりそれが生み出す欲求の性質の望ましさによらねばならないとしていた（Knight 1922）。

これは経済の倫理、市場の倫理をめぐる議論領域の必要性の主張として理解することができるだろう。同様の観点から、ナイトは功利主義も人びとの欲求を与件としてその最大化を求めるものだとして批判している（Knight 1929）。

ナイトによるデザート論批判　さらにナイトが批判対象としたのは、市場経済は生産への貢献度に応じた分配を実現するがゆえに、その分配は倫理的に正当だという主張である。ナイトはこれを批判し、「絶対的な倫理の観点からすれば生産への貢献はほとんどないしまったく倫理的な意義を持たない」（Knight 1923, p.46）と強調する。この批判の背景には、アメリカにおける限界革命を主導し「アメリカ新古典派経済学の父」と評されるジョン・ベイツ・クラーク（一八四七—一九三八）による、限界生産力理論に基づく分配の正当化論の存在がある。

クラークはその主著『富の分配』（Clark 1899）で、限界生産力概念に基づき市場を通じた土地・資本・労働などの生産要素の配分のメカニズムを解明しただけでなく、市場を通じて実現する分配は、各生産要素に対する「生産への貢献度に応じた分配」という意味での倫理的正当性を有すると主張した。ナイトはこれを「生産性の倫理」と呼び、その倫理的正当性は自明ではないと批判したのである。

ここでのクラークの主張が、ロールズが格差原理で批判し、ノージックのようなロールズ批判者たちが依拠することになる「デザート論」（各人が自分に〝値するもの〟を獲得すべきという立場）に相当することはすぐに見て取れるだろう。クラークのこの見解は、ロールズも『正義論』で言及するように、市場における分配を規範的に正当化する論理の範型として大きな影響力を持った(7)。

これに対するナイトの批判は以下のようなものである(8)。まず生産物や貢献の市場における評価は、それらの倫理的価値や人間的価値に対応してはいない。生産物の貨幣的価値は需要に対する稀少性に相関するが、その需要の元になる嗜好は経済システムそれ自体の働きで作り上げられるものなのだから、それをシステムの倫理的意義を判断する基準にはできない。むしろその需要に関する諸々の事実が倫理的基準と一致するかどうかを独立に判断する必要がある。

また報酬は各生産要素の所有者に渡るが、人的・物質的生産能力の所有は、相続や運そして努力の複雑な組み合わせに基づいている。そのうち絶対的倫理からする倫理的正当性を持つのは努力だけだろう。また一般には労働報酬の倫理的重要性とそうでない（相続財産などに由来する）報酬は区別されるが、労働する能力（の所有）も相続・運・努力に由来するものであり、実は労働に由来する報酬の倫理的正当性も絶対的なものではなく、相対的なものでしかない。

さらにサービスや生産物の価値は需要に応じて変化するが、市場における稀少性は必ずしもその倫理的意義と一致しない。仮に需要自体は倫理的であった場合でも、その需要を満たすサービスを提供する能力の所有が、その能力自体が誠実な努力の産物であることなしに、他の能力よりも多くの社会的な分け前を倫理的に主張できるとは考えがたい。

ロールズへの影響　以上のようにナイトは、仮に市場が理論的想定通りに生産への貢献度に応じた分配を実現する場合でも、その倫理的正当性は自明ではないと主張する。なぜなら資本所有のみならず労働能力の所有も、当人の努力だけでなく、相続（遺伝）や運という偶有的な要素をはらんだものであり、それゆえその能力に由来する報酬を受ける権利の正当性は、市場の働きとは別のなんらかの価値基準によって評価されねばならないからだ。

こうしたナイトの「生産性の倫理」批判は、多くの人にロールズの分配の正義論を自然と想起させるだろう。実際、ロールズは『正義論』の第四八節「正当な予期と道徳上の功績」において、ナイトのこの論考への参照を求める注記をしている（Rawls 1971, 邦訳四一五頁）。またコッカーによれば、ロールズが所有していたナイトの『競争の倫理』の該当箇所は特に赤線が多く引かれたところで、欄外には「生産への貢献は倫理的重要性をほとんどもたない」と赤字で書き込みがなされているという（Coker 2015, p.6）。

（二）討議の倫理と原初状態

ナイトにおける討議の重要性　すでに触れたように、多くの研究者が指摘するのが、ナイトの討議をめぐる議論のロールズへの影響である。これはロールズ自身がインタビューで原初状態論のアイディアの源泉として挙げているものでもあった。

ロールズがインタビューで言及している「経済理論とナショナリズム」は『競争の倫理』に所収された比較的長い論考である。その初期草稿は一九三四年十二月二十八日にシカゴで行われたアメリカ経済学会の大会で発表された。この論考は同時代の西欧社会の歴史的評価のために政治経済システムの類型化を試みるものである。

ナイトは経済的個人主義、経済民主主義ないし社会主義、そしてファシスト・ナショナリズムという三つの政治経済システムの歴史的な移り行きを論じるなかで、市場経済と民主主義の組み合わせからなる自由主義が、「フロンティア」の存在を前提にしていたこと、そしてフロンティアを失った現実の世界における市場経済は累積的な富の偏在を生み、それは対等な立場（一人一票）を前提とした政治的民主主義の基礎を切り崩してしまうこと、そして現実の民主的討議においては対等な議論ではなく説得やプロパガンダが横溢してしまうことなど、自由主義社会の変質と衰退を悲観的に論述している(9)。

こうした同時代の西欧社会の歴史的動向をふまえ、ナイトは新たに「自由主義」の名の下で全体主義や画一主義、そして実験主義が台頭している危険性を指摘する。ナイトにとってアメリカのニューディールもその一部をなしている。こうした現実を批判的に吟味する際にナイトが強調するのが「討議 discussion」の重要性である。

多数決の原理は、ある諸利害の組み合わせを他の組み合わせに従属させるためのメカニズムとしてではなく、真の〝一般意思〟を確実なものとする手段として倫理的に捉えられるべきである。政治的議論とは利害間の争いではなく、客観的な理念あるいは〝最善の〟政策のための闘いを提示するものと見なされなければならない。（Knight 1935b, p.288n）

ロールズの注目箇所とは　ロールズが特に注目したとされているのが、この論考の第四部「社会科学と社会的行為」である。ここでは社会科学が自然科学と異なるものであることが強調され、社会現象の問題解決に関する事柄は「予言とコントロール」の問題ではないことが指摘されている。

では社会科学が対象とすべき社会的問題の解決はどのようになされるべきなのか。ここでも重要視されるのが「討議」である。ナイトが強調するのは、討議とは単に社会成員が自分たちの利害を主張しあうことでもないし、妥協点の模索プロセスでもないということである。それはまさにそのプロセス自体において、個人的利害を超えた理念を作り出す／生み出すものとされている。

自由社会の理念とは、社会的問題はその大きな枠組みにおいてはすべての普通の成人が平等に参加する討議によって決着をつけられねばならないし、さらにその詳細については、公共的な議論を通じて全員から知性的に選ばれ、大衆の知的かつ道徳的同意と協力によって進められるリーダーシップによって決着をつけられねばならないということである。（Knight 1935b, p.344）

〔……〕さらに加えて、討議それ自体は真の意味での社会的活動である。それはルールに合致するように進められねばならない〝ゲーム〟であり、そのルールは個人の功利主義的な動機によってではなく、〝絶対的〟ないし〝超俗的〟な理由によって尊重されねばならない。（Knight 1935b, p.344）

ロールズが特に注目したとされている注記の箇所は、ナイトが政治倫理の領域こそが、合意を得るにあたり力の行使やあらゆる形態の信条を排除し、討議にのみよることが重要だと指摘している箇所である（Knight 1935b, pp.337–339）。特に印象的な文言を引いておこう。

科学においても政治倫理においても、客観性の確立は、客観性それ自体ではなく、（確かな相互交流を前提とするような）能力があり不偏的な集団によって結論が受け入れられるかどうかに依存している。合意こそ妥当性のテストである。（Knight 1935b, p.337n）

究極的には、科学と規範の批判は共通の諸原理に依拠している。真理とは価値である！　しかし機能的にはこの二つは補完的である。（Knight 1935b, p.338n）

言うまでもないことだが、個人的選好の表明は議論ではないし、実際のところ、それは対立に向かうだけである。合理的な合意は、すべての参加者が個人を超えた規範を認めることを含むのである。（Knight 1935b, p.338n）

社会政治的問題の解決において知的要素があるということは、協力的な活動についての何らかの様式が、つまり何らかの〝ゲーム〟が、他のものよりも「真に望ましい」ということである。優越性はおそらくプレイの目的やルールにある。（Knight 1935b, p.339n）

共通点と相違点　コッカーは、ロールズとナイトの思想の分析と、ロールズ所有の『競争の倫理』の書き込みの分析に基づき、政治領域においては経済領域において以上に不平等の累積的拡大が生じやすいとする点[10]、科学においてだけでなく社会的問題においても客観性や真理という概念を完全に棄て去ろうとはしない点[11]、原理についての討議が説得や利害の調整と堕してしまうことを懸念する点など、さまざまな点にナイトからロールズへの影響と共通点を見出している（Coker 2015, pp.8–19）。

同時にまた、コッカーは、ナイトとロールズの差異にも注目する。ナイトが討議における特定利害関心の排除のために、専門家による熟議の必要を構想するのに対し、（『正義論』における）ロールズは、原理選択の条件としての原初状態における無知のヴェールによって、参加者の個別利害・交渉・力の不均衡からくる討議の歪みから逃れられると考えられているとしている（Coker 2015, pp.19–21）。こうした両者の思想の共通性と差異については、さらに分析を深めていく必要があるだろう。

5　『正義論』に刻まれたアメリカ経済学の一側面

さて本章は、ロールズへのナイトの影響への注目の内実だけでなく、(それ以上に) その含意に大きな関心を向けるものであった。ここまで瞥見したロールズへのナイトの影響について、あらためてその含意を整理してみよう。

第3節で触れたように、ロールズへのナイトの影響への注目は、ロールズ研究の補完という観点からも、アメリカにおける自由主義思想の系譜の再検討という観点からも、そしてアメリカ経済学の歴史的系譜の新しい理解という観点からも、非常に興味深いものである。

現代の分析的な政治哲学の出発点にあたるロールズの思想の理解やその形成史への関心からは、これまで無視されてきたナイトの影響のさらなる詳細な分析が進められるべきだろう。またアメリカにおけるリベラルの哲学的体現者とされるロールズの思想が、一般にはリベラル批判者として知られるナイトから大きな影響を受けていたという事実は、アメリカにおける自由主義思想の系譜の再検討を要請するものだろう。この再検討は、これまでナイトからの影響が顧みられなかった理由の一端を明らかにする作業ともなるかもしれない。

そして何より、『正義論』に刻まれたナイトの思想の刻印は、アメリカ経済学の歴史的系譜の新しい理解にとって、興味深い視点を提供してくれるものであるように思われる。近年多くの研究者が指摘する、ゲーム理論や社会的選択理論などとは異なるアメリカ経済学の知的系譜からのロールズの思想への影響の存在は、アメリカ経済学における、市場の論理の探求の系譜とは異なる倫理的な議論の系譜を逆照射するものとも理解できるからだ。

本章で見てきたロールズへのナイトからの影響を考える作業とは、『正義論』という政治哲学の古典が位置づけられるべき歴史的文脈の一端を浮かび上がらせるものであるのと同時に、市場の論理の分析の系譜と思われがちなアメリカ経済学史のなかに、『正義論』につながるような市場の論理をめぐる議論の系譜があることを指し示すものでもあるのではないだろうか[12]。

注

（1）以下、伝記的情報については、主にPogge（2007）の第一章を参照した。

（2）ロールズが言及しているのは『競争の倫理』一九三五年版の該当頁であり、後の版では頁数は異なる。たとえば一九九七年版では、「pp.345–59, esp. footnote on pp.345–47」は「pp.337–51, esp. footnote on pp.337–39」にあたる。

（3）ナイトはもともと哲学で学士号をとり、一九一三年に哲学で学位をとろうとコーネル大学大学院に進学した。しかし彼の懐疑主義的態度ゆえに哲学科の教員達とそりが合わず、経済学者アルヴィン・ジョンソン（一八七四―一九七一）の勧めもあり副専攻であった経済学に転じたというエピソードがある。

（4）さらにレヴィ&ピアートは、ナイトからの影響の重要性は、ロールズの『政治的リベラリズム』刊行以前は重要と見なされなかったかもしれないともしているが（Levy and Peart 2008, p.400）、この指摘はロールズへのナイトの影響の意味をさらに分析するうえで、きわめて重要になるかもしれない。

（5）ナイトと同時代アメリカのリベラル派との関係をめぐる錯綜した論点については、ハイエクとの相違などをふまえて佐藤（二〇一四）で分析している。

（6）この系譜の一端については、佐藤（二〇一二）で簡潔に論じたことがある。

（7）『正義論』（Rawls 1971）の第五章「分配の正義」の第四七節「正義の準則」、とりわけ注三四などを参照のこと。

（8）以下ではKnight（1923, pp.46–50）の主張を要約的に紹介する。

（9）この不平等の累積的拡大が政治的討議に与える影響も、ロールズが注目し赤線を入れていた箇所だという（Coker 2015, p.11）。

（10）この点は、ナイトがその自由論において「消極的自由／積極的自由」という二分法を批判し「形式的自由／実質的自由」の二分法をとる理由の一つでもある。ナイトの自由の二分法をめぐっては、佐藤（二〇一四）を参照のこと。

（11）これはナイトにおける「相対的に絶対的な」ものを希求するという態度に関係する点である。ナイトのこの態度とその含意については、佐藤（二〇一四）を参照されたい。

（12）本稿は以下の科研費による研究成果である。基盤研究（C）「20世紀アメリカ経済思想における自由社会構想の系譜」（課題番号15K03388、研究代表：佐藤方宣）。

参考文献

Burgin, A.（2009）“The Radical Conservatism of Frank H. Knight,” *Modern Intellectual History*, 6（3）: 513–538.

Clark, J. B.（1899）*The Distribution of Wealth, A Theory of Wages, Interest and Profits*, Macmillan.（田中敏弘・本郷亮訳『富の分配』日本経済評論社、二〇〇七年）

Coker, D.（2015）“Rawls and Knight: Connections and Influence in A Theory of Justice.”〈http://jepson.richmond.edu/conferences/summer-institute/papers2015/DCokerSIPaper.pdf〉

Emmett, R. B.（1999）“Introduction” R. B. Emmett（ed.）, *Selected Essays by Frank H. Knight*, University of Chicago Press.

Knight, F. H.（1922）“Ethics and Economic Interpretation,” *Quarterly Journal of Economics* 36: 451–81. Reprinted in Knight（1935a）.

Knight, F. H.（1923）“The Ethics of Competition,” *Quarterly Journal of Economics* 37: 579–624. Reprinted in Knight（1935a）.

Knight, F. H.（1929）“Freedom as Fact and Criterion,” *The International Journal of Ethics* 39: 129–147. Reprinted in Knight（1947）.

Knight, F. H.（1935a）*The Ethics of Competition and Other Essays*, New ed., 1997, Transaction Publishers.

Knight, F. H.（1935b）“Economic Theory and Nationalism,” in Knight（1935a）.

Knight, F. H.（1947）*Freedom and Reform : Essays in Economics and Social Philosophy*, New ed., 1982, Liberty Press.

Levy, D. M. and S. J. Peart（2008）“The Buchanan-Rawls Correspondence,” D. M. Levy and S. J. Peart（eds.）, *The Street Porter and the Philosopher : Conversations on Analytical Egalitarianism*, The University of Michigan Press.

Lister, A.（2017）“Markets, Desert, and Reciprocity”, *Politics, Philosophy & Economics* 16（1）: 47–69.

Little, D.（2014）“Rawls and Economics”, J. Mandle and D. A. Reidy（eds.）, *A Companion to Rawls*, John Wiley & Sons.

Pogge, T.（2007）*John Rawls : His Life and Theory of Justice*, translated by M. Kosch, Oxford University Press.

Rawls, J.（1971）*A Theory of Justice*, Harvard University Press.（川本隆史・福間聡・神島裕子訳『正義論』紀伊國屋書店、二〇一〇年）

Rawls, J.（1985）“Justice as Fairness : Political not Metaphysical,” *Philosophy & Public Affairs*, 14（3）（Summer）: 233–251.

Rawls, J.（1991）“John Rawls : For the Record, an Interview by Samuel R. Aybar, Joshua D. Harlan, and Won J. Lee,” *Harvard Review of Philosophy*, Spring : 38–47.

Rawls, J.（2000）*Lectures on the History of Moral Philosophy*, B. Herman（ed.）, Harvard University Press.（『ロールズ　哲学史講義　上・下』坂部恵ほか訳、みすず書房、二〇〇五年）

Rawls, J.（2007）*Lectures on the History of Political Philosophy*, S. Freeman（ed.）, Harvard University Press.（『ロールズ　政治哲学史講義　Ⅰ・Ⅱ』齋藤純一ほか訳、岩波書店、二〇一一年）

Roháč, D.（2012）“Knight, Habermas and Rawls on Freedom, Personhood and Constitutional choice,” *European Journal of the History of Economic Thought* 19（1）: 23–43.

Schliesser, E.（2016）“The Separation of Economics from Virtue : A Historical-Conceptual Introduction,” *Economics and the Virtues : Building a New Moral Foundation*, J. A. Baker and M. D. White（eds.）, Oxford University Press.

佐藤方宣（二〇〇七）「「自由主義」の変容――クラークとナイト」平井俊顕編『市場社会とは何か――ヴィジョンとデザイン』上智大学出版。

佐藤方宣（二〇一二）「市場の倫理――カーネギー、クラーク、ナイトの論じ方」経済学史学会・井上琢智・栗田恵子・田村信一・堂目卓生・新村聡・若田部昌澄編『古典から読み解く経済思想史』ミネルヴァ書房。

佐藤方宣（二〇一四）「ハイエクとナイトII――「リベラル」批判の二つの帰趨」桂木隆夫編『ハイエクを読む』ナカニシヤ出版。

第十一章　ロールズと生命倫理学

額賀淑郎

1　本章の課題

本章の目標はジョン・ロールズの方法論研究と生命倫理学とのつながりを分析することである。

ロールズの倫理学研究は、主に規範倫理学、メタ倫理学、方法論研究に分類可能だが、その中で本章は方法論研究に焦点を当てる。なぜならば、初期ロールズの方法論という研究課題が近年まであまり注目されていなかったこと、その研究課題が生命倫理学とのつながりにおいて非常に重要な意味をもつこと、という理由のためである。本章では、ロールズの方法論研究がどのような特徴をもつのか、生命倫理学の歴史においてロールズの方法論研究がどのように受容されたのかを分析すること、そして両者のつながりを考察すること、を目指す。

ロールズの研究成果は数多くあるが、倫理学上の主な功績として（1）公正としての正義についての規範倫理学、（2）カント的構成主義に関するメタ倫理学、（3）反照的均衡に基づく方法論、に分類できる[1]。公正としての正義とは、自由で平等な市民の正当な交渉や社会的協働に基づき、人権に根ざした平等主義を求める社会正義の構想である（以下「正義論」として表記）。カント的構成主義とは、カント哲学に基礎づけられた正義を構成する人格概念やその前提条件を分析する理論研究である。[2] 反照的均衡とは、倫理判断の妥当性を正当化するために道理性のある人が熟慮ある倫理判断や倫理原則など異なる抽象的レベルの判断の整合性を求める手続きである。

注意すべき点は、ロールズが方法論研究として発表した論文は少なく、これまでロールズの方法論研究はメタ倫理学研究として分類されることが多かったことである。というのは、ロールズは大学院時代において倫理学の方法論に関する研究を遂行し一九五〇年代初めに博士論文や最初の論文を発表したが、その後、規範倫理学研究やメタ倫理学研究に焦点を当てるようになったためである。ロールズは初期の方法論研究に基づき『正義論』（Rawls 1971）の中で反照的均衡という手続きを論じたと想定できる。だが、反照的均衡は複数の図書や論文の中で簡潔に示しただけにすぎず、ロールズは反照的均衡に特化した論文を発表していない。[3] むしろ、ロールズの議論を発展させたノーマン・ダニエルズ（Daniels 1996）や他の研究者が反照的均衡に関する論文や著作を発表した結果、反照的均衡の考え方が広まったのである。

さらに、倫理学の方法論は主に基礎づけ主義と整合説に分類できるが、[4] ロールズの反照的均衡はその整合説（整合主義）の代表例として見なされている。実際、倫理学の方法論を総括する論文では「最も影響力のある整合主義の形式は反照的均衡というロールズの方法である」（Jamieson 1993, p.482）と記述されている。その一方、メタ倫理学の研究領域では、マイケル・デポール（DePaul 1986）やロジャー・エーベルツ（Ebertz 1993）らが、理論などによって支持された広い反照的均衡には完全な整合説というよりも「穏やかな基礎づけ主義」という特徴があると論じた。反照的均衡についての解釈がメタ倫理学の重要な論争の一つになっている。

たしかに反照的均衡はその曖昧さが問題になることが多いが、メタ倫理学の論争を通して多くの研究者が反照的均衡の課題を論じている。仮にロールズの方法論研究という分類には議論の余地があるとしても、反照的均衡はロールズの重要な研究成果の一つであるため、方法論の視点から反照的均衡を分析することは可能である。そのため、まず、ロールズの方法論研究という課題に焦点を当て、初期ロールズがどのように方法論研究を行い、その後、ロールズはどのように反照的均衡を論じたのかという方法論の歴史展開を分析する。

次に、一九六〇年代や七〇年代初頭に成立した生命倫理学は、多様な学問領域に基づき応用倫理学として発展を遂げたが、その生命倫理学はロールズの研究をどのように受容したのだろうか。一九七〇～八〇年代において、生命倫理学者は倫理原則の背景理論としてロールズの規範倫理学について考察を行っている。たとえば、一九七九年以降、トム・ビーチャムとジェイムズ・チルドレスは、生命倫理学を基礎づけた生命倫理の四原則（自律、無危害、善行、正義）を発表したが、その正義原則を支える多様な倫理学理論の一つとしてロールズの正義論を参照している。[5]また、一九八〇年代にはロバート・ビーチは倫理原則の対立を解決するためにロールズの規範倫理学研究の成果を生命倫理学に導入している。

一九九〇年代になると、ビーチャムらの四原則は倫理学理論から遊離した原則主義であり、行動規範として問題があるという批判を受けるようになった。そのため、一九九四年以降、ビーチャムらはすべての場所で道徳を真面目に考える人すべてが共有する道徳規範である「共通道徳論」を提唱した。[6]共通道徳論には複数の考え方があるが、ビーチャムらの共通道徳論の特徴は、常識道徳を倫理学理論の出発点と考え、倫理原則を正当化する方法としてロールズの反照的均衡を導入した点にある。その結果、多くの生命倫理学者がロールズの反照的均衡に注目するようになった。二〇〇〇年代になると、反照的均衡は倫理原則を導き出す方法として理解され、[7]反照的均衡を生命倫理学の方法論として位置づける教科書も出版されるようになった（例、赤林 二〇〇五：Arras 2007）。

近年の生命倫理学では、公正としての正義やカント的構成主義よりも反照的均衡が議論されることが多い。そのため、本章では生命倫理学においてロールズの方法論がどのように受容されるようになったのかを分析し、その特徴を考察する。

2　ロールズの方法論研究

本節では、初期ロールズがどのように方法論研究を導入し、その後、前期や後期のロールズがどのように反照的均衡の手続きを論じるようになったのかを検討する。(8)

(一) ロールズの方法論研究

初期ロールズの方法論研究として、一九五〇年の『倫理学知の基盤研究』という博士論文や一九五一年の「倫理学における決定手続きの概要」という論文をあげることができる。まず、博士論文では、ロールズは個人の倫理判断の妥当性がどのようにして高まるのかという課題を分析した。ロールズの博士論文は発見、定式化、正当化というセクションによって構成されている。(9)

第一部では、ロールズの議論は究極的な前提条件などを重視する「権威主義」や道徳の正当化はできないとみなす「懐疑主義」を問題視することから始まった。ロールズは権威主義にみられる思考停止状態や、規範やルールなどはないとみなす懐疑的な見方を避けるため、妥当性の高い倫理判断の検証法を追求したのである。初期ロールズの重要な貢献は、倫理判断の妥当性を高めるため「道理人基準」(reasonable person standard) という客観的な判断基準を倫理学に導入したことである。道理人基準（あるいは道理人）とは、特定の理想的人格に基づき司法判断を行う法曹界で用いられている帰納推論である。(10) 道理人基準は一七三八年の英国コモン・ローで用いられ、それ以降、行為者の客観的な判定が必要な状況で、調停者によって用いられている (Faden and

Beauchamp 1986)。ルース・フェイドンらによれば、道理人基準は以下の点で客観基準の可能性をもつ。「第一に、この基準は社会の構成員が互いに能率的につきあうために、なくてはならない共通の行動上の前提を具現化している。〔……〕第二に、道理人は記述的と同様に規範的であり、個人は責任を負うか、責任のリスクをもつという基準になる」(Faden and Beauchamp 1986, p.46)。道理人基準は、社会や人口全体の平均基準を示すのではなく、理想化された特定集団の判断基準を示すことに特徴がある。

その一方、道理人基準は判断者が想定する道理人の選択によって判断が多少異なるという問題がある。たとえば、医療や医学研究におけるインフォームド・コンセントを考察する場合、（1）ある疾病の患者を担当する同じような医師集団、（2）同じような患者集団、（3）医師患者関係に対し中立的な第三者の陪審員、という異なる道理人が想定できる。だが、それぞれの道理人によって、判断基準が異なるという問題が生じる。医師集団が道理人である場合、その道理人は専門職基準をもち、患者集団が道理人となる場合、その道理人は患者の主観性などを考慮する「生活の質」の基準を想定し、陪審員が道理人である場合、その道理人は市民社会の理想的な市民像を重視する可能性が高い[11]。

それでは、ロールズが想定した道理人はどのような特徴をもつのだろうか。まず、ロールズは、道理人という判断基準は「人間の基本的な特徴」(Rawls 1950, p.42) に基づくとみなしたうえで、道理人の特徴として「知性、知識、（明示的であれ暗黙的であれ）論理ルールの使用、共感の感情」(Rawls 1950, p.44) をあげている。また、道理人は一人の個人だけではなく、集団の道理人が特定の倫理判断に合意できることを想定している。そのため、道理人の集合的な特徴は、複合体としての人間性だけではなく、意見の一致などに基づく「知の習得プロセス」(Rawls 1950, p.43) によって特徴づけられるのである。

次に、ロールズは、道理人の倫理判断の妥当性を高めるために、科学哲学者が論じた「解明」(explication) とという概念を用いた[12]。ルドルフ・カルナップによれば、解明とは「日常生活や科学的ないし論理的発展の前段階において使用される曖昧な概念や十分には正確ではない概念を、より正確にする仕事、あるいはむしろそれを新しく構成したより正確な概念によって置き換える仕事」（Carnap 1956 邦訳一九頁、訳出は一部修正）と定義づけている。道理人の解明という視点に基づき、ロールズは常識の判断から倫理原則を導き出し、倫理学理論から正当化を行う方法論を考察していたといえる。

特に、博士論文の第三部では、ロールズは、倫理判断の正当化のために必要な決定手続きを考察した。ロールズは倫理判断の正当化の一つとして「道理人の正しさの集合感覚」をあげている（Rawls 1950, p.329）。つまり、仮想上の道理人がもつとされる「正しさの感覚」（sense of right）が、コンセンサスとして認められる時に、その価値判断が正当化できると理解できる。このことは、ロールズの方法論が単純な帰納ルールに還元できないということを示している。なぜならば、（1）道理人は仮想的人格であるため、その想定条件をどのように選ぶのか、（2）その複数の道理人がどのように「正しさの感覚」に基づき合意に至るのか、という二つの基準が必要になるためである。そのため、道理人基準を用いたルールは、（1）常識などに基づく道理人の判断基準と、（2）帰納ルールに準拠する観察データの分析基準、という異なる手続きの要件によって構成されていると理解できるのである。

続いて、一九五一年の「倫理学における決定手続きの概要」論文では、ロールズは博士論文の分析結果を用いて「付与あるいは提唱された倫理規則やそれに基づく決定を評価したり無効にしたりする道理性のある方法論はあるのだろうか」（Rawls［1951］1999, p.1）という問いを示している。ロールズが最初に行ったことは、道理人基準として「能力のある倫理審査員」（competent moral judges）の集団を想定したことである（Rawls［1951］1999, p.2）。有能な倫理審査員らは熟慮ある判断を行い、倫理原則を解明できると想定できるが、その手続きこそが倫理学の方法として有効だと提唱したのである。実際、一九五八年、ロールズは「公正としての正義」という考えを初めて発表したが、その考え方は、特定の人格が公正としての正義を解明するという方法論に基づいたものとなっているといえる（川本 二〇〇五）。

一九七一年の『正義論』初版においてロールズは、反照的均衡という正当化の手続きを発表した。重要な点は、反照的均衡を支える考え方として、ネルソン・グッドマンの確証理論、アリストテレスの問答法、ヘンリー・シジウィックの倫理学方法論を示したことである[13]。その一方、ロールズの反照的均衡の説明において、道理人基準に関する詳細な説明がないため、反照的均衡と道理人基準のつながりはあいまいである。そのため、博士論文で扱った「道理人の合理的な解明」と、『正義論』で命名した「反照的均衡」という手続きは異なるものだと解釈することも不可能ではない。だが、多くのロールズ研究者が示すように[14]、本章は両者の間には連続性があるという見方を支持する。なぜならば、以下の分析で示すように、反照的均衡は特定の人格構造を前提とし、直観や倫理原則を修正しつつ多様な構成要素を結びつける方法であるとみなすことができるためである[15]。

注意すべきは、前期ロールズの反照的均衡はカント哲学に準拠し、原初状態、熟慮ある判断、倫理原則という「三項関係」（渡辺 二〇一二、一七七頁）の弁証法であった点である。つまり、自然状態の仮想モデルである「原初状態を通して」反照的均衡は働く」（Freeman 2007, p.39）ため、原初状態で選択された倫理原則が熟慮ある判断と整合化されるのである。『正義論』において、ロールズは、反照的均衡には熟慮ある判断が反照的均衡を経ても正義感覚に近い記述として示される場合と、その正義感覚が哲学的な議論などによって大幅な修正を受ける可能性がある場合、という二分類を行っている[16]。

一九七四〜五年の「道徳理論の独立」論文では、反照的均衡は主観主義的な傾向をもつという批判に対して、ロールズは道徳理論の視点から「広い反照的均衡」という考え方を初めて明示した。広い反照的均衡の特徴は

「観察する道徳理論家の役割を取り入れる」（Rawls 1974-5, p.8）ことによって、基本原則やデータの検証を行い判断の修正力を高めた点にある。広い反照的均衡は、道理人という仮想的人格の中に理論家の役割を明示するようになったのである。その結果、広い反照的均衡は、狭い反照的均衡とは異なり、ある主体の判断基準とは別に多様な対象領域の倫理判断についても考慮することによって、広く一般的な修正能力をもつようになったのである（伊勢田 二〇〇六）。つまり、個人の倫理判断と基本原則の整合性だけではなく、多様な倫理学理論などの視点から、基本原則の整合性を緻密かつ大胆に修正できるようになったといえるだろう。

その一方、『政治的リベラリズム』（Rawls 2005）における後期ロールズは、カント的構成主義から政治領域に限定した政治的構成主義を論じるようになり、反照的均衡の前提条件において転回があった。原初状態、熟慮ある判断、倫理原則という三項関係ではなく、政治社会における道理的で合理的な市民の多様性を前提とし、熟慮ある判断と倫理原則との「二項間の関係」（渡辺 二〇一二、一八一頁）を整合化する反照的均衡を示すようになった。『正義論』の前提とは異なり、ロールズは、政治領域の正義において道理性のある市民の多様性を社会事実としてみなすようになったのである。

後期ロールズの反照的均衡は、ある意味で初期ロールズの方法論に近くなったと解釈できる。というのは、初期ロールズと同様に、後期ロールズは、反照的均衡を行う道理人を客観化可能な具体的な市民集団として想定しているためである。その一方、初期と後期の相違点として初期ロールズにおける道理人はどちらかというと似たような市民集団を反映していたのに対して、後期ロールズは、立憲民主社会の多元主義を前提にするようになったため、その道理人は、個人の意見が大幅に異なる多様な市民集団を反映するようになったと理解できる。

最後に、ダニエルズは『正義と正当化』（Daniels 1996）において、ロールズの反照的均衡を詳細に分析した。ダニエルズは、基礎づけ主義ではなく整合説の視点に基づき、反照的均衡を整合化の「検証」手続きとして分析している。特に、ダニエルズは「狭い反照的均衡」と「広い反照的均衡」という区分を明示した。狭い反照的均衡は、熟慮ある判断と倫理原則の整合性に基づき、広い反照的均衡は熟慮ある判断、倫理原則、背景理論の間で整合化される手続きとして定式化した[17]。ダニエルズの広い反照的均衡の特徴は、道徳理論だけではなく社会理論（記述理論）も含む多様な背景理論の役割を明示し、広い反照的均衡の理解を広げた点にある。

ダニエルズの広い反照的均衡は、異なる認識の整合性を重視する整合主義の特徴をもつのに対して、ロールズの広い反照的均衡の特徴は、出発点（例、初期状態の倫理原則や個人の直観）からどれだけ修正できたのかを重視する修正主義の特徴をもつ。また、ロールズの反照的均衡は、道理人基準の人格構造やその解明をどのようにとらえるのかによって、多様な価値判断が可能になる[18]。その結果、反照的均衡の構成要素がイマヌエル・カントの実践理性における一般性の高い人格概念から政治社会の具体的な人格概念に移行することも可能になる。メタ倫理学者（例、Ebertz 1993）が示すように、複数の信念体系の中で特定の基礎的な命題が正当化され、その命題が他の信念体系と整合化できる場合、その広い反照的均衡は穏やかな基礎づけ主義を支持すると解釈できる。たとえば、伊勢田哲治（伊勢田 二〇〇六）によれば、ロールズが示す広い反照的均衡は、個人の倫理判断、原則、背景理論のそれぞれにおいて基礎的信念をもつ、多元的で穏やかな基礎づけ主義と両立する要素があるという。

（二）反照的均衡の主な構成要素

反照的均衡にはいくつかの構成要素があり、複数の解釈が可能である。たとえば、堀巌雄の分析（堀 二〇〇七、一三八―一四二頁）によれば、反照的均衡の先行研究は、（1）演繹と帰納のブレンド論理、（2）個人の直観に基づく内容を道徳原理の正当化根拠として述べる、主観主義や擬似直覚主義ともいうべき解釈、（3）整合説、という分類ができるという。

一方、これまで示した初期ロールズや『正義論』などの分析結果によれば、ロールズの反照的均衡は、①道理人の解明、②アリストテレスの問答法、③シジウィックの倫理学方法論、という構成要素によって成立しているとみなすことができる。以下では、それぞれの構成要素の説明を行ったうえで、反照的均衡の分析を行う。

①道理人の解明　初期ロールズは法曹界の推論形式である道理人と科学哲学の解明とを結合させ、道理人の解明という判断基準を導き出した。特に、博士論文ではロールズは「道理人の合理的な解明」という基準によって価値判断の正当化が可能になると示している。反照的均衡は、個人の率直な疑問によって始まり、その問いの回答を目指す探索的な思索を意味する「反照性」と、熟慮ある判断と倫理原則などとの整合化を意味する「均衡」によって構成されているが、「道理人の解明」における道理人は反照的均衡の「反照性」に対応し、合理的な解明は「均衡」の部分に対応すると考察できる。道理人は、仮想的人格に基づく推論基準であるため、反照性の前提条件や特徴を示す[19]。初期ロールズの示す道理人には、判例法の客観的な判断基準だけではなくアリストテレス、シジウィック、カントらが示す常識道徳の理論（Rawls 1950, p.23）にも基づく点に注意すべきである。

一方、科学哲学の文献に準拠するロールズの合理的な解明は、熟慮ある判断（あるいは倫理学理論）から倫理原則に至る「確証」のプロセスを示し、再構成された倫理原則として表象される。科学哲学の解明を援用することによって、ロールズは倫理学知の妥当性や信憑性を高めようと試みていると理解できる。そのため、ロールズの「道理人の合理的な解明」は、グッドマンの確証理論と緩やかな整合性をもつ基準なのである。

②アリストテレスの問答法　反照的均衡を提唱するために、ロールズは『正義論』初版においてアリストテレスの『ニコマコス倫理学』やアリストテレスの問答法（弁証術）に関する文献を引用している。アリストテレスの推論法は、前提条件に応じて細分化され、常識などの共有見解を前提とする弁証術（北郷 二〇一三）などがある。ロールズは、アリストテレスを研究するウィリアム・ハーディ（Hardie 1968）の文献に基づき、直観や常

識から出発する問答法の重要性を示唆している。ハーディによれば、アリストテレスの推論では基本原則を導き出すために、「帰納推論」「知覚」「慣習化」（Hardie 1968, p.37）など複数の能力や過程を必要とするが、特に倫理学上の課題では、自分が示した前提というよりも、一般人の意見や哲学者らの意見を前提として対話する方法を論じている。そのため、ロールズが導入したアリストテレスの問答法は、個人の能力や共有見解を前提としている点で、均衡よりも反照性を重視していると考察できる。その一方、対話の推論過程では、対象に対する異なる認識に応じて整合化を行うことになる。ロールズによれば「道徳哲学はソクラテス式である。統制原理を見つけた場合、私たちは現在の熟慮ある判断を変えたいと望むかもしれない」（Rawls 1971, p.49）と述べ、反照的均衡における倫理判断の修正可能性を論じている。アリストテレスの問答法は、ソクラテス式対話法と同一ではないが、両者はともに反照性を備え探索的な対話を導くといえる。

③シジウィックの倫理学方法論　ロールズは、シジウィック（Sidgwick 1981）の倫理学方法論を用い、倫理学の問答法を反照的均衡に発展させた。実際、シジウィックの方法論はロールズの博士論文において頻繁に引用されている。シジウィックは、利己主義、直観主義、功利主義に分類して、それぞれの方法論の特徴を分析した（児玉 二〇一〇）。シジウィックの方法論の重要性は、倫理学の諸理論を比較することによって「道理性のある原理」の必要性を提示したことにある。特に、シジウィックは、道徳感情や直観など個人の価値判断を正当化する複数の合理的な方法を比較することによって、一般原則や哲学的基礎の理解が可能になると論じた。たとえば、シジウィック（Sidgwick 1981, pp.338–341）は、共通道徳（常識）が自明で意義の高い命題になるための条件として「命題の用語が明確で正確でなければならない」「命題の自明性が注意深い熟慮によって確かめられなければならない」「自明だと認められている命題は相互に整合的でなければならない」「「普遍的な」あるいは「一般的な」合意は、最も重要な信念が真実であることの十分な証拠と等しいとしばしば考えられている」という四条件

をあげている。[20] そのため、シジウィックは、反照的均衡における個人の倫理判断と基本原則との「均衡」を支える方法論的な根拠をロールズに示したと考察できる。

功利主義者のリチャード・ヘア（Hare 1978）によれば、ロールズの反照的均衡は直観主義に陥っているという。[21] たしかにロールズの広い反照的均衡は、非理論的な倫理上の信念を用いているが、直観主義の方法とは異なり、道理人を設定し、原則や理論の視点から直観に基づく判断を修正できると論じている。つまり、ロールズの反照的均衡は、常識的な倫理判断の問題を扱ったとはいえ、直観主義の状態を明らかに否定し（Ebert 1993）、倫理学理論によって成立する基本原則の順位づけや正当化を論じている。そのため、直観主義の推論はロールズの広い反照的均衡においてむしろ克服すべき課題であると考察できる。

上記の分析結果をまとめると、反照的均衡は主に、判例法の判断基準と科学哲学の解明を結合させた「道理人の解明」、弁証法に基づく「アリストテレスの問答法」、倫理学理論の比較分析を用いた「シジウィックの倫理学方法論」、によって構成されている。その三つの構成要素の中で、反照的均衡にとって最も重要な構成要素はどれだろうか。ロールズは、詳細な議論を行わず、それぞれの重要性を示唆したため、複数の解釈が可能である。だが、初期ロールズの博士論文において反照的均衡の基盤が成立したと理解するならば、反照的均衡は「道理人の解明」を用い、その基準をアリストテレスの問答法やシジウィックの方法論と結びつけたと理解できる。もちろん、研究者の中には反照的均衡の構成要素としてアリストテレスの問答法やシジウィックの方法論を重視する者もいる。たとえば、堀（堀 二〇〇七）は、反照的均衡が弁証法、すなわち、アリストテレスの問答法に近い特徴をもつと示唆している。

しかし、アリストテレスの問答法やシジウィックの方法論の問題点は、主体となる人格の構造を明示していないことである。[22] つまり、アリストテレスやシジウィックの方法には、道理人基準のような人格の分析基準が明示されていないのである。その結果、「公正としての正義」や「カント的構成主義」あるいは「政治的構成主義」を支える方法論として不十分だといえる[23]。実際、ロールズは「道理人の合理的判断の解明は、意思決定を正当化できる規範を見つけ出す最も実行可能な方法だ」(Rawls 1950, p.87) と述べている。その視点に基づくと、反照的均衡の構成要素として道理人の合理的な解明が最も重要な構成要件であると理解できる[24]。

次節では、これまで論じたロールズの方法論がどのように生命倫理学に受容されたのかを分析する。

3　生命倫理学の歴史におけるロールズ

生命倫理学の歴史分析に基づくと、生命倫理学者がロールズの研究成果を参照する機会が次第に増えている(表1参照)。その中で、生命倫理学の発展に貢献した議論として、以下の二つの事例を取り上げ、それぞれについて簡潔に分析する[25]。

【事例1】基本原則の対立問題

一九八〇年代にロールズの研究を参照した生命倫理学研究として、(1) ビーチの『医療倫理学理論』(Veatch 1981)、(2) アール・シェルプ (Shelp 1981) 編『正義とヘルスケア』、(3) トリストラム・エンゲルハート (Engelhardt 1986) の『バイオエシックスの基礎づけ』、などがある。シェルプの論集ではロールズに特化した分析を行っているわけではないが、アレン・ブキャナンがロールズの正義論を紹介しているように、ロールズの規範理論は重要な研究テーマの一つであった。また、エンゲルハートは、ロールズの規範倫理学研究を参照して医療資源の配分問題を論じている。生命倫理学者は医療資源の配分についてロールズの研究を引用することが多い

表１　生命倫理学におけるロールズ受容の歴史

1976	国家委員会におけるビーチャムの委託論文	
1978	国家委員会のベルモント・レポート	
1979	ビーチャムら『生命医学倫理』初版	
1981	ビーチ『医療倫理学理論』	【事例１】
1981	シェルプ（編）『正義とヘルスケア』	
1986	エンゲルハート『バイオエシックスの基礎』初版	
1994	ビーチャムら『生命医学倫理』第四版	【事例２】
1996	ダニエルズ『正義と正当化』	
1998	ウィブレン・ヴァン・ダー・バーグら（編）『反照的均衡』	
2000	ブキャナンら『偶然から選択へ』	
2003	ケネディ倫理学研究所誌の「共通道徳論」特集	【事例２】
2005	赤林朗（編）『入門・医療倫理Ⅰ』	
2006	マジソン・パワーズとフェイドン『社会正義』	
2007	ボニー・ステインボック（編）『生命倫理のオックスフォードハンドブック』	

が、エンゲルハートの研究はその代表例だといえる。一方、ビーチの倫理原則に関する分析は、ロールズの研究紹介ではなくロールズの正義論を用いて生命倫理における倫理原則の課題を論じている点で、医療資源の配分問題よりも重要な研究だと考察できる。そのため、以下、ビーチの原則論について分析を行う。

一九八一年に、ビーチは倫理原則間の対立問題についてロールズの順位づけと比較考量を結合させる方法を示した。順位づけとは、正義論の第一原理（自由という対等な権利）が第二原理（社会的・経済的不平等の制限）よりも優先されるように、辞書式の順位を明示することである。ビーチによれば「ロールズは正義の二原理に関する優先順位の正当化を説明するのにかなり時間を費やしているが、正義原理以外の原則がどのように順位づけられるのかという大きな問いを展開していない」（Veatch 1981, p.299）という。

ビーチの方法とは、まず、非帰結主義理論の基本原則（自律などの義務に基づく原則）は、帰結主義理論の基本原則（善行のように帰結の最大化の原則）よりも優先されるという順位づけによって、異なる理論における倫理原則の優先順位を決めることである。ビーチ（Veatch 1981）は、その理由として、かつての人体実験のように、利益主導の計算を行うと、非帰結主義などの倫理判断が圧倒されてしまうが、非帰結主義理論の原則を優先すれば、行為の良い結果をもたらすことが可能になるためだと論じる。次に、非帰結主義の理論内において複数の倫理原則が対立する場合、その原則間の比較衡量を行い、最も事例に合う倫理原則を見つけようとする（Veatch 1981；2003b）。たとえば、義務論に基づく倫理原則として忠誠、自律、真実、正義がある場合、その倫理原則を比較衡量し、事例に最もふさわしい倫理原則を導き出す（Veatch 2003b）。上記の説明が示すように、ビーチは倫理原則間の対立を解決する方法としてロールズの順位づけに関する議論を導入している。そのため、ロールズの規範理論が生命倫理学研究に貢献した事例だということができる。

【事例2】ビーチャムらの共通道徳論

一九九〇年代になると、生命倫理学者の間で生命倫理の四原則に関する論争が生じた。その論争に決着をつけるべく四原則の妥当性を高めるため、ビーチャムらはロールズの反照的均衡に基づく共通道徳論を展開した（香川二〇一〇）。ビーチ（Veatch 2003a）によれば、共通道徳論とは、道徳を真面目に考える人すべてが道徳規範に関する前理論的な配慮をもつことを意味する。まず、ダーナー・クローザーとバーナード・ガート（Clouser and Gert 1990）が、ビーチャムらの生命倫理の四原則を「原則主義」と命名し、原則主義は倫理学理論から離れる一方で、演繹的な方法論を用いるために問題解決には結びつかないという批判を示した。その後、生命倫理学者の中には四原則を批判する者が次第に増加したのである。

そのような批判に対して、ビーチャムらは『生命医学倫理』第四版（一九九四年）において、「共通道徳」に関連する熟慮ある判断や医学の伝統と、生命倫理の四原則は反照的均衡によって整合化できるという議論を展開した。特に、ビーチャムらは個人の倫理判断と規則との整合化に基づく狭い反照的均衡の問題点を取り上げた。というのは、狭い反照的均衡の場合、普遍化できないにもかかわらず、個人の倫理判断の正当化を認めてしまう可能性があるためである。たとえば、ビーチャムらは海賊の倫理綱領の事例を取り上げている。ビーチャムらによれば、海賊の倫理綱領は一貫性があったとしても普遍化できないため、その内容は正当化できないという。

なお、ダニエルズは「実践としての反照的均衡」(Daniels 1996) という考え方を示し、事例の推論に基づく決疑論と、倫理学理論に基づく原則主義との対立の解決を試みた。さらに、二〇〇〇年代には、ケネディ倫理学研究所誌において、共通道徳論の是非をめぐり議論が行われた。そのような論争を通して、二〇〇〇年代以降、生命倫理学者は反照的均衡を生命倫理学の方法論として認識するようになったのである (Arras 2007)。[26]

4　考察

これまでの主な分析結果として、反照的均衡は、道理人の解明という初期ロールズの方法論研究と密接な関連があり、生命倫理学の方法論として導入されていることを示した。ここで一つの問いが生じるかもしれない。ロールズの研究功績の中で反照的均衡という研究課題が、なぜ近年の生命倫理学の発展に貢献するようになったのだろうか。つまり、公正としての正義という規範倫理学やカント的構成主義のようなメタ倫理学ではなく、反照的均衡という方法論研究が、生命倫理学に導入されるようになった理由とは何なのだろうか。

直接の理由は、ビーチャムらの共通道徳論においてロールズの反照的均衡が導入されたことにある。導入以前のビーチャムらにとって、ロールズの正義論は数多くある正義論の一つに過ぎなかったといえる。もちろん、生命倫理学者の中にはロールズの正義論を受容する研究者もいるが、医療の具体的な課題を分析することが多い生命倫理学者にとって、公正としての正義やカント的構成主義を実践的な研究課題として導入するのは必ずしも容易ではない。パワーズとフェイドン（Powers and Faden 2006, p.4）が論じたように、ロールズのアプローチは「正義の理念主義理論」として批判される可能性がある。

その中で、ロールズの反照的均衡は、具体事例と倫理学理論との整合性を高める役割を果たし、生命倫理学にとって重要な課題解決の方法をもたらしたといえる。まず、これまでの分析結果によれば、「道理人の解明」は反照的均衡において重要な働きをしている。つまり、反照的均衡は道理人という法学の判断基準と科学哲学の解明を前提としていると理解できる。特に、反照的均衡は、道理人の集団がそれぞれの熟慮ある判断に基づき「解明」を行うため、生命倫理学の決疑論に類似する場合がある。決疑論とは模範事例に基づく類比的思考という特徴をもち、解明はあいまいな常識道徳をより明確なルールの判断基準として再構成するため、両者は事例に基づく類比的思考として重なる場合がある。さらに、広い反照的均衡では、「道理人」が倫理学理論に基づき倫理原則を分析できるため、帰納アプローチによって導き出された倫理原則を検証し、その原則の新しい定義を正当化できる。

また、生命倫理学において、臨床の現場と倫理学理論とをつなぐ、具体的かつ一貫性のある分析フレームが必要とされていたと理解できる。たしかに、ビーチャムらは、倫理原則という共有可能な分析フレームを提唱したが、原則主義として批判を受けたように、その分析フレームには特定化や具体化においていくつかの問題点があった。その問題を解決するため、ビーチャムらは四原則を支える共通道徳という考えと反照的均衡という方法を導入したのである。このことは、生命倫理学において帰納アプローチと演繹アプローチ（あるいは経験論と合理論）を統合する方法論が求められていたことを意味する。学問の専門分化とともに、多くの学問領域では帰納アプローチあるいは演繹アプローチのどちらかに偏りがちだが、学際的な生命倫理学では、決疑論と倫理原則論との論争を通して、反照的均衡がその両者を媒介する重要な方法論であると発見できたといえる。

5　まとめ

本章の分析結果として、（1）反照的均衡と初期ロールズの方法論研究との関連性を記述したこと、（2）反照的均衡の最も重要な構成要素は、判例法の判断基準である「道理人」と科学哲学の「解明」を結合させた「道理人の解明」であると理解できること、（3）生命倫理学におけるロールズの受容は、主に一九八〇年代の規範倫理学研究から一九九〇年代以降に議論された反照的均衡の方法論研究に移行したこと、（4）反照的均衡が生命倫理学に受容された理由の一つとして、道理人の解明に基づく反照的均衡が、決疑論と倫理原則論、帰納アプローチと演繹アプローチとの対立問題を解決できる方法であったと考察できること、を示した。

これまでのロールズ研究は、「ロールズによる二つの革命」（福間 二〇〇七、一頁）と記述されるように、規範倫理学とメタ倫理学の課題に焦点を当てることが多かった。その結果、反照的均衡に関する研究もまたメタ倫理学の視点から分析されがちであった。そのような状況に対して、本研究は初期ロールズや反照的均衡に関する方法論研究に特化しその歴史展開を分析することによって、反照的均衡の構成要素である道理人の解明が重要な役割を果たしている可能性を示すことができた。また、ロールズの研究成果が生命倫理学に受容された歴史を検証した結果、生命倫理学における反照的均衡の導入という歴史的事実を示し、その理由について考察を行った。反照的均衡は道理人の解明によって帰納アプローチと演繹アプローチを媒介するという特徴を備えるため、生命倫理学における決疑論と四原則との対立が解消され、原則主義に批判的な生命倫理学者もまた反照的均衡を受容するようになったとの考察が得られた。

だが、上記の分析結果については、多くの研究者から十分な支持を得ているというわけでもない。ロールズの反照的均衡において道理人の解明が重要な構成要素であると明言するにはさらなる検証と議論が必要である。

＊謝辞　本研究の一部は、立命館大学大学院先端総合学術研究科の研究セミナーなどにおいて発表した。本研究について貴重なコメントをしていただいた井上彰、伊勢田哲治、高橋隆雄、他の研究者に対して重ねてお礼を申し上げる。

注

（1）「一般規範倫理学」とは「行為の指針や評価のために、どのような一般的な道徳規範を認めるべきか、そしてなぜそうなのか」（Beauchamp and Childress 2009, p.1）という課題を扱う研究である。メタ倫理学とは「規範倫理学の背後で前提されている事柄を明るみに出し、そこで用いられている道徳的理由付けや道徳的討議のあり方や本質を解明するという試み」（福間 二〇〇七、二頁）である。方法論研究とは規範の妥当性や価値判断の正当化を論じるために価値判断などの手続きやその方法の特徴を解明する研究である。

（2）カント的構成主義とは「カント的人格概念を基礎に置く形式的手続主義」（渡辺 二〇一二、一九三頁）を意味する。人格とは個別の身体をもち社会的な役割を担う具体的な個人の性格や特徴である。

（3）反照的均衡の特徴については、伊勢田（二〇〇六）を参照。

（4）基礎づけ主義とは特定の信念体系を前提とし、それから論理的な議論を展開する倫理学の方法論である。一方、整合説とは異なる信念体系の整合性を重視する倫理学の方法論である（児玉 二〇一〇：Jamieson 1993）。なお、穏やかな基礎づけ主義とは、信念体系の中に「一応の正確な正当化」（Ebertz 1993, p.201）があり、他の信念体系すべてがその正当化された信念体系との関係によって正当化できることをさす。

（5）本章では、一九七〇年代の生命倫理学におけるロールズ受容の事例分析は省略する。国家委員会の事例については、額賀（二〇〇九）を参照。

（6）common morality の名称は、シジウィック（Sidgwick 1981, p.337）が用いた the morality of common sense（「常識道徳」）から生じていると考えられる。一方、日本では common morality theory の訳を共通道徳論として用いる場合が多いため、その訳語を用いる。なお、ビーチャムらの共通道徳の定義は次第に規範の共通性を強調するようになっている。第四版では、共通道徳とは、広義には「人間行為について社会的に認められた規範」(Beauchamp and Childress 1994, p.6) と定義したが、第五版では「道徳に真面目な人すべてが共有するいくつかの規範」(Beauchamp and Childress 2001, p.3) と定義された。その後、第七版では「道徳に関与する人すべてが共有するいくつかの普遍的な規範」(Beauchamp and Childress 2009, p.3) という定義が示されている。本章では最も多く引用されている第五版の定義を用いる。

(7) 日本の生命倫理学に反照的均衡を導入した初期の事例として、高橋（二〇〇〇）を参照。

(8) 本章では、ロールズの研究を、方法論研究を実施した「初期」（一九五四年頃まで）、公正としての正義やカント的構成主義を論じた「前期」（一九八二年頃まで）、政治的構成主義に転回した「後期」（一九八三年以降）に分類する。前期と後期の分類については、Kukathas and Pettit (1990) を参照。

(9) 本章では、博士論文の第二部で示された定式化の説明は省略する。

(10) reasonable person は法理論の概念であり、日本では「合理人」として訳出されることが多い。一方、ロールズ研究では、道理性 (the reasonable) と合理性 (the rational) の相違を明示することが重要だと考えるため、本章では「道理人」という訳語を用いる。

(11) フェイドンら (Faden and Beauchamp 1986) は、第三番目の基準を道理人基準として分析していたが、インフォームド・コンセントの「合理的医師基準説」「合理的患者基準説」（前田 二〇〇五、一五二頁）のように、道理人基準の対象を広げて用いることも可能である。

(12) 道理人の解明に関する詳細な分析については、Rawls (1950) の第一章を参照。

(13) グッドマン (Goodman 1979) は演繹法と帰納法の整合化によって定義の修正が可能であるとみなす確証理論を提示した。

(14) 反照的均衡を分析する研究者 (Van der Burg and van Willigenburg 1998) やロールズ研究者 (Freeman 2007) は初期ロールズの研究と反照的均衡の関連性を明示している。

(15) ロールズの構成主義は特定の人格と構成の手続きによって特徴づけられる（福間 二〇〇七、二〇頁）。

(16) 『正義論』においてロールズは反照的均衡の分類を示し、それぞれ狭い反照的均衡と広い反照的均衡に対応すると考えられるが、ロールズは両者の相違点について詳細な説明を行っていない。なお、道徳心理学に基づく正義感覚は、反照的均衡における熟慮ある判断や生命倫理学の共通道徳論に関連する重要な課題である。反照的均衡と正義感覚との関連性については、仲正（二〇一三）を参照。

(17) 広い反照的均衡は、狭い反照的均衡とは異なり、背景理論を用いて基本原則の正当化を行うものだ（川本 二〇〇五、一八九頁）が、ダニエルズはその背景理論の位置づけを強調したといえる。

(18)　ダニエルズは反照的均衡を定式化したため、ロールズの反照的均衡よりもダニエルズの反照的均衡のほうが、多くの研究者に受け入れられているといえる。

(19)　道理人基準における客観性の課題については、ケント・グリーンナウォルト（Greenawalt 1992）を参照。なお、マックス・ヴェーバー（Weber 1904）の理念型は、道理人基準とは異なる社会科学の分類基準である。

(20)　最後の条件は、条件の説明箇所を引用した。

(21)　ピーター・シンガー（Singer 2002）は、ロールズのアプローチはシジウィックの方法論を用いているが、主観主義であるという批判を行い（狭い）反射的均衡の保守性を問題視した。

(22)　シジウィックは本文中において合意に必要な人格の構造やその条件を詳細に論じているわけではない。

(23)　反照的均衡の残り二つの構成要素も重要だが、その構成要素の一つがなくても（たとえば、道理人の解明とシジウィックの方法論、道理人の解明とアリストテレスの問答法の場合）、反照的均衡が成立する可能性は高い。その一方、道理人の解明がない場合、理論の基軸となる仮想人格がなくなるため、正義論やカント的構成主義を支える反照的均衡が成立しない可能性が高いと考察できる。

(24)　ロールズの道理人に関する分析は、倫理学者の間ではあまり議論されていないが、法学者はロールズの道理人に関する議論を参照することが多い。グリーンナウォルト（Greenawalt 1992）を参照。

(25)　上記の他にもロールズを参照した優れた生命倫理学研究はあるが、本章では割愛する。

(26)　生命倫理学者がロールズの研究成果を発展させたテーマとして、遺伝学と正義の分析をあげることができる。

参考文献

Arras, J. D.（2007）“The Way We Reason Now: Reflective Equilibrium in Bioethics,” B. Steinbock（ed.）, *The Oxford Handbook of Bioethics*, Oxford University Press, pp.46–71.

Beauchamp, T. L. and J. F. Childress（1994）*Principles of Biomedical Ethics*, 4th ed., Oxford University Press.

Beauchamp, T. L. and J. F. Childress（2001）*Principles of Biomedical Ethics*, 5th ed., Oxford University Press.

Beauchamp, T. L. and J. F. Childress（2009）*Principles of Biomedical Ethics*, 7th ed., Oxford University Press.

Carnap, R.（1956）*Meaning and Necessity: A Study in Semantics and Modal Logic*, 2nd ed., University of Chicago Press.（永井成男・内田種臣・桑野耕三訳『意味と必然性』紀伊國屋書店、一九七四年）

Clouser, K. D. and B. Gert（1990）“A Critique of Principlism,” *Journal of Medicine and Philosophy* 15（2）: 219–236.

Daniels, N.（1996）*Justice and Justification: Reflective Equilibrium in Theory and Practice*, Cambridge University Press.

DePaul, M. R.（1986）“Reflective Equilibrium and Foundationalism,” *American Philosophical Quarterly* 23（1）: 59–69.

Ebertz, R. P.（1993）“Is Reflective Equilibrium a Coherentist Model?” *Canadian Journal of Philosophy* 23（2）: 193–214.

Engelhardt, T. H.（1986）*The Foundations of Bioethics*, Oxford University Press.

Faden, R. R. and T. L. Beauchamp（1986）*A History and Theory of Informed Consent*, Oxford University Press.（酒井忠昭・秦洋一訳『インフォームド・コンセント——患者の選択』みすず書房、一九九四年）

Freeman, S.（2007）*Rawls*, Routledge.

Goodman, N.（1979）*Fact, Fiction, and Forecast*, Harvard University Press.（雨宮民雄訳『事実・虚構・予言』勁草書房、一九八七年）

Greenawalt, K.（1992）*Law and Objectivity*, Oxford University Press.

Hardie, W. F. R.（1968）*Aristotle's Ethical Theory*, 2nd ed., Clarendon Press.

Hare, R. M.（1978）“Rawls' Theory of Justice,” N. Daniels（ed.）, *Reading Rawls: Critical Studies of Rawls' A Theory of Justice*, Stanford University Press, pp.81–107.

Jamieson, D.（1993）“Method and Moral Theory,” P. Singer（ed.）, *A Companion to Ethics*, Blackwell Publishing, pp.476–483.

Kukathas, C. and P. Pettit（1990）*Rawls: A Theory of Justice and its Critics*, Stanford University Press.（山田八千子・嶋津

格訳『ロールズ――「正義論」とその批判者たち』勁草書房、一九九六年）

Powers, M. and R. Faden（2006）*Social Justice : The Moral Foundations of Public Health and Health Policy*, Oxford University Press.

Rawls, J.（1950）*A Study in the Grounds of Ethical Knowledge : Considered with Reference to Judgments on the Moral Worth of Character*, Ph D Dissertation, Princeton University.

Rawls, J.（[1951] 1999）"Outline of a Decision Procedure for Ethics," S. Freeman（ed.）, *John Rawls : Collected Papers*, Harvard University Press, pp.1–19.

Rawls, J.（1971）*A Theory of Justice*, Original ed., Harvard University Press.

Rawls, J.（1974–5）"The Independence of Moral Theory," *Proceedings and Addresses of the American Philosophical Association* 48 : 5–22.

Rawls, J.（2005）*Political Liberalism*, Columbia University Press.

Shelp, E. E.（1981）*Justice and Health Care*, D. Reidel Publishing Co.

Sidgwick, H.（1981）*The Methods of Ethics*, 7th ed., Hacett Publishing Company.

Singer, P.（2002）"Sidgwick and Reflective Equilibrium," Kuhse H.（ed.）, *Unsanctifying Human Life : Essays on Ethics*, Blackwell Publishers, pp.27–50.

Van der Burg, W. and T. van Willigenburg（eds.）（1998）*Reflective Equilibrium : Essays in Honour of Robert Heeger*, Kluwer Academic Publishers.

Veatch, R. M.（1981）*A Theory of Medical Ethics*, Basic Books.

Veatch, R. M.（2003a）"Is There a Common Morality?" *Kennedy Institute of Ethics Journal* 13（3）: 189–192.

Veatch, R. M.（2003b）*The Basics of Bioethics*, 2nd ed., Routledge.（品川哲彦監訳『生命倫理学の基礎』メディカ出版、二

〇〇四年）

Weber, M.（1904）“Die ‘Objektivität’ sozialwissenschaftlicher und sozialpolitischer Erkenntnis,” *Archiv für Sozialwissenschaft und Sozialpolitik*, 19. Bd., Heft 1, S.22–87.（出口勇蔵訳「社会科学および社会政策の認識の「客観性」」出口勇蔵・松井秀親・中村貞二訳『ウェーバー　社会科学論集』河出書房新社、一九八二年、三―九三頁）

赤林朗編（二〇〇五）『入門・医療倫理Ⅰ』勁草書房。

伊勢田哲治（二〇〇六）「広い反照的均衡と多元主義的基礎づけ主義」*Nagoya Journal of Philosophy* 5：29–53.

香川知晶（二〇一〇）「バイオエシックスにおける原則主義の帰趨」小松美彦・香川知晶編『メタバイオエシックスの構築へ――生命倫理を問いなおす』ＮＴＴ出版、一六三―一八三頁。

川本隆史（二〇〇五）『ロールズ――正義の原理』講談社。

北郷彩（二〇一三）「アリストテレス弁証術における方法の構築」『研究論集』一三：一―一三。

児玉聡（二〇一〇）『功利と直観――英米倫理思想史入門』勁草書房。

高橋隆雄（二〇〇〇）「「反省的均衡」に関する基礎的考察」『文学部論叢』六六：一―一七。

仲正昌樹（二〇一三）『いまこそロールズに学べ――「正義」とはなにか？』春秋社。

額賀淑郎（二〇〇九）『生命倫理委員会の合意形成――日米の比較研究』勁草書房。

福間聡（二〇〇七）『ロールズのカント的構成主義――理由の倫理学』勁草書房。

堀巌雄（二〇〇七）『ロールズ　誤解された政治哲学――公共の理性をめざして』春風社。

前田正一（二〇〇五）「インフォームド・コンセント」赤林朗編『入門・医療倫理Ⅰ』勁草書房、一四一―一五八頁。

渡辺幹雄（二〇一二）『ロールズ正義論の行方――その全体系の批判的考察』増補版、春秋社。

第十二章　ロールズと社会福祉学
——脆弱性を抱えるすべての人を包摂する正義の理論に向けて——

角崎洋平

1　社会福祉と社会正義

(一) 社会福祉と社会福祉学

貧困、障害、老齢、病気などさまざまな理由で、この社会で生活するにあたって困難に直面している人々が、少なからず存在する。社会福祉の実践家たるソーシャルワーカーたちは、こうした生活困難を抱える人々により そい、かれらの生活を支援してきた。かれらによるソーシャルワークとは、社会構造が引き起こす問題のネガティブな影響を受けやすい、いわば脆弱性を抱えた人々[1]を支援の対象とした、実践的取り組みのことである。

社会福祉学とは、こうした社会福祉実践に資することを目的とする研究分野であるが、個々の生活困難に対応するケースワークのみを研究対象とするものではない。社会福祉学の研究領域には、ケースワークの技法についての研究（援助論）とともに、社会政策のあるべき姿について考察する研究（制度論）も含まれる。前者は、脆弱性を抱える人々を、かれらの周りにある社会資源を活用・開発しながら支援するための技法を探求するものである。後者は、ある人々の生活を、脆弱なものにしている社会構造を分析し、その改革に資す社会政策のあるべき姿を探るものである。

（二）社会福祉と社会正義

社会構造の改革も視野に入れた社会福祉学は、あるべき社会、すなわち社会正義の実現に取り組む実践的な学問領域ともいえる。ジョン・ロールズにしたがえば、社会正義の原理は「主要な政治的・社会的諸制度から生じる利益の分配を規制し、その協働を支えるために必要な負担を割り当てる」ものである（Rawls 2001, p.7 邦訳一三頁）。達成されるべき理想的な権利・義務・利益・負担の配分パターンが規定されるならば、それに準拠して解消されるべき社会的課題が明らかとなる。したがって社会正義は、ソーシャルワーカーや社会政策に携わる人々に、さまざまな脆弱性を抱える人々を取り巻く社会構造を社会的課題としてとらえる視座や、かれらへの支援や政策の必要性を社会的課題として訴えるための論拠を提示するものとなる。

（三）本章の目的と構成

本章は、ロールズが提示する社会正義の理論が、社会福祉の諸実践や社会福祉学に、いかなる貢献をなしうるものなのかを検討するものである。より具体的に本章で検討する課題を述べるならば、ロールズ正義論は、社会福祉の対象となるさまざまな脆弱性を抱えた人を視野に入れた理論なのかどうか、である。本章は続く2節で、社会福祉学におけるロールズ評価について概観する。3節では、2節でとりあげた先行研究（とりわけロールズに対する批判的評価）を踏まえながらも、ロールズの正義論そのものではなく、ロールズの正義論が導出するとみられる社会政策や社会福祉実践が、脆弱性を抱えた人々を適切に包摂するものであるかについて考察する。後述するとおりロールズが提示するレジームである財産所有制民主主義は、経済社会に参加することを広く促すものであるが、経済社会に参加することが困難な者を必然的に排除することになる。４節では、こうした帰結をもたらすロールズの正義論の問題点をとらえたうえで、この理論が、より幅広く脆弱性を抱えた人々を包摂すべく拡張・改訂が可能か否かについて確認する。最後に5節で本章の議論の到達点の、社会政策やソーシャルワークに対する含意を確認する。

2　社会福祉学におけるロールズ

(一) 社会福祉を正当化するロールズ

社会福祉学における「正義の二原理」の受容　ロールズの正義論、とりわけその正義の二原理は、一九七一年の『正義論』の初版刊行から今日まで、社会福祉学においても広く注目されてきた。この『正義論』について、一九七三年には全米ソーシャルワーク協会（ＮＡＳＷ）が刊行する雑誌『ソーシャルワーク』に書評が掲載されている。この書評でハロルド・ルイスは、正義の二原理を解説したうえで、ロールズの理論を、主要な社会システムのなかでどのようなシステムを採用するかについてのガイドラインや、専門職の世界に存在するミクロシステムのためのガイドラインを提供するものとして評価した（Lewis 1973, p.116）。

ソーシャルワークの活動指針としてのロールズ　その後ジェローム・ウェイクフィールドが一九八八年に、ロールズの正義論を、ソーシャルワーク専門職の諸実践に貢献する理論として評価する論文を発表した。モハッシェタ・バナジーによればこの論文は、その後の社会福祉学におけるロールズ研究に影響力をもち、多くの後続の研究者から繰り返し引用されるものとなった（Banerjee 2011, p.193）。ウェイクフィールドによれば、ソーシャルワーカーとは、経済的剥奪から心理的剥奪までのあらゆる面での剥奪を緩和する仕事に従事する専門職である（Wakefield 1988, p.194）。ここでいう剥奪（状態）とは、彼がソーシャル・ミニマムと呼ぶところの最低水準をも下回る財しかもちあわせていない個人の状態のことである。彼によれば、ソーシャルワークとは、ソーシャル・ミニマム以下の水準に陥った人々の状態を引き上げる仕事であり、ロールズのいうところの分配的正義の後ろ盾となる諸制度の「移転部門」に属する仕事である（Wakefield 1988, p.205）。

福祉国家を正当化するロールズ　現代福祉国家の社会政策を正当化するものとしてロールズの正義論が援用されることも多い。ジョセフィーナ・フィゲイラ゠マクドナーはロールズについて、（アメリカのように）自由の追求が不平等を拡大させたり、一方で（東欧諸国のように）平等の追求が自由を毀損したりする時代において、自由と平等を両立させる理論を提供した、として評価している（Figueira-McDonough 1993, pp.179–180）。またクリストファー・ピアソンは、ロールズの正義論を、「市民という資格に基づいた包括的で再分配的な福祉国家を原理的に擁護できる」論拠として評価し、ニュー・ライトの福祉削減要求に対抗するための論拠となったとしている（Pierson 1991, 邦訳三六九頁）。

日本でもたとえば高良麻子は正義の二原理を紹介し、「ロールズの思想」が、「自由が保障される条件下で不平等を改善しようとする」福祉国家を擁護するものとして活用されたと指摘している（高良 二〇一二、一九一頁）。小西加保留も同様に、彼の格差原理が「福祉国家のもとで格差を是正し、有限な資源の再配分という今日的な課題に有益な視点を提供する」ものとして理解されたと指摘している（小西 二〇一四、五〇頁）。

（二）ロールズは本当に社会福祉を正当化するか？

ニーズ保障を正当化しないロールズ　しかしロールズの正義論は、社会福祉が対象とするさまざまな生活困難に直面する脆弱性を抱えた人々を視野に入れた理論ではないとする見解も存在する。なかでも社会福祉学（ソーシャルワーク研究）の観点から最も厳しくロールズの正義論を退けるのはバナジーである。

バナジーは、そもそも「基本的諸自由の平等」を保障する正義の第一原理はアメリカ合衆国憲法がすでに市民に認めている諸自由を超えるものではないとする。また公正な機会均等原理は、才能や能力が高くない者に公正な機会を保障するものではない、と指摘する（Banerjee 2005, pp.45–46）。バナジーが指摘するように、ロールズは確かにニーズ充足を目的とする配分的正義論を退け、自身の正義論を「生産的な社会的協働のシステム」の維持を目的としたものとしている（Rawls 2001, p.50 邦訳八七頁）。バナジーはこうしたロールズ正義論について、労働（生産）に関する以外の「いかなる種類のニーズ」についての要求も等閑視するものだと批判する（Banerjee 2005, p.49）。

ワークフェアを支持するロールズ　バナジーはロールズの理論をアメリカにおけるＴＡＮＦ（貧困家庭一時扶助）のようなワークファースト（ワークフェア）政策を擁護するものだとする。(2) バナジー曰く、ロールズ正義論が「最も恵まれていない」人々として視野に入れるのは、「働いているが十分に稼げていない人、病気や仕事の季節的性質のせいで一時的に働くことができない人」に限られる（Banerjee 2011, p.208）。確かにロールズは「福祉給付を受けながらマリブ海岸で一日中サーフィンに興じている人々」を「最も恵まれていない」人々とみなすことには慎重である（Rawls 2001, p.179 邦訳三一一—三一二頁）。バナジーはこうした点を踏まえて、ロールズは労働可能だが働く意思の無い者への公的扶助を支持していない、とみなしている（Banerjee 2011, p.199）。

加えてバナジーは、ロールズが互恵性を重視することの問題についても指摘している。ロールズは互恵性（reciprocity）を格差原理の本質であるとし、互恵性の考え方に従えば「現在の不平等が、自分だけでなく他の人々の利益にも資さなければならない」としている（Rawls 2001, p.64 邦訳一一〇頁）。バナジーの理解では、そうした考え方を採用するならば、恵まれていない人々の支援にかかる支出は、より恵まれた他の人々の利益に資す限りにおいてのみ正当化されることになる（Banerjee 2005, p.47）。したがってバナジーによれば互恵性条件は、すべての市民に、社会への生産面での貢献をまずもって求めるものである。バナジーは、このような正義原理は、数多くの稼働していない貧困市民を、その対象から排除するものであると批判している（Banerjee 2005, p.50）。

疾病・障害・差別を等閑視するロールズ　バナジーはロールズが「最も恵まれない人々」について以下のように定義していることにも注目している。「身体的ニーズおよび心理的諸能力が通常の範囲に収まっていると想定するつもりなので、保健医療や知的能力についての問題は生じない」（Rawls 1999, pp.83–84 邦訳一三二頁）。バナジーはこうした点を踏まえて、ロールズは身体的ニーズや心理的諸能力が「普通の範囲」に収まっていないケースを正義の理論から排除しているとしている（Banerjee 2011, p.209）。またロールズは「最も恵まれない人々」について「最低の所得と富しかない人々」としている（Rawls 2001, p.65 邦訳一一一－一一二頁）。バナジーはそのためロールズは、ジェンダーや人種・国籍の問題について十分に考察しておらず、結果としてジェンダーや人種が所得や富に与える影響を無視してしまっているとする[3]（Banerjee 2005, p.48）。

3　財産所有制民主主義の射程

（一）財産所有制民主主義というレジーム

レジームの議論へ　上述のように社会福祉学においては、ロールズの正義原理が主に参照され、評価されてきた。しかし、バナジーが指摘するように、ロールズの正義論には、脆弱性を抱えた人々を社会正義の対象から排除するかのような記述が散見される。とはいえ、ロールズの正義論は、正義の二原理だけで構成されるわけではない。脆弱性を抱えた人々を排除しているか否かを検討するためには、正義の二原理に関する記述のみをとりあげて批判するのではなく、そこから導出される憲法・立法・諸政策のレジームも想定し、その運用によってもやはり脆弱性を抱えた人々が排除されるのか、を確認しなければならない。

四段階系列　ロールズによれば正義の二原理は、いわゆる「四段階系列」を経て、現実の社会制度に適用される。その第一段階は原初状態にある無知のヴェールに覆われた当事者が正義の二原理を採択する段階であり、続く第二段階は憲法制定会議の段階である（Rawls 1999, pp.171–172 邦訳二六六―二六七頁）。そしてそのあとに、憲法に適合する諸ルールを制定（立法）する第三段階が続く。第三段階で立法当事者（議員）は、自身の状態については無知であるとして立法について判断することが求められている。そして最後に、そうした諸ルールを解釈し運用する行政官と司法官によって担われる第四段階が続く（Rawls 1999, p.174 邦訳二七〇頁）。第四段階になってはじめて、特定の個々人の性格特性やその人が置かれた情況が明らかになる（Rawls 1999, p.175 邦訳二七一頁）。

ロールズの「福祉国家」批判　ロールズ正義論は上述のように、福祉国家を正当化するものとして参照されることが少なくないが、彼自身は現状の福祉国家レジームを「福祉国家資本主義」と呼んで批判している。福祉国家資本主義とは「〔正義の第一原理が保証する〕政治的諸自由の公正な価値を拒んでおり、〔公正な〕機会均等には幾らかの配慮を払うものの、その達成に必要な政策が採られて」おらず、経済及び政治生活の多くの支配は少数の者の手中にある」社会のレジームである。またこのレジームにおいては、基本的ニーズを充足する「まずまずのソーシャル・ミニマム」が保障されるが、「経済的・社会的不平等を規制する〔格差原理の本質たる〕互恵性原理は認められていない」（Rawls 2001, pp.137–138 邦訳二四五頁）。

財産所有制民主主義の構想　対してロールズが実際に、正義の二原理を体現するレジームとして提示するのは「財産所有制民主主義」である。このレジームは、現状の福祉国家を超えて「自由で平等な者とみなされた市民間の公正な協働システムとしての社会」の実現を目指している（Rawls 2001, p.140 邦訳二四九頁）。財産所有制民主主義は「各期の終わりに、さほどもたざる人々に所得を再分配することによってではなく」、「各期のはじめに、生産用資産と人的資本（つまり教育と訓練された技能）の広くいき渡った所有」を「公正な機会均等を背景にして」市民に保障する。そしてその狙いは、「社会の小さな部分」が経済や社会を支配することを防ぐことや、「適正な程度の社会的・経済的平等を足場にして自分自身のことは自分でなんとかできる立場にすべての市民をおく」ことだとされる（Rawls 2001, p.139 邦訳二四八頁）。

財産所有制民主主義と正義の二原理　こうした資産や資本の広範な所有は、第二原理が求める公正な機会均等にもつながるだけでなく、富の不平等を是正することで格差原理によっても支持される。また、資産の分散化は、経済的・社会的権力の集中を防ぐため、第一原理が重視するところの政治的諸自由の公正な価値の保障に寄与する（Rawls 1999, p.198 邦訳三〇五頁）。

そしてこの財産所有制民主主義は、福祉国家資本主義と異なり、「人間にとって不可欠なニーズ」のみをソーシャル・ミニマムとして保障するものではないとされる。格差原理が求めるソーシャル・ミニマムは、格差原理の本質たる互恵性の観念に基づき、不可欠なニーズのみを保障する水準を超えて提供されるものである（Rawls 2001, p.130 邦訳二二八―二二九頁）。ここでいう互恵性の観念は、バナジーが解釈する互恵性とは異なる。格差原理に反映されているロールズの互恵性は、恵まれている者の利益は最も恵まれていない階層の最大の利益に資す場合に限り容認されるとするものであり、あくまで最も恵まれていない階層の利益の最大化を目的とするものである（Rawls 2001, p.139 邦訳二四八頁）。なおロールズは、市民の基本的ニーズの保障自体は、市民にとって「〔第一原理が求める〕権利と自由を理解し有意義に行使するのに必要である」という論拠で保障されるとしている

(Rawls 2005, p.7)。

(二) 財産所有制民主主義の可能性

以上のような財産所有制民主主義の構想に基づき、以下のような社会政策やソーシャルワークの必要性や効果を指摘することができる。

資産ベースでの福祉政策　財産所有制民主主義を実現する具体的な制度として、たとえばブルース・アッカーマンとアン・アルストットが提案する、市民に広く資本(一人当たり八万ドル)を提供する、ステークホルダーグラント制度などを想定することができる(Ackerman & Alstot 1999)。またたとえばサド・ウィリアムソンは、「財産所有制民主主義を実現する」と題した論文のなかでアッカーマンとアルストットの提案などを参考にしつつ、すべての市民に総額五万ドルの資本を供給する制度を提案している(Williamson 2012)。

このような、資本・資産に焦点を当てた政策は、アメリカやイギリスで部分的に実施されている資産形成支援政策と類似する。こうした政策は従来型の所得ベースでの福祉政策と対比して、資産ベースでの福祉政策と呼ばれるものである。たとえばアメリカの個人開発口座(Individual Development Accounts)制度や、(すでに廃止されたが)イギリスのチャイルド・トラスト・ファンド制度がその代表例として知られている。このような政策はアッカーマンとアルストットやウィリアムソンの提案と比べて限定的ではあるが、前者は低所得者の資産形成を、後者は市民が十八歳時点で一定の資産を取得することを、政府や関係団体が資金を拠出することで支援するものである[4]。

金融包摂　また資産形成支援(資産の分散化)という面でいえば、金融へのアクセスも重要になってくる。アメリカ・イギリス・フランス・日本などでは、低所得者・移民・女性・マイノリティ・障害者など、通常の金融サービスから排除された人々に対して、預金口座や貸付などを行う金融包摂の取り組みも進められている[5]。また資産形成の阻害要因である浪費や不適切な金融サービス利用を防ぐための金融教育やソーシャルワークも展開されはじめている。フランスでは過度な負債を抱えた世帯の家計管理を支援する家庭経済ソーシャルワーカーが活動しており（佐藤 二〇一一）、日本でも、生活資金貸付事業も含めた家計相談支援事業がスタートし、家計のフローやストックの安定化を支援する取り組みも進みつつある。

投資としての子ども政策　財産所有制民主主義は「人的資本」、つまり「知識と諸制度の理解、教育を受けた諸能力、訓練された技能」の分散化も目指している（Rawls 2001, p.140 邦訳二四九頁）。これは、市民に教育や教養を積むチャンスを保障するものであり、公正な機会均等原理にも合致する（Rawls 1999, p.245 邦訳三七三頁）。

イエスタ・エスピン＝アンデルセンは、ライフチャンスの不平等を問題視する観点から、「子どもへの投資」の重要性を指摘している。彼がここで「子どもへの投資」として重視するのは、学校教育の充実やその機会保障のみではない。彼は家庭環境が子どものライフチャンスに与える影響に注目し、世帯所得を上昇させるための政策としての女性（母親）の就労支援と保育サービス拡充の必要性を指摘している（Esping-Andersen 2009, ch.4）。ロールズ自身、家族制度を公正な機会均等に寄与するものとして評価している（Rawls 2001, pp.162–163 邦訳二八五―二八六頁）。こうした観点からすれば、児童虐待という被虐待児のその後の人生に悪影響を及ぼす問題への対応や、児童・生徒の学校環境への不適応に対応するソーシャルワーカーの役割もまた、公正な機会均等を保障するための政策として重要になってこよう。こうした一連の政策も広範な人的資本の獲得を促進する政策として財産所有制民主主義の観点から促進されよう。

ソーシャル・ミニマムの保障と労働環境の改善　財産所有制民主主義の特徴の一つは、政治的市民であるために必要な前提として基本的ニーズを保障し、互恵性の原理を本質とする格差原理によって基本的ニーズを上回るソーシャル・ミニマムを保障することである。ロールズが配分的正義を否定するのは、ニーズ・欲求・選好のみに基づいて資源を分配することであって、ニーズの充足そのものではない。

また物的資本の広範な所有を進める財産所有制民主主義の社会政策は、人々に被用者としての労働市場への参加を過度に強制するものではない。物的資本を所有する市民は自営業や労働者管理企業を経営することも可能になる（Rawls 2001, p.178 邦訳三一〇頁）。またニエン＝ホー・シェイが指摘するように、市民が、物的資本を入手して労働賃金とは別の所得源を得ることになれば、所得を稼ぐために労働に依存する程度が低下するかもしれない。シェイは、こうした効果により、最も恵まれていない人々であっても、単に生活維持の観点のみから職業選択をすることから解放されたり、労働の意義（意味）についての観点から自由に職業選択をしたりすることが可能になると示唆している（Hsieh 2012）。

保健医療　原初状態で当事者たちは、全生涯にわたって社会的協働に携わると想定されているが、時に重い病気にかかったり、酷い事故に遭遇したりするかもしれないということも想定される（Rawls 2001, pp.171–172 邦訳二九九―三〇〇頁）。医療サービスは「人々を回復させて健康にし、彼らが協働する社会的構成員としてその普通の生活を再開するのを可能にする」（Rawls 2001, p.174 邦訳三〇四頁）。

ここで特に留意する必要があるのは、正義の二原理自体は医療や健康ニーズについて直接扱ってはいない、ということである。財産所有制民主主義レジームでは保健医療について、原初状態や憲法制定会議段階に続く、立法段階で検討される。なぜなら実際に医療サービスを供給するためには、「さまざまな病気の広まりとそれらの酷さとか事故の頻度とそれらの原因その他の多くのことに関する情報」が必要になるからである(6)（Rawls 2001, p.173 邦訳三〇一―三〇二頁）。

(三) 財産所有制民主主義の限界

経済社会への包摂政策としての財産所有制民主主義　上述のような財産所有制民主主義レジームを導出するロールズの正義論は、バナジーが指摘するような、脆弱性を抱えた人々のニーズ充足を疎かにするものではないし、人々の医療ニーズを等閑視するものでもない。また財産所有制民主主義は、資産の分散化により労働市場外部の収入源を広く市民に保障するものであり、こうした点でワークフェア政策と一線を画す。むしろ財産所有制民主主義は、伝統的福祉国家の政策モデルを乗り越え、低所得者・移民・女性・マイノリティ・障害者などといった人々の、社会参加の基盤を提供しようとするものだといえる。一定の資産があることは、生活安定の基盤となり、ひいては社会参加の基盤になる。不測の事態に対応できる資産や資金調達先があることは、急激に貧困状態に陥らなくてすむクッションになる。また資産や資金調達先があることは、自らが「なりたいもの」や「やりたいこと」を実現するための実質的な機会を提供する。財産所有制民主主義は、こうした機会を、脆弱性を抱える人々も含めた幅広い層に推進するための論拠となる。

しかし一方でこうした諸政策は、「経済活動への参加」を促すものに偏っている。アッカーマンとアルストットの八万ドルの提案も、ウィリアムソンの五万ドルの提案も、自身の望む経済活動を展開したり、望まない経済活動を強いられたりしないための基盤として魅力的ではある。しかし五万ドルから八万ドルの資産では、それを取り崩したり運用したりするだけでは生活できない。子ども政策を含む人的資本投資についても、それを受けて市民が技能を取得して、経済活動をして稼得する、ということを前提にしている。医療サービスも、協働する社会的構成員としてその普通の生活を再開するためのものである。

財産所有制民主主義　対　伝統的福祉国家　イングリッド・ロビンズは、財産所有制民主主義が、ジェンダー公正や、ケア提供者にどのような効果を与えるかを検討している。ロビンズによれば、確かに財産所有制民主主義は、女性の政治参加や、これまで獲得機会に恵まれてこなかった女性の富や所得の獲得に貢献する。また財産所有制民主主義により労働者の職場上の発言権が上昇すれば、職場近くの託児所設置、正規労働と同一条件でのパートタイム労働や、フレキシブルな労働時間の許容など、ケア提供者である労働者にも働きやすい（そしてケア提供とも両立しやすい）環境が整備されるかもしれない、とする（Robeyns 2012, pp.173–174）。

しかし一方でロビンズが懸念するのは、財産所有制民主主義が、伝統的福祉国家が提供してきたような、社会保障や公的サービス給付（保育所や、高齢者や障害者へのケアサービス）の実施環境を毀損しないか、である。なぜなら、伝統的福祉国家が提供するのは福祉給付や福祉サービスといった消費フローの再分配であり、財産所有制民主主義が重視する経済活動のための投資フローの再分配とは異なるからである（Robeyns 2012, pp.175–176）。

財産所有制民主主義における高齢者・障害者

したがって、「投資」とみられないような社会政策を、どのように正当化するのか、が問題になる。上述のように子どもに対するケア提供は、将来ある「子どもへの投資」とみなすことは可能であろう。しかし、すでに経済活動からリタイアした高齢者や、経済活動への参加が難しいと考えられる障害者への、社会政策やソーシャルワークはどのように位置づけられるのか。しかもロールズは「深刻な障害をもつために社会的協働に貢献する普通の構成員では決してありえないような人々という、極端なケースはわきにおいておく」と明言している（Rawls 2001, p.170 邦訳二九七頁）。確かに財産所有制民主主義においても基本的ニーズの保障は重視されている。しかし、「第一原理が求める権利と自由を理解し有意義に行使するのに必要」という条件の解釈によっては、このようなニーズは最小限度のものに留まるかもしれない。

4　「協働」の射程

（二）ロールズ正義論における高齢者・障害者

社会的協働のための公正な条項としての正義　なぜ財産所有制民主主義レジームは、リタイアした高齢者や、経済活動に参加できない障害者に対する、社会政策やソーシャルワークのモデル・論拠を提示するものではなかったのか。その主要な原因は、そもそもロールズの正義論自体が、生産的な社会的協働のシステムに関する問題を扱うものだ、というところにある。

ロールズは「社会は相互利益のための協働の企て」と明記している（Rawls 1999, p.4 邦訳七頁）。正義原理を導出する原初状態は、「もっぱら自由で平等であるとみなされる市民の代表者たちが、協働のための公正な条項に合意する際の、公正な条件」をモデル化したものである（Rawls 2001, p.17 邦訳二九頁）。自由で平等であるとみなされる市民たちは、「二つの道徳的能力」をもっているとされる。それは「正義感覚への能力」と「善の構想への能力」である。前者は「社会的協働の公正な条項を明確化する政治的正義の原理を理解し、適用し」、「準拠して行動する能力」のことである。また後者は、「善の構想をもち、修正し、合理的に追求する能力」のことである。またこうした市民たちは、「社会的協働に携わっており、それゆえ、そうする十分な能力をもち、しかも全生涯にわたって〔その能力を〕もっている」とみなされている（Rawls 2001, pp.18–19 邦訳三一―三二頁）。正義原理が上述のような前提で導き出されているがゆえに、正義原理に基づくレジーム自体においても、「経済活動への参加」の外部の問題を扱うことに困難が生じるのである。

経済活動からリタイアした高齢者　ただし、経済活動からリタイアした高齢者と、ロールズが「わきにおく」と明記した経済活動に参加できない障害者は、現に経済活動の外部に存在するという点では同じだが、以下の点で異なる。すなわち前者は、過去には経済活動に参加していたが、後者はそうではない。上述のように原初状態の契約当事者に代表される市民は、社会的協働に全生涯を通して携わる存在とされており、かかる代表者たちは「人生のすべての段階を生き抜くことになるひとりの人物の視点」から「子ども時代から老年期に至る人生の全段階でわれわれが掲げる要求」を考慮に入れなければならない（Rawls 2001, p.174 邦訳三〇三頁）。このため財産所有制民主主義の構想では明確ではないが、高齢者のニーズもロールズ正義論の視野に入っており、「人生のすべての段階を生き抜く」視点から、老年期も含めた人生の各段階で生じるニーズ間の比較考量、そして上述のような財産所有制民主主義の投資フロー型社会政策と消費フロー型の高齢者政策の比較衡量が可能になる。

経済活動に参加できないような「深刻な障害」　一方後者については、全生涯を通じて社会的協働に携わることを想定されていない。だからといってロールズは、「深刻な障害をもつ」者を、正義原理、ひいてはそれに基づく社会政策から排除しようとしているわけではない。

〔深刻な障害のケースといった〕極端なケースを検討してないけれども、このことは、そうしたケースの重要性を否定するものではない。私は、いかに深刻な障害をもっていようと、すべての人間に対してわれわれが義務をもっているということは自明であり、常識によって受け入れられるものと考えている。問題は、こうした義務が他の基本的要求と衝突する場合のこうした義務の重みに関わる。その場合、どこかでわれわれは、こうした事例のための指針を提供するように公正としての正義を拡張することができるかどうかを見極めなければならず、また、もし拡張できないのなら、公正としての正義は、何らかの構想によって補完されるのではなく、むしろ拒絶されなければならないのかどうか見極めなければならない。（Rawls 2001, p.176 邦訳三九〇頁）

ロールズの財産所有制民主主義の構想は、経済活動に参加しえない障害者のための政策を提示するものではないが、それらの政策自体を否定するものではない。このため当然、ロールズの財産所有制民主主義の政策と、経済活動に参加しえない障害者を対象にした政策との、両立が求められることになる。そういう意味でロールズ正義論は、両者の比較衡量の基準となるものを提示しうるような正義の理論に拡張しうるか、が問われるのである。

(二) ロールズの社会的協働と市民モデルの問題点

ロールズの正義論はどのように拡張・改訂されるべきなのか、そしてそれは可能なのか。エヴァ・キティやマーサ・ヌスバウムは以下のように、障害者などを包摂する正義の理論を構築するためには、ロールズの想定する基本的な前提を抜本的に変更しなければならない、とする。

キティのロールズ社会的協働論批判　キティは、市民が社会的協働に全生涯を通して携わる、というロールズの想定について以下のように述べている。すなわち「重い障害があり、一生依存している人々に、お返しに同様のケアをすること」を期待するのは不合理であるので、障害のある人々は「社会的協働の境界線の外側にこぼれ落ちるだろう」と（Kittay 1999, p.105 邦訳二四〇―二四一頁）。キティはこうした問題を乗り越えるために、互恵性という考え方を拡張することによって、社会的協働の範囲を拡張しようとする。すなわち「すべての人が自立しているわけでも、しっかりと心と身体を動かせるわけでもないなかで結ばれる関係性」にも互恵性を拡張することを提案する（Kittay 1999, pp.106–107 邦訳二四二―二四三頁）。

キティのロールズ市民モデル批判　キティはそうした互恵性のためには、障害者などケアに依存する者のニーズ充足や「ケアに責任を担う依存労働者に援助と支援を与えるような社会制度を確実にする原理」が必要とする。しかしキティによれば、ロールズの正義論はそのようなものではない（Kitty 1999, pp.108–109 邦訳二四六―二四七頁）。上述のようにロールズは、社会正義の対象となる市民の特徴を、二つの道徳的能力、つまり正義感覚と善の構想をもつ、ということに限定する。キティは、それゆえにロールズは、障害者を含めた依存者のケアに関するニーズを適切に捉えていないと批判する。たとえば市民は、自身の善の構想に、他者に対するケアの展開を含めるかもしれないが、それは多様かつ私的な善の構想の一つとして捉えられてしまう。そのためにロールズの正義論では、一部の人々に過度な負担を強いることなしに、依存者のケアを充足することを保障しえない。また正義感覚は他者に向けられる道徳的能力ではあるが、「〔重い障害のために〕お返しすることができないような他者のニーズに共感をこめて気遣うこと」を保障するものではない（Kittay 1999, pp.100–102 邦訳二三二―二三四頁）。

ヌスバウムのロールズ社会契約論批判　ヌスバウムは、ロールズが社会的協働の目的として「相互利益」を掲げ続けていることに理論的な問題点を見出している。ヌスバウムが強調するように、ロールズは「社会は相互利益のための協働の企て」（上述）と明記している。とはいえロールズは協働の公正な条項、とりわけ格差原理に含まれる観念である互恵性を、不偏性（利他性）と相互利益の間に位置する観念であると述べてもいる（Rawls 2001, pp.76–77 邦訳一三三頁；2005, pp.16–17）。しかしヌスバウムによれば、結局ロールズは、正義原理を導出する原初状態においては、当事者たちが相互利益のために行動し正義原理を導出するというプロセスを放棄していない（Nussbaum 2006, pp.61–62 邦訳七三―七五頁）。正義原理を導出する契約当事者たちが相互利益を目的にしているのならば、当然、協働を通じて利得を期待できる生産的な相手を仲間に組み入れ、一方で障害などが原因で生活に高額な費用にかかる非生産的な者を排除するだろう（Nussbaum 2006, pp.104–105 邦訳一二三頁）。

ヌスバウムのロールズ市民モデル批判　またヌスバウムによれば、ロールズの正義論においては障害者を生産的な存在として評価することは（障害の社会モデルのような考え方を採用したとしても）不可能である。上述のように市民たちは身体的ニーズや心理的諸能力について「普通」の範囲に収まっていることが想定されている。

何らかの器質的損傷のある身体障害者が存在するとする。かれは器質的損傷の相対的な稀有さゆえに「普通」でない者ということになる。たとえば「全員用の設備をごく少数の人びとのニーズのために再設計する」ための支出は、「「普通」でない損傷のある人びとを完全に包摂することで可能になる経済的生産性における利益をはるかに上回る」(Nussbaum 2006, pp.116–117 邦訳一三六―一三八頁)。いっそう問題になるのは知的障害者や精神障害者の場合である。ヌスバウムによればそうした人々はロールズが市民の条件とする二つの道徳的能力が全面的あるいは部分的に欠けている。それゆえかれらは、身体障害者の場合よりも深刻な仕方で正義の対象から排除されてしまう(Nussbaum 2006, pp.133–135 邦訳一五五―一五七頁)。

ロールズ正義論は改訂可能か？　キティは、上述のような自身のロールズ批判を踏まえて、ロールズ正義論が依存に関するニーズを満たすためには、従来の二原理に加えて「正義の第三原理」の採択が必要だとする。この原理は「ケアを必要とするそれぞれのニーズにしたがって各人に、ケアできる能力にしたがって各人から、またケアを与える人々に資源と機会が利用できるように社会制度からの援助」を正当化するような原理である。ただしキティ自身もロールズの正義原理がこのような第三原理を採択することは困難だろうとしている(Kittay 1999, p.113 邦訳二五四頁)。

ヌスバウムはより詳細に、ロールズがキティの提案を受け入れないと思しき理由を分析している。ネックとなるのはロールズが重視する(二つの道徳的能力を重視する)人格モデルや相互利益性を求める社会契約モデルである(Nussbaum 2006, pp.140–141 邦訳一六四―一六五頁)。かわってヌスバウムが障害を包摂する理論として提案するのは、社会契約論を完全に放棄した、直観と推論によって導き出される潜在能力のリストを基本とするアプローチである(Nussbaum 2006, pp.69–81 邦訳八三―九六頁)。

（三）社会的協働と市民モデルの再解釈

論点としての「社会的協働」と「市民」

社会福祉学はロールズの正義論を、キティやヌスバウムの批判を踏まえて、障害を包摂しない理論として敬遠すべきだろうか。しかしロールズを擁護する立場から、障害を包摂すべくロールズ正義論を解釈または一部改訂する議論がいくつか存在する。以下で論点となるのは、障害を扱ううえでネックとなった、互恵性・相互利益性などとして理解される「社会的協働」と、二つの道徳的能力をもつとされる「市民」の再解釈の可能性である。

潜在的可能性としての「二つの道徳的能力」

ソフィア・ウォンは、ヌスバウムが相互利益性を求める社会契約モデルとしてロールズ正義論を評価していることを批判している。ウォンによればヌスバウムは、ロールズが互恵性を相互利益とも不偏性とも異なるとしたことを軽視している。ウォンが指摘するように、ロールズの想定する原初状態の契約当事者たちは、自身が代表する市民の置かれた状況や能力などを知らない。このため契約当事者は、自身が社会の非「生産的」メンバーを代表する立場だったら、と想定して格差原理などの正義原理を選択すると考えられ、特定の社会状況に置かれた個人の自己利益の相互拡大を目的として正義の原理を導出するわけではない（Wong 2007, p.584）。

そのうえでウォンは、ロールズがいう道徳的能力とは（ロールズ自身が明記するように（Rawls 1999, p.442 邦訳六六一頁））「潜在的可能性（potentiality）」のことであると注意を促している（Wong 2007, p.586）。すべての人が潜在的には道徳的能力を保持しており、その道徳的能力がどの程度運用できるかは、科学・教育・医療などのその時代における水準に影響を受ける（Wong 2007, pp.587–588）。こうした観点からいえば、（現時点で）道徳的能力の運用が十分にできない者はそれゆえに社会から排除されるべきではなく、むしろ社会は、かれらの道徳的能力を十分運用できるように環境整備をしなければならない（Wong 2007, pp.589–590）。したがってウォンによればロールズの正義論は、「精神障害」と診断された人々も含めた社会のすべてのメンバーの利益を代表する契約当事者が選んだ諸原理によって、社会の基本構造を規制する理論である、ということになる（Wong 2007, p.593）。

社会的協働を捉えなおす　クリスティ・ハートレーは、ウォンのように「二つの道徳的能力」の潜在可能性に注目するのではなく、ロールズ正義論を契約主義（contracutualism）の観点から修正することで、障害者を正義の理論に包摂しようとする。ハートレーが説明するように契約主義とは、契約当事者どうしが相互に利益を獲得するような合意を正当化論拠とする契約説（contractarianism）と異なる、自由で平等とみなされる人々の間の相互承認や相互尊重をベースとする社会契約論である（Hartley 2009, p.18）。ハートレーが指摘するように、ロールズは繰り返し社会的協働の基礎を相互尊重だとしている（Rawls 2001, p.2 邦訳四頁など）。ゆえにハートレーは、ロールズは契約主義の立場に立つと考えている（Hartley 2009, p.19）。

そのうえでハートレーは、すべての人々が二つの道徳的能力をもつという想定を棚上げしても、契約主義の観点から「相互尊重に基づいて社会に協働的な貢献をなしうるすべての人々」を正義原理の対象とすることができる、とする。そしてハートレーは「ほとんどすべての人間は、二つの道徳的能力をもつか否かにかかわらず、社会に協働的な貢献をなすことができる」とする。たとえば多くの人は、二つの道徳的能力がなくても、適切なトレーニングや支援があれば労働市場に参加できるだろうし、家事労働に従事することもできるだろう。またそうした労働が困難だとしてもほとんどすべての人間は、非言語的コミュニケーションなども通じて家族やケア提供者と交流することで、相互尊重に基づく社会を構築するために重要な諸関係に参加することができる。このように人々を捉えることで（二つの道徳的能力を欠いた者を含む）深刻な障害がある者も含めてほとんどすべての人々を、正義原理の対象とすることができる[7]（Hartley 2009, pp.28–29）。

「深刻な障害」のある者の主体性・能動性を捉える　ウォンの議論は、深刻な障害のある者も含めてすべての人々を、善の構想や正義感覚をもつ主体とみなすものである。ウォンはこうしたロールズ解釈により、すべての人々を正義の対象とした。またハートレーの議論は、深刻な障害のある者も含めてほとんどすべての人々を、（二つの道徳的能力の有無にかかわらず）社会的協働に貢献しうる能動的な存在としてみなすものである。ハートレーはこのようにロールズ正義論を改訂することで、ほとんどすべての人々を正義の対象とした。上述のような議論はいずれも、正義の対象者を、単に善意的・配慮的な支援の対象とするのではなく、何らかの形で主体的・能動的に社会的協働に従事する存在として、またはそうしたことが潜在的に可能な存在としてみなすものである。

5　リベラルな社会福祉

より包摂的な（かつ財政規模の大きな）財産所有制民主主義へ　社会福祉学の観点からみたロールズは、一見、現在の福祉国家を擁護する理論にみえるが、実のところは、これまでとは違う福祉国家・社会政策を提示するものであり、そういった点に新たな社会政策指針としての可能性を見出すことができる。しかし逆に、現行の（従来型の）社会政策に対しては適切な評価を与えそこなっている（3節）。そういう意味では、ロールズ正義論が導く財産所有制民主主義は、経済社会に労働者や経営者として参加困難な、これまで社会福祉の諸実践が対象としてきた脆弱性を抱えた人々を（とりわけロールズのいうところの深刻な障害がある者を）、適切に包摂しているとは断定できない。

とはいえそうした人々の主体性や能動性を重視（または措定）したうえでのロールズ正義論の展開可能性がないわけではない。障害のある者も含めたすべての人々（またはできるだけ多くの人々）が社会的協働に参加する構想をロールズ正義論から導きだすこともできる（4節）。こうした理解に基づき、深刻な障害がある者であっても、正義の原理に基づいた社会への十分な請求権をもつとするならば、3節で検討した財産所有制民主主義レジームは、障害者が主体的・能動的に、政治・経済・社会の各方面での活動がいっそうできるような社会政策を必要とするだろう。こうしたレジームは、現在の福祉国家（福祉国家資本主義）や上述の財産所有制民主主義はもちろん、障害者のケア関連ニーズの充足を重視する福祉レジームよりも財政規模の大きなものになるかもしれない。

リベラルなソーシャルワークから新たな社会政策の指針へ　社会政策に携わる者やソーシャルワーカーは、脆弱性を抱える人々が直面する生活困難を、その人のみの問題として捉えるのではなく、社会的課題として捉えることを旨としてきた。そうした意味では社会政策に携わる者やソーシャルワーカーの役割とは、単に現金やサービスをそうした人々に届けることだけではない。あらゆる人がそれぞれの人生構想や正義感覚を抱いていることに配慮・尊重しつつ、そうした人々の自由な行動を阻害する社会的課題を除去していくことも当然求められる。そうした観点から障害者がより主体的・能動的に生活しやすいようなソフト面とハード面でのインフラの整備や、知的障害者や精神障害者の意思決定を（代理・代行するのではなく）支援し尊重する制度が必要となる。翻ってみれば、こうしたソーシャルワークにおける支援対象者の自主性・自発性の尊重は、いわゆる「バイステティック七原則」などにみられることであり、すでにソーシャルワークの指針の一つでもある（Biestek 1957）。そうしてみればロールズの正義論は、ミクロなソーシャルワーカーの行動指針にみられたリベラルな考え方・精神——すべての人々の自主性、能動性を措定する——を、マクロな社会政策の新たな指針としてより積極的に採用することを導くものとも評価できる。

注

（1）古川孝順は、社会福祉の対象となる人々を「社会的バルネラブルクラス」として捉えている。ここでいう「社会的バルネラビリティ」とは「現代社会に特徴的な社会・経済・政治・文化のありようにかかわって、人々の生存（心身の安全や安心）、健康、生活（の良さや質）が脅かされ、あるいはその恐れのある状態にある」人々の集団や階層のことを指す（古川 二〇一二、三三四頁）。本稿で「脆弱性を抱える人々」という場合、古川の「バルネラブル」定義を参照している。

（2）TANF（Temporary Assistance for Needy Families）を含むワークフェア政策については、小林（二〇一三）などを参照のこと。

（3）なおバナジーは、ロールズよりもよりソーシャルワークの使命に合致する正義に関する理論として、アマルティア・センやマーサ・ヌスバウムの潜在能力アプローチを評価している（Banerjee 2012, p.28）。バナジーほど詳細にロールズ批判を展開していないまでも、同様の観点からロールズを退け、潜在能力アプローチを評価する社会福祉学の研究論文として、Morris（2002）や岩崎（一九九八）がある。

（4）個人開発口座やチャイルド・トラスト・ファンドについて、詳しくは斎藤（二〇〇六）などを参照のこと。

（5）各国の金融包摂の取り組みについて、詳しくは佐藤（二〇一六）を参照のこと。

（6）ノーマン・ダニエルズは「公正な健康の平等」を、ロールズの「公正な機会均等原理」が要求するものと解釈することで、より積極的な保健医療・健康政策の正当化を試みている（Daniels 2007）。

（7）ただしハートレーは、そうした諸関係に参加することが難しいごくわずかな障害者については、正義の義務ではなく、善意に基づく義務のような他の義務の対象者になるとしている。

参考文献

Ackerman. B. & A. Alstot 1999 *the Stakeholder Society*, Yale University Press.
Banerjee, M. M.（2005）"Applying Rawlsian Social Justice to Welfare Reform: An Unexpected finding for Social Work," *The Journal of Sociology & Social Welfare* 32（4）: 35–57.
Banerjee, M. M.（2011）"Social Work Scholars' Representation of Rawls: A Critique," *Journal of Social Work Education* 47

（2）：189–211.

Banerjee, M. M. and E. R. Canda（2012）"Comparing Rawlsian Justice and the Capabilities Approach to Justice from a Spiritually Sensitive Social Work Perspective," *Journal of Religion & Spiritually in Social Work*：*Social Thought* 31：9–31.

Biestek, Felix P.（1957）*The Casework Relationship* Loyola University Press（尾崎新・福田俊子　原田和幸訳『ケースワークの原則——援助関係を形成する技法』誠信書房（二〇〇六年）Daniels, Norman 2007 Just Health：Meeting Health Needs Fairly, Cambridge University Press.

Daniels, N.（2007）*Just Health*：*Meeting Health Needs Fairly*, Cambridge University Press.

Esping-Andersen, G.（2009）*The Incomplete Revolution*：*Adapting to Women's Roles*, Polity Press.（大沢真理監訳『平等と効率の福祉革命——新しい女性の役割』岩波書店、二〇一一年）

Figueira-McDonough, J.（1993）"Policy Practice：The Neglected Side of Social Work Intervention," *Social Work*, 38（2）：179–188.

Hartley, C. H.（2009）"Justice for Disabled：A Contractualist Approach," *Journal of Social Philosophy*, 40（1）：17–36.

Hsieh, Nien-Hê 2012 "Work, Ownership, and Productive Enfranchisement" M. O' neil and T. Williamson eds, *Property-Owning Democracy*：*Rawls and Beyord*, Wiley-Blackwell.

Kittay, E. F.（1999）*Love's Labor*：*Essays on Women, Equality, and Dependency*, Routledge.（岡野八代・牟田和恵監訳『愛の労働あるいは依存とケアの正義論』白澤社、二〇一〇年）

Lewis, H.（1973）"A Theory of Justice by John Rawls," *Social Work* 18（4）：113–116.

Pierson, C.（1991）*Beyond the Welfare State?*：*The New Political Economy of Welfare*, Pennsylvania State University Press.（田中浩・神谷直樹訳『曲がり角にきた福祉国家——福祉国家の新政治経済学』未來社）

Rawls, J.（1999）*A Theory of Justice*, Revised ed., The Bleknap Press.（川本隆史・福間聡・神島裕子訳『正義論　改訂版』

紀伊國屋書店、二〇一〇年）

Rawls, J.（2005）*Political Liberalism*, Expanded ed., Columbia University Press.

Rawls, J.（2001）*Justice as fairness : A Restatement*, Harvard University Press.（田中成明・亀本洋・平井亮輔『公正としての正義　再説』岩波書店、二〇〇四年）

Robeyns, I.（2012）"Care, Gender, and Property-Owning Democracy," M. O'Neil and T. Williamson（eds.）, *Property-Owning Democracy : Rawls and Beyond*, Wiley-Blackwell.

Morris, P. M.（2002）"The Capabilities Perspective : A Framework Social Justice," *Families in Society : The Journal of Contemporary Human Services* 83（4）: 365–373.

Nussbaum, M. C.（2006）*Frontiers of Justice : Disability, Nationality, Species Membership*, Harvard University Press.（神島裕子『正義のフロンティア――障碍者・外国人・動物という境界を越えて』法政大学出版局、二〇一二年）

Wakefield, C. J.（1988）"Psychotherapy, Distributive Justice, and Social Work Part 1 : Distributive Justice as a Conceptual Freamwork for Social Work," *Social Service Review* 62（2）: 192–210.

Williamson, T.（2012）"Realizing Property-Owning Democracy : A 20-Year Strategy to Create an Egalitarian Distribution of Assets in the United States," M. O'Neil and T. Williamson（eds.）, *Property-Owning Democracy : Rawls and Beyond*, Wiley-Blackwell.

Wong, S. I.（2007）"The Moral Personhood of Individual Labeled "Mentally Retarded" : A Rawlsian Response to Nussbaum," *Social Theory of Practice* 33（4）: 579–594.

岩崎晋也（一九九八）「社会福祉の人間観と潜在能力アプローチ」『人文学報（東京都立大学）』二九一：四九―六八。

小西加保留（二〇一四）「正義――社会正義とソーシャルワーク」『社会福祉研究のフロンティア』有斐閣。

小林勇人（二〇一三）「ワークフェアと労働」武川正吾編『公共性の福祉社会学――公正な社会とは』東京大学出版局。

斎藤拓（二〇〇六）「福祉国家改革の一方向性――各国にみる資産ベース福祉への移行」『コアエシックス』二：二五九―二六九。

佐藤順子（二〇一一）「フランスにおける家庭経済ソーシャルワーカーの実践――家庭手当金庫を中心に」『福祉教育開発センター紀要』八：一―一〇。

佐藤順子編（二〇一六）『マイクロクレジットは金融格差を是正できるか』ミネルヴァ書房。

高良麻子（二〇一二）「社会正義とソーシャルワーク実践」一般社団法人日本社会福祉学会編『ソーシャルワークの理論〈対論　社会福祉学5〉』中央法規。

古川孝順（二〇一二）『福祉改革研究――回顧と展望』中央法規。

第十三章　企業の社会的責任とロールズ正義論

井上　彰

1　はじめに

これまで正義論、もっと広く規範理論では企業をどのように位置づけてきたのだろうか。端的に言えば、規範理論は企業を、「公」と「私」という二元論で言うところの「私」に入るものとして位置づけてきた。より具体的には、目的（通常は利潤追求）を共有する者同士が、随意に契約を取り交わして成立したものとして企業を位置づけてきた。デイヴィッド・シープリーによれば、その背景には公私区分を重視するリベラリズムの影響がある（Ciepley 2013, pp.139-140）。とくにアメリカの（ネオ・）リベラルリズムの伝統では、公私区分の先鋭化とともに企業は私的パートナーシップとして、それどころか、文脈によっては私的な個人として扱われる傾向さえあったし、いまもそうした傾向がある。すなわち、企業はあくまで非公共的な善（利益）を追求する市場の一プレイヤーであり、国家はそれに対し中立的なものでなければならない、と。

しかし経営学やビジネス倫理の教科書を紐解くと、そうした捉え方とは異なる企業像が描かれている。所有形態でみると、企業は、要件が整えば永久に継承されるものであるし、だからこそ株主等に所有されていない独自の所有物として扱われる（Crane and Matten 2016, pp.45–46）。それは、「誰かのために存在しているわけではない」し、「誰のものでもない」という見方、すなわち「「会社制度観」あるいは「独立制度観」と呼ばれる会社観」を多くの経営学者がもっていることと関係している（加護野・砂川・吉村 二〇一〇、四頁）。実際、企業の内部組織をみると、会社制度が多様な構成員によって成り立っていることがわかる。「統治の姿を大きく左右する会社制度とは、企業とこれら資源の提供者との関係、資源提供者の間の相互の関係についての規範的な取り決め、基本的なルール」なのだ[1]（加護野・砂川・吉村 二〇一〇、五三頁）。それゆえ、「企業は、市場／法、国家／社会、特権／平等、身分／契約や、リベラリズムの主な二元論である公／私といった、法学や経済学、政治学でのリベラルな扱われ方を規定する分け方を逸脱するもの」として、規範理論における企業の位置づけの再考を迫る議論が出てくるのも頷ける（Ciepley 2013, p.140）。

実際に大企業に焦点を当てると、その実相は利益を共有する者同士の随意契約によって成り立つ私的結社からはほど遠いものであることは明らかである。第一に企業内部では、契約当事者同士で利益相反が起こりうる。実際、株主と企業の最高責任者に代表される企業経営者との間で、エージェンシー問題——代理人が依頼する側を裏切る問題——が普通に生じうるし、企業のトップたちと従業員との関係についても同様のことが言える。さらには、系列企業・組織間の関係も決して一枚岩ではない。そのなかで企業経営者は、情報の不完全性によって生じる取引コストを回避する調整役としての責任を負っている（McMahon 1994, pp.6ff）。コーポレート・ガヴァナンスが問われるのは、そうしたハイアラーキカルな組織のなかで、誘因や監視によってステイクホルダーの利益調整をおこなう必要があるからである。

第二に、企業と国家の関係の不可分性である。法（学）的にみると、企業には、契約法や労働法、会社法といった私法によって活動が可能になっている側面がある。政治（学）的にみると、それは国法を通じて保護されているという意味で、国家から権力が委譲されていることを含意する。たとえば法的には、企業の資産について株主に対する有限責任以上のものを企業に求めないことが認められてきたし、企業経営者自身の資産と企業の資産を分離し、前者の債権者から後者を守ることも許容されてきた（Hansmann, Kraakman, and Sqiore 2006）。こうした有限責任や資産分割により、ビジネスの安定的展開が可能となっている一方で、エンロンやワールドコムの破綻によって露呈した企業会計上の不正や（細分化された）資産のモニタリングの難しさも問題視されてきた。こうしたことが許容されたり規制の対象になったりすること自体、企業の存立基盤について、国家や社会制度から切り離しては説明できないことの証左となっている。

このように企業が様々な、ときに利益相反をみせる構成員を抱え、国による法的保護と切り離すことができない制度であるにもかかわらず、なぜ規範理論においては、いまだに公私二元論に基づく「私」ベースの位置づけがまかり通っているのだろうか。一つの見立てとして、現代リベラルの代表的存在であるジョン・ロールズの影響が指摘されるかもしれない。後述するようにロールズは、企業を市場の一プレイヤーとして、ないし私的結社として位置づけていた。それゆえ、ロールズの規範理論上の多大なる影響力に鑑みると、ロールズ正義論が企業を「私」ベースで位置づける素朴な認識を助長したとする見方も出てこよう。だが本章で明らかにしたいのは、ロールズ正義論を総合的に評価する観点からは、そうした企業の位置づけ方とは異なる捉え方が浮かび上がってくることである。それにより、ロールズ正義論が企業の社会的責任（corporate social responsibility：以下ＣＳＲ）の構想に貢献しうる議論であることを、その点に懐疑的な議論（Heath 2014；Néron 2015；Norman 2015；Singer 2015）に対する応答を通じて明らかにしたい(2)。

ここでＣＳＲについて定義しておこう。ＣＳＲはそもそも多義的で多くの分野にまたがる概念であることから、その対象領域は広く、立場や文脈（国）によって異なる定義や意味が付されがちである（Crane, Matten, and Spence 2014, pp.5-9；谷本 二〇〇六、五八―五九頁；清水 二〇一〇）。本章ではその多義性・異種混交性を一定程度許容するものの、顧客誘因力を高める企業活動にかかわるもの（通俗的な意味でのフィランソロピーやメセナ等）と区別するために、アーチー・キャロルによる定義を採用する。すなわち、「企業の社会的責任は、経済的に利潤があがり、法令遵守的であり、倫理的・社会的に支えられるかたちでのビジネス行為を伴うものである」という定義である（Carroll 1983, p.608）。というのも、このキャロルの定義によってカヴァーされるＣＳＲの構想について、ロールズ正義論の貢献を否定しうるのかどうかをめぐる論戦が繰り広げられている（とみなしうる）からである。以下ではその点に迫りたい。

2　ロールズ正義論・概要

（一）ロールズ正義論の三つの特徴

ロールズ正義論は、正義（の問題を解決する）原理の構築を課題としている。われわれは類似の利害をめぐって衝突を起こす存在である一方で、社会的協働によりそうした衝突を回避しうる安定的枠組みを志向する存在でもある。前者は自己利益追求の合理性に裏付けられ、後者は利己心や偏向的判断を抑制し、不偏的に社会秩序へとコミットする正義感覚によって裏付けられる。ロールズはこの二つの人間の動機構造（自然本性）をふまえた正義構想を構築することで、誰もが適理的に（reasonably）受容しうる社会的協働の安定的枠組みが成立すると主張する。ロールズは、人間の動機構造にかかわる自然性、すなわち、資源の穏やかな稀少性と、われわれには最小限度の正義感覚が備わっている（学習しうる）という特性を「正義の情況」と呼び、その情況に関する知識

――経済学と（道徳）心理学――を「人間社会の一般的事実（を捉えるための知識）」として位置づけた（Rawls 1971, pp.145, 150–161）。そのうえで、人間社会の一般的事実をふまえた正義原理によって、社会的協働の恒久的安定が約束されるという「秩序ある社会」の観念を提示した。

ロールズが正義原理を選定するために提起したのが、一種の契約論的手続きである。それは、われわれの能力や社会的地位がわからない純粋仮想的な初期状況――原初状態――において、われわれが支持しうる正義原理とはどういうものかを問う思考実験によって表されるものである。無知のヴェールの背後での合理的選択という、ロールズの代名詞ともなっているこの手続きにより、われわれは人間社会の一般的事実のみをふまえた正義原理、すなわち合理性と正義感覚に沿った正義原理を選定する、というのがロールズの筋書きである。この手続きを通じて選ばれるのが、最不遇者であっても適理的に受容しうる格差原理――最不遇者に最大限の利益が行き渡る不平等を正しいものとして許容する原理――を含む正義の二原理である。ロールズによれば、この手続きによって選ばれた正義の二原理は誰もが熟慮のうえで受容しうる原理として、秩序ある社会を恒久的に支えるものとなる（Rawls 1971, p.5）。

さて、このロールズの正義構想には、三つの特徴がある。第一の特徴は、それが制度的正義論である点だ。「正義は社会制度の第一の徳である」という主張にみられるように（Rawls 1971, p.3）、ロールズにとって正義は社会制度を通じて権利や義務を具体的に規定するものである。社会制度は人生の展望に強い影響を与える規範性と強制力を有する。ロールズは主要な社会制度を「（社会の）基本構造」と呼び、正義原理の役割は基本構造を公正なものにすることであると主張した。言い換えれば、正義の二原理は個人の行為やその動機ではなく、あくまで基本構造を直接の対象とする。そうした制度論的側面は、ロールズの議論にとって重要なものである。なぜなら、正義原理が個人（の行為）にではなく制度に適用されるからこそ、すべての人が無理なく正義にコミットする社会的協働のスキームが可能となるからである。

この点をロールズが重視するのは、とくに格差原理を正当化するにあたってである。最不遇者に最大限の利益が行き渡ることを条件に不平等を許容する格差原理は、すべての人にとって適理的に受容しうるものでなければならない。すなわち、人びとの合理性や最小限の正義感覚といった人間社会の一般的事実に反するものであってはならない。たとえば、最不遇者の利益供与を絶対的に優先する格差原理の適用の仕方では、社会全体の水準低下を招く可能性がある。そうなれば格差原理は、すべての人が適理的に支持しうる原理（の適用の仕方）にはならない。それゆえロールズは、才能ある富裕層のインセンティヴ報酬を認めることで、絶対的なレベルで最不遇者の暮らし向きが改善される――パレート効率性と両立しうる――格差原理の適用を支持した。ロールズによって支持された格差原理（が唱道するスキーム）は、単に最不遇者の境遇改善を絶対的に優先する「完全に正義に適ったスキーム」（G・A・コーエンが言う「厳格な格差原理」）ではなく、最不遇者の境遇改善を最大限期待しうる「徹頭徹尾正義に適った」スキーム（コーエンが言う「手ぬるい格差原理」）である（Rawls 1971, pp.78–79 ; Cohen 2008, pp.68–69）。

ロールズ正義論の第二の特徴は、それが理想理論と非理想理論の区分に準拠している点である。理想理論とは、人びとが人間社会の一般的事実をふまえて導かれた正義原理を厳格に遵守しうる好ましい情況――歴史的偶然性や奴隷制といった極端な不正義に対処する必要のない情況――を前提に成立する正義論のことを指す。ロールズの正義の二原理は、まずもって理想理論の次元で正当化されるものである。すなわち、われわれが合理性と正義感覚を過不足なく発揮しうる情況で選定される正義原理こそ、理想理論において追求されるものである。ところが現実は、そのような情況からはほど遠い。むしろ、正義原理の部分的遵守や非遵守の方が現実には目立つ。ロールズはこうした不正義が避けられない情況で問われる正義論を非理想理論と呼び、そうした情況で許容しうる不正義を見極めることの重要性を説いたことで有名である（Rawls 1971, pp.8–9, 245–246；2001, pp.13, 65–66 邦訳二二、一一二―一一三頁）。当時のベトナム戦争を背景にした市民的不服従や良心的拒否の正当化は、まさに非理想理論において許容される不正義の正当化にかかわるものである（Rawls 1971, pp.363–391）。ロールズは理想理論の構築を最優先課題とした。だが、それはなぜだろうか。ロールズ曰く

非理想理論は〔……〕正義の理想的構想が選定された後に打ち出されるものである。なぜなら当事者はそういうかたちでのみ、あまり好ましくない条件下で採用すべき原理がいかなるものかについて問えるからだ。（Rawls 1971, pp.245–246）

すなわち、理想理論に基づく正義原理は、非理想理論において規準となる――これこそがロールズが理想理論の構築を優先した理由である。

ロールズ正義論にみられる第三の特徴は、それが道徳的（労働）分業の理念に準拠するものであるところにある。ロールズは、正義の二原理を基本構造に適用されるべき原理としたうえで、個人や行為に直接適用される原理とは区別する（Rawls 1971, p.54）。この主張は、（先に確認した）ロールズ正義論の制度論的性格を示すものでもあるが、もう一つの含意がある。それは、社会制度を支える正義と正義外の価値は区別されるべきである、とする含意である。われわれが無理なく正義にコミットしうるのは、われわれが正義と同様にコミットしている正義外の価値が成立する道徳的領域が確保されているからにほかならない。このような領域分割により、われわれは平等主義的な正義構想に無理なくコミットしうるのである。トーマス・ネーゲルらは、それを道徳的（労働）分業と名付け、この分業こそが平等主義的なリベラリズムを歴史的に支えてきたと主張する[3]（Nagel 1991, pp.57–

62 ; Scheffler 2010, chap.4 ; Tan 2012, chap.3)。

ロールズは『正義論』においてこの道徳的分業を暗黙裡に支持していたが、『公正としての正義・再説』(Rawls 2001) ではより明確に、この理念に沿って議論を進めている。実際、ロールズは、正義の二原理に先立つ原理として基本的ニーズの充足をあげている。「少なくとも基本的ニーズの充足が、市民が基本的諸権利や自由を理解し、実効的に行使するための必要条件である限りにおいて、基本的ニーズが充たされることを要求する原理を、第一原理に辞書式順序的に優先する原理としてみなしうるかもしれない」、と (Rawls 2001, p.44 邦訳三八五頁)。このように、基本的ニーズの充足が正義原理に先立って遵守されるべき人道的原理として位置づけられていることに鑑みると、ロールズは道徳的分業の理念を支持していたと言えるだろう (Tan 2012, p.102 ; Inoue 2018 ; cf. Richardson 2006, pp.426–427)。

(二) ロールズ正義論における企業

それでは、ロールズは企業をどのように位置づけたのか。ロールズは主要な社会制度のなかに企業を含めてはいない。社会の基本構造に含まれるのは、市場経済にかかわる一般的制度、すなわち、競争的市場や生産手段の私的所有制にとどまる。ロールズに言わせれば、企業は競争的市場の一プレイヤー、すなわち、価格シグナルによって効率的な状態に導かれる行為主体にすぎない (Rawls 1971, pp.271–272)。経済学の一般均衡理論をベースとするこの企業観は、今日の経済学からみれば教科書の導入部で示される類のものである。それゆえ、その位置づけを経済学の教科書的な理解だけで押し通すのは、説得力に乏しいと言わざるをえない。

もっとも、ロールズは『公正としての正義・再説』においてその正当化を試みている。すなわち、企業は教会に代表される自発的結社と同様、固有の目的があり、それに応じて内部ルールが存在する。リベラルな正義原理は、教会の内部ルールには立ち入らないが、同じことは企業に対しても当てはまる。教会だろうが企業だろうが、それぞれが「異なる目的をもっており、政治的正義の制限内でそれぞれが自分たちのやり方で自らを捉えるのは問題ない」のである（Rawls 2001, p.92 邦訳一六三頁）。

しかし大企業を、教会に類するような一つの目的を共有する組織として位置づけることには無理があるのではないか――こうした疑問が出てきてもおかしくはない。ロールズはこの疑問に対して、富と資本の所有を広く分散させる制度・政策を支持する財産所有制デモクラシー論でもって応答を試みる。社会の基本構造は一方で、そのような所有の分散により「社会の小さい部分が経済を支配したり、また間接的に政治生活までをも支配してしまったりするのを防ぐように機能にする」が、他方、福祉国家資本主義のレジームは「一部の階層が生産手段をほぼ独占するのを許容」してしまう点で問題である（Rawls 2001, p.139 邦訳二四八頁）。それゆえ、市民が自由で平等な地位を貶められることなく、社会的協働に能動的にかかわることのできるレジームとして、財産所有制デモクラシーが採用されるべきである（Hsieh 2005 ; 2009 ; 2014 ; O'Neil 2014）。となれば、自ずと一部の階層が生産手段を独占する大企業体制ではなく、中小の企業がそれぞれの目的を果たすために生産手段を個別に保有する経済システムが、正義の二原理の観点からは望ましいものとなる。

まとめよう。第一にロールズは『正義論』において企業を、完全競争モデルの一プレイヤー――受動的なプライステーカー――として位置づけた。第二に『公正としての正義・再説』では、それぞれの目的に応じて成立する結社として企業を捉えており、正義原理がその独自の内部ルールにまで干渉しないことを、その正当化根拠として提示した。第三にロールズは、資本を分散させることで一部の階層に富が集まり、市民が自由で平等な地位を保持できないようなレジームから脱するために、企業は中小の規模に収まるべきであるとする財産所有制デモクラシーを主唱するに至る。

こうしたロールズ正義論における企業の扱いについては、ただちに疑問が浮かぶ。第一にこの扱いは、あまりにも古い企業像（それこそアルフレッド・マーシャルの時代ならばかろうじて通用したモデル）を護持するもので、企業システムの実態からはかけ離れている。冒頭でも確認したように、そもそも大企業の成員が一つの目的によって強固に束ねられていることはありえない。そうした見方は、企業を公私二元論における「私」の領域に位置づける規範理論の潮流と軌を一にするもので、先の「ロールズ正義論が企業を「私」ベースで位置づける認識を助長した」というテーゼとも符号する。もちろん、ロールズは財産所有制デモクラシーによって、資本分散の観点から企業のそうした位置づけ方を正当化する議論を用意してはいる。しかし、資本の分散によって、今日の企業活動を支えるコーポレート・ファイナンスやガヴァナンスがどのように機能するのかは不分明である（Norman 2015, pp.48–49）。

このように、ロールズ自身による企業の位置づけは問題含みであり、ロールズ正義論が実質的にＣＳＲに貢献しえないような議論であるとする結論が導かれそうである。しかしながら、ロールズ自身が展開した企業に関する議論を理由に、ロールズ正義論の基本的枠組みに沿って企業を再定位し、それに基づいてＣＳＲ構想を提示する試みまでが失敗するとは言えない。以下では、ロールズ正義論の三つの特徴に照らして、ロールズ正義論がＣＳＲ構想に資する議論であることを（その点に懐疑的な議論を批判的に検討しつつ）明らかにしたい。

3　ロールズ正義論とＣＳＲ

以下ではロールズ正義論がＣＳＲ構想に資する議論であることを明らかにすべく、先にあげた三つの特徴に沿って順次検討する。

(二) 制度的正義論――基本構造をめぐって

ロールズ自身が企業を私的結社として位置づけていたことは、先に確認した通りである。しかし、その捉え方は企業を企業「システム」として捉える観点からすれば、現実離れしたものだと言わざるをえない。そもそも企業システムの発展は、会社所有者である株主と企業経営者が分離する一九三〇年代前後に顕著になった形態、すなわち「所有と経営の分離」を出発点としている。このバーリー・ミーンズによる「発見」以降、企業システムは所有・契約形態ともに個別的で複合的な様相を呈している。その一方で先にみたように、企業内あるいは関連企業のエージェントは必ずしも一枚岩ではなく、それぞれ個別目的に従って行為している側面も無視できない。新制度派経済学が説明するように、大規模組織のエージェント間にみられる情報の非対称性は企業システム内においても生じるのだ(Williamson 1975 ; Coase 1987)。そうしたなか、特定のエージェントが負うべきコストを外部化(たとえば他のエージェントや消費者に価格転嫁するなど)して得られる利益の拡大を目指す動きも自ずと出てくる(Norman 2011, p.55 ; 2015, p.39)。コーポレート・ガヴァナンスが問われるのは、そうしたエージェントの動きを抑え、企業組織を維持しながら企業システムの利益を拡大するためである。

となれば、企業は企業システムとして、各エージェント間で利益衝突の潜在的可能性を有するものの、類似の利益のパイを大きくするという意味での緩やかな協働的枠組みとして捉えるべきではないのか。そしてその捉え方は、ロールズ正義論に適っていると言えないだろうか。

だが、ロールズ正義論のビジネス倫理の領域への適用に懐疑的なウェイン・ノーマンは、企業システムを基本構造そのものではなく、基本構造(社会制度)と個人(結社)の中間、すなわちメゾレベルに位置づけられる組織として捉えるべきだと主張する。なぜなら、企業システム内でのエージェント間の競合や敵対は、一方で基本構造に位置づけられる完全競争市場で起こるものとは異なるし、他方で企業の目的だけで統率されていないことを含意するからである。ところが、ロールズ正義論には、そのようなシステムを捉える視座はない。このような「中間的レベルの制度の無視は、そのような制度が協働的もしくは管理的活動というよりは競争的活動に従事しているシステムにおいて、もっとも目立ったものになる」(Norman 2015, p.42)。となるとロールズ正義論においては、企業は(完全競争)市場とは異なるものとされ、自ずとその一プレイヤー、すなわち結社(個人)として位置づけられてしまう。そのため、ロールズ正義論が企業の「社会的」責任を問えないのは、その理論的制約に起因すると結論づけられてしまう。

しかし管見の限り、この見立てはロールズ自身の企業の位置づけに引きずられた評価であり、ロールズ正義論の本質を見誤ったものである。ロールズ正義論においては、人間社会の一般的事実のみに照らして導出される正義原理が基本構造に適用される。このとき人間社会の一般的事実としてあげられるのは、われわれが自然本性としてもちあわせている(あるいは学習するなりして無理なく習得しうる)合理性と正義感覚である。その合理性と正義感覚は、経済学と(道徳)心理学といった経験科学的知識によって明らかになるものとされる。重要なのは、その知識が一般的知識として充全なものかどうかだ。われわれがその点に懐疑的にならざるをえないのは、所有と経営の分離以降の企業システムがわれわれの経済生活を構成しているからである。そのような事実を教えてくれるのは、情報の非対称性によってコストを外部化するエージェントを前提にするような新制度派経済学や、エージェンシー問題を扱ってきた経営学である。

だからといって、そのせいでロールズ正義論が企業システムを適切に扱えないと裁断するのは拙速にすぎる。ロールズ正義論に従えば、そうした内部組織の経済学や経営学の知見に基づいて人間社会の一般的事実認識を刷新すればよいからである。この点を確認するにあたって、リベラル・フェミニストとして著名なスーザン・オーキンの議論が参考になる。オーキンは原初状態の構想を評価する立場から、ロールズの議論において主要な社会制度に家族やジェンダーシステムが入らないことに対し異論を呈したことで有名である。曰く、無知のヴェールによって性別がわからなくなるのだから、男女の立場についての原理的考慮が必要になってくる、と。

原初状態のなかにいる人びとは、とりわけ、女性の視座を特別に考慮しなければならないはずである。なぜなら「人間社会の一般的事実」の知識には、女性が非常に多くの点で不利な立場に置かれ続けているという知識が含まれていなければならないからだ。となれば、社会の基本的諸制度について検討する際に、彼らは家族を事実上無視するのではなく、特別な注意を払うようになるだろう。(4)（Okin 1989, pp.102-103 邦訳一六六頁）

同様のことは、ロールズの企業システムを捉える視座にも当てはまらないだろうか。すなわち、人間社会の一般的事実には、所有と経営の分離以降の企業システムの実態をふまえた経済生活に関する知識が含まれていなければならない。それゆえ、基本構造について検討する際に企業システムに特別な注意を払うべきである、と。このように人間社会の一般的事実を刷新すれば、企業システムは正義原理の直接的適用対象になると主張しうるのである。

以上をふまえると、二元論的に「私」レベルで企業を捉えてしまうロールズ正義論は、内部組織の経済学や経営学の知見をふまえないところに問題があったとは言えないだろうか。したがって、そうした知見をふまえて人間社会の一般的事実を刷新すれば、企業システムは基本構造のなかに組み込まれる社会制度（に相当するもの）として扱うべきものとなる。実際、企業は様々な個別目的や利害関心を有するエージェントを一定の強制力をもって調整する組織であり、そこには法的強制性や国家による権限委譲が深くかかわっている。また、今日企業は、ヘルスケア事業や民間刑務所、民間軍事会社の展開に代表されるように、これまで社会の基本的制度としてみなされてきたものを積極的に支えている（Crane, Matten and Moon 2008）。となれば、大企業を中心に企業システムを基本構造として、正義の直接的な適用対象とするのは、決して荒唐無稽な話ではない。

この主張に対し、次のような反論がありうる。すなわち、企業システム内部のエージェントは企業システムから離脱可能である。しかし、基本構造の成員は社会の成員である以上、基本構造からの離脱は不可能である。それゆえ、企業と基本構造は違うとする反論である。エイブラハム・シンガーは、そうした反論を展開する論者である。

> 制度を司る当局やそのリーダーから離脱可能かどうかは〔……〕それが基本構造の一部としてみなしうるかどうかについての十全なテストとなるように思われる。もし教会権力から離れることができるとすれば、それが基本構造の一部ではないと考えられる程度に、法的強制性がそこにないということである。となれば、企業が基本構造の一部であると主張するためには、離脱のオプションが企業と契約をおこなう個人にとってとりうるものであってはならない。（Singer 2015, p.79）

しかし管見の限り、企業システムの離脱可能性は誇張されるべきではない。そもそも企業システムは私法によって成り立っている側面があるし、資産の所有形態において様々な免責が国家や国際組織によって保証されているからこそ成立している。しかも、仮に企業が通常の社会的協働とは異なるとしても、被雇用者が特定の企業を辞めることは、企業システム全般から逃れられることを通常は意味しない（Anderson 2017, chap.2）。重要なのは、そのような企業システムからの実質的な離脱不可能性は、（格差原理で利益が最大化されるべき）最不遇者の場合により先鋭的に当てはまるように思われる点である（Blanc 2016, pp.414-418）。

以上をふまえると、ロールズ正義論はCSRの重要性を強調する議論として評価しうるように思われる。右記の議論が正しければ、企業システムは最不遇者を含む組織内部のエージェントの基本的自由とともに、ソーシャル・ミニマムをも保障する役割を担ってしかるべきである。それは場合によっては企業に、法令遵守以上の義務を果たすように求めることを含意する（Cohen 2010）。そしてその義務は、（格差原理に反するような）中小企業と大企業の間にみられる福利厚生上の格差を是正する仕組みによって規定されるかもしれない。まさにCSRの定義にあるように、「倫理的・社会的に支えられるかたちでビジネスの行為を伴う」部分こそ、ロールズ正義論に基づくCSR構想が重んじることなのだ。

（二）理想理論と非理想理論の区分をめぐって

ロールズ正義論において、理想理論と非理想理論の区分が重要であること、そして前者が後者の規準を提供しうる点について先に確認した。もっとも、この理想理論の規準は純粋に「理想」的なものではない。なぜなら、正義原理の厳格な遵守は、人間社会の一般的事実を反映してのもの、すなわち、合理的利害関心を有している一方で、最小限の正義感覚を有する人間であれば可能なものとして位置づけられているからである。ロールズが格差原理の、パレート効率性と両立しうる運用の仕方を唱道したのも、人間社会の一般的事実に根ざした人びとの動機構造を前提としてのことである。しかし、企業システム内外のエージェントの動きは、そもそもパレート効率性からかけ離れた事態をもたらしている。実際に、多くのエージェントがコストの外部化によって利益を確保しようとする現状に鑑みると、厳格な格差原理は言うまでもなく、パレート効率性と両立しうる格差原理でさえ遵守不可能なものとなっていないだろうか。となれば、格差原理が遵守不可能な状況で問われる正義、まさしく正義の非理想理論が先鋭的に問われてくるのではないか。

その点を強調するのが、ジョゼフ・ヒースである（Heath 2014）。ヒースに言わせれば、実際の企業システム内外を取り巻く状況をふまえると、パレート効率性のみから構成される正義原理、すなわち、非効率的な事態を意味する「市場の失敗」の是正を謳う正義構想の方が実効的である。効率性は、市場の競争的均衡が生み出す総余剰の最大化を意味する。総余剰に含まれるのは、規模の経済や取引（貿易）によって生み出される利益、言い換えれば、協働によって生み出される相互利益である。[5] 問題は、そうした相互利益（純余剰）を小さくする動きを企業（システム内外のエージェント）がみせてしまうことである。その主要因は、企業システムを中心に偏在的にみられる情報の非対称性である。エージェントはそうした情報の非対称性を利用して可能な限りの利益獲得を目指して行動するがゆえに、市場の失敗（死荷量の増加）がもたらされてしまう。こうした現実をふまえて、むしろ市場の失敗を起こさせないようにするインセンティヴを各エージェントに与え、市場の失敗を回避することが非理想理論上の喫緊の課題となる。それゆえヒースは、効率性の観点から法規制や法令遵守以上の義務を企業に課すことが正当化されると結論づける（Heath 2014, chap.7）。

この非理想理論ベースの結論は、ロールズの格差原理との違いを如実に示すものとなっている。ロールズの格差原理は正義の理想理論において正当化されるものであるとはいえ、パレート効率性と両立しうる、最小限の正義感覚さえ有していれば遵守される（との想定に基づく）次善の正義原理である。しかし先にみたように、現実の企業システム内外の動きをふまえると、それでさえ非遵守が生じてしまう。それゆえ、非理想理論的観点からは一定の制約付きのパレート原理が、三番目に善い正義原理として採択される。ヒースは企業を倫理的に拘束する観点は、この三番目に善い正義原理――パレート原理――が担うと考える（Heath 2014, pp.180–191）。そしてこの原理こそ、企業に社会的責任を果たすように求める現実的指針となるというのだ。

しかしこのヒースの議論には、（企業システムを基本構造として定位させる）ロールズ正義論の立場からの反論がありうる。そもそもパレート効率性を正義原理として構成するときの前提として、市場の競争的均衡を定常状態とする見立てがある[6]（Heath 1997 ; 2013 ; 2014, chap.9）。この見立てには、正義原理の適用という観点から疑問の余地がある。

第一に、市場のダイナミズムは不均衡によって生まれるところがあり、その点を無視して市場の競争的均衡の価値を評価することは一面的である。たとえば、ネオ・オーストリア学派の経済学者が強調するように、創造的破壊を伴うようなイノベーションや競争の価値は市場の不均衡過程にこそみられるものである（O'Driscoll and Rizzo 1996）。その観点からすれば、市場の失敗を回避すべく競争的均衡に近づける法規制や慣習の醸成は、必ずしも常に望ましいものとは言えない。むしろ、その点に鑑みると、場合によっては競争的均衡とは切り離した制度的是正措置の方が適理的である可能性が高い。ロールズの格差原理は、原理としてはパレート効率性と切り離して成立するものであるがゆえに（すなわち、適用に際してパレート効率性を考慮するかたちをとっていることから）、そうした是正措置を支持する適用を許容しうるものとなっている。

第二に、仮に市場の競争的均衡によって総余剰が最大化されるという見方を受け入れたとしても、その定常状態が崩れるような経済状況において正義原理が求められることは否定しがたい。むしろ、そのような状況において最不遇者の境遇悪化が顕著にみられる場合には、パレート効率性を犠牲にしてでも最不遇者の境遇改善を図る方が正義に適っているとさえ言える。原理として効率性から切り離して定位される格差原理からすれば、そうした境遇改善が正しいことになるだろうし、その方がわれわれの直観に適っているように思われる。

もちろんこうした主張に対しては、ヒースからの反論も想定される。すなわち、相互利益を生み出す市場の競争的均衡さえ実現しえない状況は、三番目に善い正義原理たるパレート原理が実効的でないことを意味している。

それゆえそのような状況では、企業の法的・道徳的義務を指令する原理として、四番目に善い正義原理が求められる――こうヒースは反論するかもしれない。しかしながら、それがいかなる正義原理なのかは不分明であるし、その内容について明らかにできるとしても、そもそもそれは「正義」原理と言えるのだろうか。こうした、特定の状況に依存する原理のあり方が、一般性を特徴とする正義のあり方だとは言えないのではないか。以上から、競争的均衡さえ実現しえない非理想理論的状況で、ヒースの議論枠組みがロールズ正義論の規範性を斥けうるほどの原理を、正義原理として提出できるのかどうかは（控えめに言っても）未知数であると言わざるをえない。

（三）道徳的分業をめぐって

先に確認したように、ロールズ正義論において、正義原理の直接的な適用対象を基本構造に限定することの理論的な背景として、道徳的分業の考え方がある。道徳的分業は、正義と他の（道徳的）価値が十全に機能するために、それぞれの領域を厳格に区別する理念である。正義の二原理が機能するためには、人道的原理である基本的ニーズの充足が求められる、といったように。この道徳的分業の理念は、ヒースによっても支持されている。

私が市場の評価において効率性に中心的な地位を与えていないことは、強調するに値する。なぜなら効率性は基本的価値である、もしくは、自然状態における相互作用から外生的に生じると考えられるからだ。効率性は、〔……〕還元不可能な規範的原理であると考える。それは一つの要素にすぎない。なぜなら、効率性が社会的協働の全体システムを評価する説得力のある規準をもたらすために、分配的正義の何らかの構想によって補足されなければならないからだ。だがこのことは、そうした相互作用がかかわってくるすべての領域が正義の完全な理論に服することを意味しない。管見の限り、われわれの制度の内側で、効率性を促すよ

うに企図された本質的に固有の目的をもつ制度である市場との道徳的労働分業が存在する。（Heath 2014, p.10）

このことをふまえると、ヒースの議論の場合も、たとえば競争均衡モデルが成立しない状況に陥ったら、特定の分配的正義構想が機能する、という道徳的分業の理念の方が重要であると言えないだろうか。となれば、先のヒースの議論への反論は道徳的分業の理念によって弱められると言えるのではないか。

しかし、ロールズ正義論における道徳的分業とヒースが主張する道徳的分業とでは根本的な違いがある。ロールズの場合、いかなるときにも、基本的ニーズが充たされていない状態であれば、その充足が道徳的に優先される。この道徳的分業の特徴は、その理念が（理想理論と非理想理論の区分と区別される以上）遵守・非遵守に関係なく適用される点にある。それに対しヒースの場合、非遵守が顕著であることを理由に別の原理が機能する道徳的分業を謳っており、正義原理の遵守状況への依存度はロールズの道徳的分業よりも高い。この道徳的分業の最大の問題点は、非遵守がみられる領域だから別の領域が機能するという形式をとるため、正義・道徳原理の規範性が限定的なものになってしまう点である。このような道徳的分業の理念の下で正義は、「正義」の名に値するとは言えないのではないか。

これに対し、市場という括りではなく、市場が有害化する源泉ないし結果に照らして領域を細分化するという議論であればどうだろうか。たとえば、それぞれの細分化された領域に応じて正義原理なり道徳原理なりを構築するといったきめ細やかな多元主義も考えられる。デボラ・ザッツは市場を有害化する源泉や結果をふまえて、「有害な市場」についての四つのパラメーターを提示する。すなわち、①弱い主体（市場での取引に関する情報や知識が不足しているがゆえに、特定の主体の立場を危ういものにしてしまうこと）、②傷つきやすい主体（極度の貧困・飢餓状態に置かれているがゆえに、通常の市場取引でも搾取が生じるようなケース)、③個人への有害な結果(基本的な福利や自由の阻害)、④社会全体への有害な結果(隷属・依存状況の促進や民主的統治の阻害)、以上である(Satz 2010, chap.4；伊藤 二〇一七、五〇—五三頁)。たとえば女性の性労働や児童労働、臓器売買を規制するには、こうした四つのパラメーターをふまえてどのような規制が求められるのかを逐一検討する姿勢が求められる。もちろん、児童労働のように、すべてのパラメーターが複合的にかかわっているケースもあるが、女性の性労働はそうしたケースではない。いずれにしても、こうした議論により、多元的原理のヒース的運用を支持する道徳的分業の理念は一定の有意義性を示すものとなるように思われるかもしれない。

しかしこの立場には、四つのパラメーターでなぜ十分なのか、という疑問がつきまとう。何より反直観的な事象と思しきものが市場において顕著になれば、それに対応するかたちでパラメーターをアドホックに追加することを妨げるものが、この多元主義にはない。この多元主義が健全に機能するためには、パラメーターのあり方を規定する理論が必要なのだ。ザッツはそのとりあえずの規準として、社会における平等なメンバーシップが阻害されていないかどうか、という規準を提案する。

> 市場を評価するためには、財の生産や分配だけでなく、富裕層と貧困層への影響、女性や男性、権力を多くもつ者ともたざる者への影響に代表されるような、様々な市場が維持し支える社会・政治的関係性を考える必要がある。われわれ相互の関係性を裏書きする社会規範への様々な市場がもたらす影響について評価する必要がある。(Satz 2010, p.11)

こうした平等な関係性が個別の取引によって阻害されていないかどうかという視点は、企業のコーポレート・

ガヴァナンスやビジネス倫理を検討する立場からも重視されている（Néron 2015, pp.101–102）。しかし、そもそもザッツが言うところの平等な関係性は、四つのパラメーターをふまえた対応をしなければ維持できないものだろうか。それこそロールズが支持する道徳的分業に基づいて展開される正義の構想――社会的協働を支える基本構造に適用される正義の原理――では尊重できないものなのだろうか。いずれにしても平等な関係性を、ヒース的な道徳的分業でなければ充たすことのできない特性として捉えることは困難である。

ロールズ正義論は、管見の限り、そうした平等な関係性を理論的特性として備えているだけでなく、大企業を中心とした企業システムが従うべき適理的原理を提示することに成功している。第一に、ロールズ正義論に基づくＣＳＲ構想に従えば、基本的ニーズが充たされている社会（で、かつ、実質的に企業システム全般から離脱不可能な社会）では、企業システムには構成員のミニマムな保障を健康保険や年金制度を通じて実現することが求められる。こうした企業によるミニマムな保障の仕組みは、日本の多くの企業にかつてはみられたものである。第二に、ロールズ正義論に基づくＣＳＲ構想に照らせば、多くの人の基本的ニーズが充足されていない途上国のようなところでは、多国籍企業に代表される企業システムには実行可能な人道支援の展開が期待される。この点は、女性の性労働や児童労働が問題になっている具体的文脈――その多くが極度の貧困状態で生じているという文脈――を考えると、企業のＣＳＲとして重要な意味をもってくるし、実際にビジネス倫理で謳われる多国籍企業に求められる発展途上国でのＣＳＲのあり方に呼応するものとなっている（Crane, Matten, and Spence 2014, pp.18–19）。最近は、貧困、健康、福祉、教育や環境などの国連が定めた国際社会共通の成長目標、すなわち「持続可能な開発目標（ＳＤＧｓ）」を経営に活用する動きが日本の企業の間でも広がっている。[7] ロールズ正義論に基づくＣＳＲ構想は、その動きを積極的に支持するものであると言えるだろう。

4　結語

本章では、ロールズ正義論には制度的正義論、理想理論と非理想理論の区分、そして道徳的分業という三つの特徴があることを確認したうえで、その三つ特徴をふまえてロールズ正義論における企業の再定位を図った。その結果、企業システムが社会の基本構造として組み込まれるべきであること、そして理想理論・非理想理論の区分および道徳的分業についてのロールズの考え方が、正義・道徳の各領域における企業システムの積極的な役割を示唆することがわかった。以上から、ロールズ正義論に基づくCSRに積極的意義を見出しうることが明らかとなった。

もちろん、ロールズ正義論に沿ったCSRの具体的な構想や運用のあり方については、今後も継続して議論していくことが求められる。それについては、今後の課題としたい。

＊本章は、JSPS科研費15K02022および18H00602による研究成果の一部である。なお本章の草稿については、二〇一七年三月七日に開催された「社会的責任の歴史・制度・倫理」公開研究会（於九州大学）、二〇一七年五月一一日の「プロジェクト科目Ⅰ政治思想研究」（慶應義塾大学）、および、二〇一七年一〇月四日の「公共政策論演習Ⅱ」（東京大学）にて報告した。その際、有意義な質問およびコメントをくださった出席者のみなさんに、ここに記して感謝申し上げたい。

注

（1）もっとも、コーポレート・ガヴァナンスが既存の株式会社制度の枠組みを前提に企業の所有者である株主の権益の譲渡の仕組みに注目するものであるのに対し、ビジネス倫理はその外側に置かれているステイクホルダーの権益も含めて考察対象とする点で違いがある（梅津　二〇〇二、一三三頁）。

（2）ここで批判者の代表的議論として念頭にあるのは、主に *Business Ethics Quarterly* 誌の特集セクション「社会正義と企業」に寄せられた三論考「市場と企業統治に関するロールズ」（Norman 2015）、「企業統治に関するロールズ理論は存在しない」（Singer 2015）、そして「平等主義的市場と企業についての観念・再考」（Néron 2015）と、その三つの論考にそれぞれ影響を与え、今日における企業倫理の基礎を提供しうる議論と目されている、ジョゼフ・ヒースの「市場の失敗アプローチ」からのロールズ正義論批判である（Heath 2014, esp. Chap.7）。本章ではそのことに鑑みて、ヒースのアプローチに関する批判的検討を中心に、批判者の論考を適宜取り上げることとしたい。

（3）もっとも、ネーゲルの道徳的分業は不偏性と強制性を特徴とする非個人的価値（である正義）と、個人の活動や近親者への配慮にかかわる個人的価値を区別して、その分業が無理なく平等主義にコミットしうるリベラルの考え方を支えていると主張する。しかしこの分業は非個人的なものとしての正義がかかわる制度と、「私」ベースの個人の領域を区別する議論に直結するきらいがある。そこでサミュエル・シェフラーは、そうした公私区分に直結する制度的分業と道徳的価値の領域が適正に布置されるべきとする道徳的分業とを区別し、後者こそがロールズ正義論を根本的に特徴づけるものであるとする議論を展開している（Scheffler 2010, pp.114-116; 井上 二〇一四、一六〇頁）。以下で道徳的分業に言及するときには、このシェフラーが言うところの道徳的分業のことを指す。

（4）もっともオーキンは、ジェンダー差を道徳的に無関係な偶然的特徴として扱ったうえでの原初状態の構想には、全面的には賛同しない。むしろ彼女は、ジェンダーの違いは偶然的というにはあまりにも強固で、基本的な道徳心理やその発達のあり方の違いとしてみるべきとも考えている。そのうえでオーキンは、正義感覚の一般化のためには、男女が共に制度や習慣レベルで平等に参画する存在にならなければ、正義に適ったジェンダーフリー社会は実現しえないとも主張する（Okin 1989, pp.105-108 邦訳一七〇―一七五頁）。したがって、オーキンによるロールズ正義論の評価は、若干アンビヴァレントなものとなっている。

（5）この見方は、デイヴィッド・ゴーティエの合理的契約論の考え方を踏襲するものである。ゴーティエは、相対譲歩ミニマックスの原理により協働による総余剰が最大になることをふまえて、当該原理に従うことで相互利益の公正な配分が自ずと決まってくると主張したことで知られている（Gauthier 1986, chap.5 邦訳第五章）。このことからもわかる通り、ヒースの議論はロールズが想定する合理性や正義感覚とは異なるものを一般的事実として想定しており、だからこそ市場の失敗こそが道徳（正義）の希求を生み出す（逆に、市場の失敗がなければ道徳は不要である）という（ゴーティエと共有する）理念を提起しうるのだ（Gauthier 1986, pp.84-85 邦訳一〇八―一〇九頁）。したがって、そもそも両者の議論が準拠する事実自体が大きく異なっているとも言える。

（6）このヒースの議論における定常状態の想定については、世代間正義（気候変動の正義）の文脈で批判的に検討した（井上 近刊）。

（7）たとえば富士フイルムや住友化学、伊藤忠商事などがそうした取り組みを表明している（『日経産業新聞』「企業も経営に導入　国連「持続可能な開発目標」」二〇一六年一二月八日）。

参考文献

Anderson, E.（2017）*Private Government: How Employers Rule Our Lives*（*and Why We Don't Talk about it*）, Princeton University Press.

Blanc, S.（2016）"Are Rawlsian Considerations of Corporate Governance Illiberal? A Reply to Singer," *Business Ethics Quarterly* 26（3）: 407–421.

Carroll, A. B.（1979）"A Three-Dimensional Conceptual Model of Corporate Performance," *Academy of Management Review* 4（4）: 497–505.

Carroll, A. B.（1983）"Corporate Social Responsibility: Will Industry Respond to Cut-backs in Social Program Funding?" *Vital Speeches of the Day* 49: 604–608.

Ciepley, D.（2013）"Beyond Public and Private: Toward a Political Theory of the Corporation," *American Political Science Review* 107（1）: 139–158.

Coase, R. H.（1987）*The Firm, the Market, and the Law*, University of Chicago Press.（宮沢健一・後藤晃・藤垣芳文訳『企業・市場・法』東洋経済新報社、一九九二年）

Cohen, G. A.（2008）*Rescuing Justice and Equality*, Harvard University Press.

Cohen, M. A.（2010）"The Narrow Application of Rawls in Business Ethics: A Political Conception of Both Stakeholder

Theory and the Morality of Markets," *Journal of Business Ethics* 97 : 563–579.

Crane, A. and D. Matten (2016) *Business Ethics : Managing Corporate Citizenship and Sustainability in the Age of Globalization*, 4th ed., Oxford University Press.

Crane, A., D. Matten, and J. Moon. (2008) *Corporations and Citizenship*, Cambridge University Press.

Crane. A., D. Matten, and L. J. Spence (eds.) (2014) *Corporate Social Responsibility : Readings and Cases in a Global Context*, Routledge.

Gauthier, D. (1986) *Morals by Agreement*, Clarendon Press.（小林公訳『合意による道徳』木鐸社、一九九九年）

Hansmann, H., R. Kraakman, and R. Squire (2006) "Law and the Rise of the Firm," *Harvard Law Review* 119 (5) : 1335–1403.

Heath, J. (2014) *Morality, Competition, and the Firm : The Market Failures Approach to Business Ethics*, Oxford University Press.

Heath, J. (1997) "Intergenerational Cooperation and Distributive Justice," *Canadian Journal of Philosophy* 27 (3) : 361–374.

Heath, J. (2013) "The Structure of Intergenerational Cooperation," *Philosophy and Public Affairs* 41 (1) : 31–66.

Hsieh, N. (2005) "Rawlsian Justice and Workplace Republicanism," *Social Theory and Practice* 31 (1) : 115–42.

Hsieh, N. (2009) "Justice at Work : Arguing for Property-Owning Democracy," *Journal of Social Philosophy* 40 (3) : 397–411.

Hsieh, N. (2014) "Work, Ownership, and Productive Enfranchisement," O'Neil and Williamson (eds.) (2014).

Inoue, A. (2018) "Rawlsian Contractualism and Cognitive Disabilities." E. Etieyibo (ed.) *Perspectives in Social Contract Theory*, Council for Research in Values and Philosophy.

McMahon, C. (1994) *Authority and Democracy : A General Theory of Government and Management*, Princeton University

Press.（1991）

Nagel, T.（1991）*Equality and Partiality*, Oxford University Press.

Néron, P-Y.（2015）“Rethinking the Very Idea of Egalitarian Markets and Corporations：Why Relationship Might Matter More Than Distribution,” *Business Ethics Quarterly* 25（1）：93–124.

Norman, W.（2011）“Business Ethics as Self-Regulation：Why Principles that Ground Regulations Should Be Used to Ground Beyond-Compliance Norms as Well,” *Journal of Business Ethics* 102（1）：43–57.

Norman, W.（2015）“Rawls on Markets and Corporate Governance,” *Business Ethics Quarterly* 25（1）：29–64.

O’Driscoll Jr, G. P. and M. J. Rizzo（1996）*The Economics of Time and Ignorance*（With a New Introduction）, Routledge.（橋本努・井上匡子・橋本千津子訳『時間と無知の経済学――ネオ・オーストリア学派宣言』勁草書房、一九九九年）

Okin, S. M.（1989）*Justice, Gender, and the Family*, Basic Books.（山根純佳・内藤準・久保田裕之訳『正義・ジェンダー・家族』岩波書店、二〇一三年）

O’Neil, M.（2014）“Free（and Fair）Markets without Capitalism：Political Values, Principles of Justice, and Property-Owning Democracy,” O’Neil and Williamson（2014）.

O’Neil, M. and T. Williamson（eds.）（2014）*Property-Owning Democracy：Rawls and Beyond*, Oxford-Wiley Blackwell.

Rawls, J.（1971）*A Theory of Justice*, Belknap Press of Harvard University Press.

Rawls, J.（2001）*Justice as Fairness：A Restatement*, Erin Kelly（ed.）, Belknap Press of Harvard University Press.（田中成明・亀本洋・平井亮輔訳『公正としての正義　再説』岩波書店、二〇〇四年）

Richardson, H. S.（2006）“Rawlsian Social-Contract Theory and the Severely Disabled,” *Journal of Ethics* 10（4）：419–462.

Satz, D.（2010）*Why Some Things Should Not Be for Sale：The Moral Limits of Market*, Oxford University Press.

Scheffler, S.（2010）*Equality and Tradition：Questions of Value in Moral and Political Theory*, Oxford University Press.

Singer, A.（2015）"There Is No Rawlsian Theory of Corporate Governance," *Business Ethics Quarterly* 25（1）: 65–92.
Tan, K-C.（2012）*Justice, Institutions, and Luck : The Site, Ground, and Scope of Equality*, Oxford University Press.
Williamson, O. E.（1975）*Markets and Hierarchies : Analysis and Antitrust Implications*, Free Press.（浅沼萬里・岩崎晃訳『市場と企業組織』日本評論社、一九八〇年）
伊藤恭彦（二〇一七）『タックス・ジャスティス――税の政治哲学』風行社。
井上彰（二〇一四）「ロールズ――「正義とはいかなるものか」をめぐって」齋藤純一編『岩波講座　政治哲学五――理性の両義性』岩波書店。
井上彰（近刊）「気候変動の正義をめぐって――世代間正義を軸として」宇佐美誠編『気候正義（仮）』勁草書房。
梅津光弘（二〇〇二）『ビジネスの倫理学』丸善出版。
加護野忠男・砂川伸幸・吉村典久（二〇一〇）『コーポレート・ガバナンスの経営学――会社統治の新しいパラダイム』有斐閣。
清水剛（二〇一〇）「日本における「企業の社会的責任」の展開」橘川武郎・久保文克編著『講座・日本経営史六　グローバル化と日本型企業システムの変容――一九八五～二〇〇八』ミネルヴァ書房。
谷本寛治（二〇〇六）『ＣＳＲ――企業と社会を考える』ＮＴＴ出版。

事項索引

人名索引

命館大学大学院先端総合学術研究科教授。『デカルトの哲学』（人文書院、2009年）、『ドゥルーズと狂気』（河出書房新社、2014年）、『あたらしい狂気の歴史』（青土社、2018年）、ほか。

田中成明（たなか・しげあき）
1942年生まれ。京都大学法学部卒業。京都大学法学博士。法理学専攻。京都大学名誉教授。『法的空間――強制と合意の狭間で』（東京大学出版会、1993年）、『転換期の日本法』（岩波書店、2000年）、『現代法理学』（有斐閣、2011年）、ほか。

齋藤純一（さいとう・じゅんいち）
1958年生まれ。早稲田大学大学院政治学研究科博士後期課程単位取得退学。政治理論専攻。早稲田大学政治経済学術院教授。『政治と複数性――民主的な公共性にむけて』（岩波書店、2008年）、『不平等を考える――政治理論入門』（ちくま新書、2017年）、ほか。

加藤　晋（かとう・すすむ）
1981年生まれ。東京大学大学院経済学研究科博士後期課程修了。博士（経済学）。厚生経済学専攻。東京大学社会科学研究所准教授。『社会科学における善と正義――ロールズ『正義論』を超えて』（共編著、東京大学出版会、2015年）、*Rationality and Operators : The Formal Structure of Preferences*（Springer Briefs in Economics, Springer-Verlag, 2016）、ほか。

佐藤方宣（さとう・まさのぶ）
1969年生まれ。慶應義塾大学大学院経済学研究科後期博士課程単位取得退学。経済学史・経済思想史専攻。関西大学経済学部教授。『ビジネス倫理の論じ方』（編著、ナカニシヤ出版、2009年）、『ハイエクを読む』（分担執筆、ナカニシヤ出版、2014年）、『現代の経済思想』（分担執筆、勁草書房、2014年）、ほか。

額賀淑郎（ぬかが・よしお）
1966年生まれ。マギル大学大学院社会学研究科博士課程修了。Ph.D.（社会学）。社会学・科学技術社会論・生命倫理学専攻。上智大学生命倫理研究所客員研究員。『遺伝子研究と社会』（共編著、昭和堂、2007年）、『生命倫理委員会の合意形成』（勁草書房、2009年）、“Ethics Expertise and Public Credibility”（*Science, Technology, & Human Values,* 41, 2016）、ほか。

角崎洋平（かどさき・ようへい）
1979年生まれ。立命館大学大学院先端総合学術研究科一貫制博士課程修了。博士（学術）。社会福祉学専攻。現在、日本福祉大学社会福祉学部准教授。『正義（福祉＋α）』（分担執筆、ミネルヴァ書房、2016年）、『マイクロクレジットは金融格差を是正できるか』（分担執筆、ミネルヴァ書房、2016年）、「平等主義の時間射程――デニス・マッカーリーの「いつの平等か」論の意義と限界」（『政治思想研究』18号、2018年）、ほか。

執筆者紹介（執筆順、＊は編者）

＊井上　彰（いのうえ・あきら）
1975年生まれ。東京大学大学院総合文化研究科国際社会科学専攻博士課程単位取得退学。オーストラリア国立大学大学院社会科学研究校哲学科博士課程修了。Ph.D.(Philosophy)。政治哲学・倫理学専攻。東京大学大学院総合文化研究科国際社会科学専攻准教授。『正義・平等・責任』（岩波書店、2017年）、『人口問題の正義論』（共編著、世界思想社、2018年）、『政治理論とは何か』（共編著、風行社、2014年）、ほか。

盛山和夫（せいやま・かずお）
1948年生まれ。東京大学大学院社会学研究科博士後期課程単位取得退学。博士（社会学）。社会学専攻。日本学術振興会学術システム研究センター副所長（東京大学名誉教授）。『制度論の構図』（創文社、1995年）、『リベラリズムとは何か』（勁草書房、2006年）、『社会学の方法的立場』（東京大学出版会、2013年）、ほか。

松元雅和（まつもと・まさかず）
1978年生まれ。慶應義塾大学大学院法学研究科博士課程修了。博士（法学）。政治哲学・政治理論専攻。日本大学法学部准教授。『平和主義とは何か』（中公新書、2013年）、『応用政治哲学』（風行社、2015年）、『ここから始める政治理論』（共著、有斐閣、2017年）、ほか。

宮本雅也（みやもと・まさや）
1989年生まれ。早稲田大学大学院政治学研究科博士後期課程在学中。修士（政治学）。現代政治哲学専攻。2017年度より、早稲田大学教育・総合科学学術院助手。「分配的正義における功績概念の位置づけ――ロールズにおける功績の限定戦略の擁護」（『政治思想研究』第15号、2015年）、ほか。

木山幸輔（きやま・こうすけ）
1989年生まれ。東京大学総合文化研究科国際社会科学専攻博士課程単位取得満期退学。政治理論・開発学専攻。日本学術振興会特別研究員PD。「J・ラズの人権構想の検討――人権の哲学の対立において」（『法哲学年報』2016号、2017年）、「人権の哲学の対立において自然本性的構想を擁護する――チャールズ・ベイツによる批判への応答」（『法と哲学』4号、2018年）、ほか。

若松良樹（わかまつ・よしき）
1958年生まれ。京都大学大学院法学研究科博士後期課程単位取得退学。博士（法学）。法哲学専攻。学習院大学法務研究科教授。『センの正義論』（勁草書房、2003年）、『自由放任主義の乗り越え方』（勁草書房、2016年）、『功利主義の逆襲』（編著、ナカニシヤ出版、2017年）、ほか。

小泉義之（こいずみ・よしゆき）
1954年生まれ。東京大学大学院人文科学研究科博士課程退学。修士（文学）。哲学専攻。立

ロールズを読む

2018年10月31日　初版第1刷発行　（定価はカヴァーに表示してあります）

編　者　井上　彰
発行者　中西　良
発行所　株式会社ナカニシヤ出版
〒606-8161　京都市左京区一乗寺木ノ本町15番地
TEL 075-723-0111　FAX 075-723-0095
http://www.nakanishiya.co.jp/

装幀＝宗利淳一デザイン
印刷・製本＝亜細亜印刷

ISBN978-4-7795-1330-5　C3010